중국금융론

쉽게 읽는 중국금융 이야기

한재현

박영사

머리말

　미국과 중국의 갈등이 계속되고 있는 가운데 반중(反中), 혐중(嫌中) 정서가 확산되면서 우리가 중국을 바라보는 시각이 예전 같지 않습니다. 다만, 안타까운 것은 이러한 현상이 무지에서 혹은 잘못된 정보로 인한 오해에서 비롯되는 경우도 많다는 점입니다. 우리가 중국에 대해 얻는 정보 통로가 상당히 제한되어 있고 그나마도 혹세무민의 선동가들에게 휘둘리는 경우가 종종 있다는 점이 이런 현상이 발생하게 되는 주요 원인의 하나라고 하겠습니다.

　저는 지난 몇 년간 중국경제에 대한 책을 세 권 출간하였습니다. 중국의 여러 가지 모습 중 그나마 조금 안다고 할 수 있는 부분인 중국경제를 주제로 이야기하고 싶은 욕구가 있었기 때문입니다. 대학생 및 전문가를 위한 교과서에서 일반인들을 위한 에세이까지 제가 중국경제에 대해 공부하고 알게 된 것들을 많은 독자들과 나눌 기회가 있었습니다. 책 출간 이후 여기저기 강연 기회가 있었고, 또한 TV출연(EBS 클래스e)을 통해 다수의 대중과 소통할 수 있는 시간도 누렸습니다. 저에게는 귀중한 경험과 값진 배움의 시간이었지요.

　한편 이전의 책들이 중국경제 전반에 대한 이해에 초점을 맞추는 안내서였다면 이번에는 조금 더 범위를 좁혀 중국의 금융에 대한 이야기를 해봤습니다. 미국에 이어 글로벌 G2로 성장한 중국경제의 영향력에 대해서는 누구도 이의를 제기하기 어려울 겁니다. 그러나 이는 어디까지나 실물 부문에 한정된 이야기입니다. 국가경제의 핏줄 역할을 수행하는 금융 부문은 어떨까요? 아직도 상당 부분 폐쇄적인 금융시장을 고수하고 있는 중국경제에서 과연 금융제도와 금융시장은 어떻게 운영되고 있으며 또한 무슨 역할을 하고 있는 것일까요? 이렇게 미흡한 금융시장과 경직적인 금융제도를 유지하는 한 중국경제는 앞으로 지속적인 발전은커녕 오히려 퇴보하게 되는 것이 아닐까요? 이런 여러 가지 의문에 대한 해답을 찾아가는 과정의 하나로 이 책을 쓰게 되었습니다.

구체적으로 이 책은 다음과 같은 분들에게 조금이나마 도움이 될 것이라고 생각합니다. 우선, 중국 금융시장에 현재 투자하고 있는 투자자 및 앞으로 투자하고자 하는 생각이 있는 분들입니다. 둘째, 중국경제 관련 뉴스에 종종 나오는 금융 관련 용어가 어려워서 이해가 잘 안 되었던 분들입니다. 셋째, 중국의 금융제도 및 금융시장에 대한 전반적인 이해의 폭을 넓혀서 중국경제의 메커니즘을 좀 더 잘 파악하고 중국 관련 사업의 성공 가능성을 높이고자 하는 분들입니다. 마지막으로, 지적 호기심이 충만하여 중국경제 및 금융에 대해 다양하고 잡다한 사실들을 알고 이해하면서 즐거움을 누리고 싶은 분들입니다.

이 책은 다음의 여섯 개 장으로 구성되어 있습니다.
1장 '금융제도 및 금융시장 개관'에서는 1979년 개혁개방 이후 현재까지 중국 금융제도 및 금융시장의 변화 과정을 대략적으로 살펴보았습니다.

　　　　　　　　　　　　　　　　　　　　　중국금융론

2장 '중앙은행과 금융감독'에서는 중국의 중앙은행인 '중국인민은행'과 함께 '국가금융감독관리총국' 등 복수의 금융감독기구를 소개하고 기능 및 특징을 설명하였습니다.

　3장 '은행제도'에서는 중국 금융제도의 핵심이라 할 수 있는 은행제도의 발전 과정과 특징, 한계 등을 소개하였습니다.

　4장 '주식제도'에서는 자본주의의 꽃으로 불리는 주식제도가 사회주의 국가인 중국에서 어떻게 발전해 왔는지, 특징은 무엇인지, 중국 주식시장에 투자할 때 유의해야 할 점은 무엇인지 등을 서술하였습니다.

　5장 '금융관련 지표 및 용어'에서는 환율, 금리 등 주요 금융관련 경제지표가 중국 금융시장에서 어떤 의미를 가지는지, 우리나라와 비교해서 어떤 차이점과 특징이 있는지 등을 이야기하였습니다.

　6장 '중국 금융의 미래'에서는 중앙은행 디지털화폐, 빅테크 등 급변하고 있는 중국 금융제도 및 시장의 모습을 소개하고, 글로벌 금융시장에서 패권을 차지하려고 노력 중인 중국의 야심과 한계 등을 제시하였습니다.

　이 책은 또한 독자들이 이해하기 쉽도록 각 장 주제와 관련된 구체적인 질문을 하고 이에 답변하는 형식으로 서술하였습니다. 이는 관심 있는 주제 내지 질문만 선별적으로 읽어도 충분하다는 의미입니다. 한편 책의 곳곳에 '쉬어가는 코너'를 두었는데요, 이는 중국 및 중국경제에 대해 제가 느끼고 경험했던 다양한 주제의 글 모음입니다. 한국은행 상하이사무소장으로 근무하면서 중국 제2의 도시이자 최고의 금융중심지에서 느낀 상하이의 이모저모도 함께 소개하였습니다.

책을 읽지 않는 시대라고 합니다. 하지만 수동적인 온라인 동영상 시청이 충족시켜 줄 수 없는 만족감 및 기쁨과 지적 자극을 준다는 점에서, 적극적이고 능동적인 행위로서 독서의 가치는 여전하다고 생각합니다. 이 책이 약간의 정보와 함께 재미와 즐거움을 제공함으로써 독자 여러분들에게 기억이 될 만한 추억과 뿌듯함을 함께 남길 수 있기를 희망합니다.

기도의 모범이 되시는 부모님과 장모님께 깊은 감사의 말씀을 드립니다. 마지막으로, 사랑스럽고 총명하며 유머 감각이 풍부한 아내 문선에게 항상 고맙다는 말을 꼭 하고 싶습니다.

2024년 12월 상하이에서
한재현

차례

CHAPTER 03 은행제도

CHAPTER 04 주식제도

CHAPTER 05　금융관련 지표 및 용어

CHAPTER 06 중국 금융의 미래

1. 1979년 개혁개방 이후 중국의 금융제도는 어떤 변화과정을 겪어 왔는 지요?

2. 중국 금융시장의 특징으로는 무엇을 들 수 있을까요?

3. 중국경제에서 금융업이 차지하는 비중과 역할은 어느 정도인가요?

CHAPTER

01

금융제도 및
금융시장 개관

01

1979년 개혁개방 이후 중국의
금융제도는 어떤 변화과정을
겪어 왔는지요?

개혁개방 이전 중국의 금융제도는 한 마디로 '단일은행시스템'이었습니다. 모든 금융업무를 중국인민은행(中国人民银行, 이하 인민은행)이 담당했습니다. 인민은행은 중앙은행이자 상업은행이었으며 금융 관련 행정 역할까지 맡았었지요. 1957년 기준으로 인민은행의 지점은 전국에 2만 개가 넘을 정도였습니다. 이때는 금융이 철저하게 사회주의 경제 건설에 필요한 자금의 동원과 사용을 위한 정책 도구의 역할을 수행한 시기였습니다. 부족한 자금을 모으기 위한 근검절약과 저축이 미덕으로 강조되었으며 인민은행은 그 핵심 기관이었지요.

그러나 1979년 개혁개방 이후 중국의 경제규모가 커지고 다양한 부문에서 금융 관련 수요가 발생하면서 인민은행 홀로 이 모든 기능을 담

인민은행의 저축 장려 포스터 1   인민은행의 저축 장려 포스터 2

인민은행의 저축 장려 포스터

인민은행은 1950년대 및 1960년대에 저축을 장려하기 위한 다양한 홍보 활동을 전개
하였습니다. 사진은 상하이 은행박물관에 전시중인 당시의 저축 장려 포스터입니다.

당할 수는 없게 되었습니다. 결국 인민은행의 기능이 분할되면서 다양
한 형태의 금융기관이 차례로 설립되었지요. 예를 든다면 1979년 중국
농업은행 · 중국건설은행 · 중국은행 · 중국국제투자신탁공사, 1983년
중국인민보험공사, 1984년 중국공상은행 등이 설립되었습니다. 상업
은행, 투자기관, 보험사 등이 차례로 등장한 것입니다. 결국 인민은행
은 1984년부터는 중앙은행 기능만을 담당하게 되었으며, 여타 금융 기
능은 그 업무를 전담하는 금융기관들이 설립되면서 맡는 구조가 형성

중국인민보험

중국인민보험공사(中国人民保险集团股份有限公司)

1949년 10월 최초 설립되었으나 여러 이유로 영업이 중단되었다가 1983년 중국 최초의 보험사로 재탄생한 기업입니다. 2012년 홍콩 거래소, 2018년 상하이 거래소에 각각 상장되었습니다. 2023년 말 기준 총자산은 1.6조 위안이었는데요, 이는 중국 보험사 중 네 번째 규모입니다.

됩니다.

특히 1992년은 중국경제의 전환점이 되는 중요한 해였습니다. 중국이 소위 '사회주의 시장경제 체제(社會主義市場經濟體制, The socialist market economic system)'를 공식적으로 표방한 해이기 때문입니다. 사실 당시는 1979년 이후 10여 년을 진행해 오던 개혁개방정책이 1989년의 천안문 사태를 계기로 그 추진 동력을 상실하고 있던 위기의 시기입니다. 특히 자본주의의 요소라고 여겨지던 시장경제 원리를 사회주의 국가인 중국에서 도입하여 운용하는 것에 대한 불만이 많았습니다. 이러한 불만을 잠재우기 위해 동원된 논리가 바로 이 '사회주의 시장경제' 논리입니다. 한마디로 말해, 계획과 시장이 사회주의와 자본주의의 본질적 차이를 구분 짓는 요인이 아니며 사회주의에도 얼마든지 시장경제 요소를 도입하여 효율을 꾀할 수 있다는 논리입니다. 또한 시장경제라는 것이 자본주의의 전유물이 아니라는 주장이기도 합니다. 이후 이념적 걸림돌을 제거한 중국경제는 경제적 효율성 향상을 위해 다양한 제도를 광범위하게 도입하게 됩니다. 주식회사와 같은 현대적 의미의 기업제도 등이 바로 그런 경우입니다. 예를 들어 북경오리구이로 유명한 전취덕(全聚德)이라는 식당은 아마 한 번쯤은 들어보셨을 텐데요. 이 식당은 청(淸) 말기인 1864년에 설립된 오래된 식당입니다. 청의 멸망, 현대 중국의 탄생, 국유화 등의 우여곡절을 겪었던 전취덕이 주식회사로 변모한 것이 바로 1994년이었습니다.

또한 1990년대 중반부터 금융제도 또한 급속하게 발전하기 시작하였습니다. 1994년 정책금융을 전담하게 될 국가개발은행, 중국수출입은행 및 중국농업발전은행이 설립되었습니다. 그리고 1995년 인민은행법이 제정되면서 인민은행의 중앙은행으로서의 위상이 법적으로 확보되었습니다. 그 이전에는 국무원(國務院)의 지시나 명령으로 인민은행이 중앙은행 업무를 해 왔다면 이때 비로소 인민은행이 중국의 중앙은행이라는 사실이 법률 형태로 명시화된 것입니다.[1] 그리고 금융기관에

대한 감독 강화와 리스크 관리의 전문화를 위해 증권감독관리위원회
(1992년), 보험감독관리위원회(1998년) 및 은행업감독관리위원회(2003년)
등이 차례로 신설되었습니다.[2]

환율제도와 관련해서는 2005년 복수통화바스켓을 참조하는 관리변
동환율제도를 실시하기 시작하였습니다. 이 환율제도는 지금도 중국
환율제도의 기본 틀입니다. 그 이전에는 고정환율제 및 복수환율제[3]
등을 실시하면서 매우 경직적으로 환율제도가 운영되어 온 것을 감안
하면 시장 상황이 어느 정도 반영되는 환율제도로의 변천은 큰 진전이
라 할 수 있습니다. 그리고, 국제통화로서 위안화의 지위 향상을 위해
2000년대 들어 위안화 국제화 정책을 꾸준히 시행하고 있습니다. 경상
거래 및 직접투자의 위안화 결제 실시와 주요국과의 통화스왑 등이 대
표적인 조치들입니다.[4]

주식제도의 경우 1990년 상하이증권거래소, 1991년 선전증권거래
소가 설립되면서 본격적으로 발전하기 시작하였습니다. 다만, 외국인이
중국 주식시장에 투자하는 것은 불가능했습니다. 비록 제한적이기는
하지만 외국인의 중국 주식 투자가 가능해진 것은 2003년 이후입니다.
바로 적격외국인기관투자자(QFII; Qualified Foreign Institutional Investor, 이
하 QFII) 제도를 통해서입니다. QFII는 중국 자본시장에 투자할 수 있는
승인을 얻은 외국인 기관투자자를 의미합니다. 물론 자격심사를 거쳐
야 했고 투자금액을 승인 받아야 하는 등 절차는 까다로웠습니다. 한
편 중국인들의 해외 주식투자가 가능해진 것은 2006년 시작한 적격내
국인기관투자자(QDII; Qualified Domestic Institutional Investor) 제도를 통해
서였습니다. 이는 해외 자본시장에 투자할 수 있는 승인을 얻은 내국

인 기관투자자를 의미하는데요, 역시 자격요건과 투자액 승인 등이 까다롭습니다. 2024년 5월 말 기준으로 189개 기관이 1,678억 달러의 투자액을 승인 받고 있는 상황입니다. 이 정도 투자액 수준은 중국 주식 거래소 시장의 1일 거래 규모 정도를 조금 넘는 수준에 불과합니다.[5]

　매우 개괄적으로 중국 금융제도의 변화 과정을 살펴보았는데요, 이하 본문에서 필요할 경우에는 조금 더 상세한 설명을 추가하였습니다. 다만, 엄청나게 많은 제도와 조치 등이 시행되고 있음에도 불구하고 중국의 금융 제도와 금융 시장은 기본적으로 폐쇄적인 성격을 지니고 있다는 점을 항상 염두에 두어야 합니다. 수많은 규제 속에 상당히 제한적인 접근만을 허용하고 있다는 의미입니다. 한마디로 중국의 금융시장 개방은 여전히 '돌다리도 두드려 보고 건너기(摸着石頭過河)'의 원칙과 방법이 적용 중이라고 하겠습니다. 이 과정이 외부인의 눈에는 한없이 느린 과정이라 속 터질 때가 많은 것이 문제이기는 합니다. 사실 미국이 중국을 상대로 취하고 있는 다양한 형태의 통상압력 내지 제재 조치의 핵심 목표 중 하나가 바로 이 중국의 금융시장 개방에 있다고 주장하는 사람도 많습니다. 글로벌 금융시장을 쥐락펴락하는 미국이 아직 마음대로 휘젓지 못하고 있는 거대한 시장이 바로 이 중국이기 때문입니다. 물론, 바로 이 이유 때문에 중국은 금융시장 개방에 더욱 신중할 수밖에 없겠지만요…

상하이 야경

상하이 야경

중국 제2의 도시이자 금융중심지인 상하이의 야경 모습입니다. 다양한 모양의 화려한 유람선이 유유자적하게 운행 중입니다.

중국에는 각 성(省)과 직할시(直轄市)를 부르는 약칭이 있습니다. 예를 들어 베이징(北京)은 징(京), 광둥성(廣東省)은 위에(粤)입니다. 자동차 번호판도 바로 이 약칭으로 시작합니다. 번호판만 보면 어느 지역의 자동차인지 알 수 있는 구조이지요.

상하이의 약칭은 바로 후(滬, 沪)입니다. 이는 4~5세기 위·진·남북조 시대의 진(晉) 시기에 물고기를 잡는 통발 도구의 하나를 가리키던 명칭에서 유래하였습니다. 바다(海)로 나아간다(上)는 도시 이름에서도 알 수 있듯 역사적으로 바다와 접한 지역으로서의 성격이 드러나는 약칭이라 하겠습니다. 한편 상하이를 별칭으로 션(申)이라고 부르기도 하는데요, 이는 이 지역이 기원전 8세기~기원전 3세기 춘추전국시대 초

11

마도 상하이   마도 음식점   마도 상점

(楚)의 제후였던 춘선군(春申君)의 봉읍이었던 데에서 유래한다고 합니다. 현재 상하이에는 션주(申酒)라는 백주도 있지요.

상하이는 청(淸)나라 중엽까지만 해도 어업과 직물제조업에 종사하던 조그만 소도시였습니다. 18세기 중반 인구는 5만 명 내외에 불과하였지요. 그런데, 1842년의 난징조약(南京條約)을 계기로 운명이 바뀌게 됩니다. 난징조약은 아편전쟁 이후 영국과 청이 맺은 불평등조약이었는데요, 이 조약에 따라 홍콩이 영국으로 넘어가게 됩니다. 한편 이 조약의 또 다른 중요한 내용 중 하나가 바로 광저우(廣州), 샤먼(廈門), 푸저우(福州), 닝보(寧波) 및 상하이(上海) 등 다섯 개의 항(港)을 개항한다는 것이었습니다. 결국 난징조약 이듬해인 1843년 상하이는 정식으로 개항 되었습니다. 그리고, 개항한 지 20년도 채 되지 않는 1861년 기준으로 상하이의 대외교역액이 중국 전체 교역액의 절반을 차지할 정도로 급 성장하게 됩니다. 한편 인구도 급증하였습니다. 1852년 54만 명이었던 상하이 인구는 1900년에는 100만 명을 돌파하였으며, 1949년 545만 명에 달하면서 개항 직후보다 열 배 이상이 증가하게 됩니다.

이런 배경에서 탄생하게 된 상하이의 또 다른 별칭이 바로 '악마의 도시(마도, 魔都)'입니다. 1920~30년대 상하이는 서방 제국주의 세력의 중국 진출 교두보로, 수많은 외국인과 중국인이 모여드는 도시였습니 다. 1930년대의 상하이는 시카고에 버금가는 마천루와 스카이라인을 갖게 되었으며 당시 세계에서 네 번째로 큰 도시였습니다.[6] 또한 사상, 문화, 상업, 기술이 혼재되면서 사회적 모순과 갈등이 만연한 도시이 기도 했지요. 여기에 암흑가 조직의 마약, 인신매매, 매음 등 여러 불 법 활동이 활개를 치면서 상하이에 대한 인상이 부정적으로 형성됩니 다. 이처럼 온갖 것이 뒤섞여 분명하지 않은 가운데, 짜릿함과 위험이 공존하는 천태만상의 도시라는 의미에서 바로 악마의 도시라는 별칭 이 생긴 것입니다. 세월이 그렇게 흘렀음에도 불구하고 아직도 상하이 를 이렇게 부르는 경우가 종종 있습니다. 길거리 간판 등에도 여전히 남아 있구요.

2023년 기준으로 상하이는 3차 산업 비중이 75%가 넘는 서비스 산 업 중심 도시입니다. 면적은 중국 전체의 0.06%, 인구는 1.7%에 불과 한 상하이이지만 경제규모는 전국의 3.7%를 차지할 정도로 부유한 지 역이지요.[7] 2023년 기준 1인당 GDP는 19.1만 위안(약 3,500만 원)에 달했

도시 걷기

도시 걷기(citywalk, 城市漫步)의 매력이 넘치는 상하이

Citywalk은 도시를 그저 걸어 다니면서 특색 있는 경관이나 건축물 등을 구경하는 여행 방식입니다. '돈을 쓰지 않는 단순한 생활방식'이나 '비(非)소비주의' 트렌드와도 맞닿아 있는 개념이지요. 이러한 Citywalk의 기원은 London Walks로 알려져 있습니다.

중국에서 Citywalk이 시작된 도시로는 일반적으로 상하이를 꼽습니다. 거의 평지로만 이루어져 있는 상하이는 걸어서 여기저기 구경하기 좋은 도시입니다. 특히 옛 조계(租界) 지역을 중심으로 이국적인 건물과 아름다운 가로수들이 어우러져 있는 명소가 많아 걷기에 안성맞춤이라는 생각이 절로 듭니다.

습니다. 이는 전국 1인당 GDP(8.9만 위안)의 두 배가 넘는 수준입니다. 가처분소득 및 소비지출 측면에서도 상하이는 가장 앞서가는 지역입니다. 2023년 상하이 1인당 가처분소득은 8.5만 위안으로 31개 성·시 중 단연 1등이었습니다. 전국이 3.9만 위안이었으니 두 배 이상입니다. 1인당 소비지출 또한 5.3만 위안으로 역시 1등이었습니다. 전국은 2.7만 위안이었습니다.

사실 중국의 고액자산가 절반 이상이 바로 베이징과 상하이에 몰려 있는 상황이지요. 2023년 기준으로 중국에 있는 순자산 600만 위안(약 10억 원) 이상 가구 518만 가구 중 27.1%가 상하이에 살고 있습니다.[8] 이런 경제적 풍요로움은 바로 수명연장에 기여하고 있습니다. 2023년 기준으로 중국인의 기대수명은 78.1세인데요, 상하이인들은 83.1세에 달합니다. 물론 그 결과로 고령화비율도 높게 나타납니다. 2023년 기준 중국 전체의 65세 이상 인구 비중은 15.4%였던데 반해, 상하이는 이 비중이 18.7%에 달합니다.[9]

한편 도시를 기준으로 한 GDP 규모 순위에서도 상하이는 단연 1위를 차지하고 있습니다. 2023년 GDP를 기준으로 중국 10대 도시 순위는 상하이(上海), 베이징(北京), 션전(深圳), 광저우(广州), 충칭(重庆), 쑤저우(苏州), 청두(成都), 항저우(杭州), 우한(武汉), 난징(南京) 등의 순이었습니다. 이 순위는 최근 수년간 거의 변함이 없는 상황입니다. 참고로, 상하이는 2023년 말 기준 상주인구 수가 2,487만 명에 달해 충칭(重庆, 3,191만 명)에 이어 중국에서 두 번째로 인구가 많은 도시이기도 합니다.[10] 다만, 문제는 인구가 많기는 하지만 고령인구 비중이 높고 젊은 층 비중이 낮은 동시에 출산율은 갈수록 떨어지고 있다는 점입니다. 2023

고령층 할인식당

고령층 등을 위한 할인식당
서민을 위한 대중식당으로 중국 정부에서 운영하며, 특정 계층을 위해 할인혜택을
주고 있습니다. 60~69세는 10%, 70세 이상 및 퇴역군인은 15%의 할인을 해줍니
다. 사진은 상하이 쉬후이취(徐汇区长桥街道)에 있는 할인식당입니다.

년 기준 우리나라 출산율이 0.72명으로 거의 세계 최저 수준이었는데
요, 상하이도 0.7명에 불과했습니다. 중국 전체가 1.0명 수준이니 훨씬
낮은 수준입니다. 젊은이의 감소, 지나치게 높은 부동산 가격으로 인
한 결혼 회피 및 결혼 연령 상승 등이 복합적으로 작용한 결과입니다.
2023년 기준 인구 1천 명 당 출생아 수도 3.9명으로 중국 전체 6.4명

보다 훨씬 낮은 수준입니다. 이는 도시의 활력이 떨어지고 있다는 의미이기도 합니다.

그동안 상하이는 저장(浙江), 장쑤(江苏), 안후이(安徽)와 함께 장강삼각주(长江三角洲) 지역을 형성하면서 중국 경제성장의 핵심 역할을 담당해 왔습니다. 장강삼각주 지역은 중국 전체 GDP의 1/4을 담당하는 곳입니다. 그리고, 2023년 기준 GDP 규모가 1조 위안을 넘는 중국의 26개 도시 중 9개가 집중되어 있는 곳이기도 합니다. 사실 상하이는 명실상부하게 중국의 무역, 소비, 금융의 중심지라고 할 수 있습니다. 2010년 엑스포(EXPO)를 개최했던 것을 보아도 이 도시가 얼마나 앞서가는 도시인지를 알 수 있지요. 참고로 상하이 엑스포는 5년에 한 번 개최되는 등록박람회(World's Fair, Registered Exhibition)였습니다.[11]

또한 상하이는 생태환경 보호에도 많은 주의를 기울이는 도시입니다. 예를 들어 이미 2010년에 흡연 규제를 시작하였으며, 2016년 이후에는 실내금연을 실시하고 있습니다. 현재 중국에서 실내금연을 실시하는 도시는 상하이를 포함해 베이징, 항저우, 션전 등 18개 도시에 불과합니다. 이런 여러 규제 등의 결과 2022년 기준으로 상하이의 15세 이상 인구 흡연율은 19.4%로 전국 평균(24.1%)보다 낮은 수준입니다.[12] 심지어는 2024년 5월 중국 도시 중 최초로 실외 흡연구역 관리 기준[13]을 발표하기도 하였습니다. 흡연 구역 위치 선정, 건강 관련 경고 등 실외 흡연 관리 및 유지에 대한 조건들을 명시하는 규정입니다.

옛 상하이 사람들의 신조는 "가난한 것은 비웃어도 기생질은 비웃지 않는다"였다고 합니다. 사람보다 돈이 먼저이고, 시장 앞에서는 모든 인간이 평등하다는 생각이 상공업 도시인 상하이에 자연스럽게 형성

――――
백화점 클라이밍

> **백화점 암벽등반 시설을 오르는 아이들**
>
> 상하이 백화점 한 곳의 모습입니다. 한 가운데 10층 이상의 공간을 이용해 실내 암벽 등반 시설을 만들어 놓았습니다. 아이들이 줄을 서서 오르고 있었습니다. 비용도 만만치 않은 수준이었구요. 중국 최고의 부자 도시답다는 생각이 드는 광경이었습니다.

된 것입니다. 이런 배경에서 상하이 사람들은 전혀 거리낌 없이 "돈은 좋은 것"이라고 말하며, 정당한 방법을 통해 좀 더 많은 돈을 버는 것을 나쁜 일이라고 생각하지 않습니다.[14] 상하이가 중국금융의 중심지가 된 데에는 이러한 상하이 사람들의 기질과 역사적 배경이 자리 잡고 있습니다. 그 결과 금융과 관련된 정책이나 제도의 경우 상하이가 중심이 되어 시행되는 경우가 많습니다. 이미 30여 년 전인 1992년 중국 정부는 국가전략 중 하나로 '상하이 국제금융센터 건설'을 제시한 바 있습니다. 2009년에는 국무원에서 '2020년까지 상하이를 위안화의 국제적 지위에 걸맞는 국제금융 중심센터로 건설'할 것임을 발표하기도 하였지요. 한편 2021년 이후 상하이를 글로벌 자산관리센터, 녹색금융허브, 국제재보험센터 등으로 발전시키기 위한 정책도 다수 시행되고 있습니다. 외국자본의 독자적인 증권투자회사 신설을 허용하거나, 원유옵션·탄소중립채권·공모부동산투자신탁펀드 등의 신상품을 출시한 것이 대표적입니다.

상하이 풍경

상하이 일반 아파트 풍경
건축된 지 비교적 오래된, 상하이 일반 아파트 모습입니다. 내부 공간이 협소하고 습도가 높은 상황에서 상하이의 일반 아파트에서는 베란다 밖으로 빨래걸이를 내걸고 빨래를 건조시키는 일이 여전히 빈번합니다.

물론 아직 많이 미흡한 상황이기는 합니다. 중국은 여전히 자본시장이 개방되어 있지 않으며 여러 가지 제한이 많이 존재하는 곳입니다. 이런 상황에서는 본질적인 제약이 존재할 수밖에 없지요. 그 누구도 지금 상황에서는 상하이를 홍콩에 버금가는 국제금융 중심센터라고 부

엑스포 박물관

엑스포 문화공원

상하이 세계엑스포 박물관(世博會博物館) 및 문화공원(世博文化公園)

중국 상하이는 2010년 5월~10월에 세계엑스포(上海世界博览会, Expo 2010 Shanghai China)를 개최하였습니다. 5년에 한 번 개최되는 등록박람회였지요. 행사 이후 이 부지 사용 방법에 대해 고민하던 중국 정부는 박물관을 건립하고 문화공원도 조성하였습니다. 박물관은 2017년 개관하였으며 지상 6층, 지하 1층의 전시 공간에 약 2만여 점의 엑스포 관련 유물이나 기념품 등이 전시되고 있습니다. 한편 문화공원은 2017년부터 공사를 시작하여 2021년 말 개방하였습니다. 공원 면적은 약 2제곱킬로미터(약 60만 평)에 달합니다.

를 수 없을 것입니다. 다만, 질적 변화를 위해서는 양적인 축적이 선행되어야 한다는 점을 감안하면 상하이는 현재 금융 중심지로 나아가기 위해 다양한 방면에서의 축적을 진행하고 있는 단계라고 볼 수 있을 것 같습니다.

동방명주

동방명주 원경

상하이의 대표적 랜드마크 동방명주(東方明珠)
원래의 명칭은 동방명주방송통신탑(東方明珠广播电视塔)입니다. 1994년 완공되었으며 높이는 468미터입니다. 263미터 지점에 중간 전망대, 350미터 지점에 회전형 전망대가 있습니다. 야간에는 다양하게 조명이 바뀌면서 아름다운 장관을 연출합니다. 크고 작은 진주가 옥으로 만든 그릇에 떨어지는 것을 콘셉트로 외관을 디자인한 것으로 알려져 있습니다. 한편 상하이의 건축물은 야경 연출을 외관 디자인만큼 중시하는 것으로 알려져 있는데요[15], 동방명주 역시 야간 조명의 색상 변화가 무척 아름답습니다.

중국 금융시장의 특징으로는 무엇을 들 수 있을까요?

중국 금융시장이 다른 나라와 다른 점으로는 크게 다음 세 가지를 꼽을 수 있을 것 같습니다.

우선 첫 번째는, 중국 금융기관 대부분이 정부 소유의 국유기업이거나 실질적인 지배를 받고 있다는 점입니다. 국유기업이 주도하는 경제시스템은 중국경제의 핵심 특징 중 하나인데요, 금융업의 경우에도 예외가 아닙니다. 예를 들어 은행, 증권, 보험 등 3대 주요 금융부문의 1등 기업인 중국공상은행(中国工商银行), 중신증권(中信证券), 핑안보험(平安保险) 모두 중국 정부가 직·간접적으로 51% 이상의 주식을 보유한 국유기업입니다. 공상은행의 경우 2024년 6월 기준으로 정부 지분이 69.4%에 달했습니다. 이와 같은 상황은 중앙금융기업(中央金融企业)이라는 용어가 존재하고 있다는 점에서도 잘 알 수 있습니다. 중앙금융기업이란 국가가 전액 출자 혹은 과반 이상의 주식을 보유하거나 실질적으로 지배하는 금융기업을 말합니다. 국유 금융기관이라는 의미입니다. 집행부의 임면권도 당연히 정부가 행사합니다. 재정부가 정기적으로 중앙금융기업의 명단을 발표하는데요, 2023년 현재 27개 기관이 있습니다. 뒤에서 말씀드릴 국유상업은행은 물론이고 주요 보험사, 3개의 정책은행, 4개의 자산관리공사, 중신(中信) 및 광다(光大)와 같은 주요 금융그룹 등이 모두 이에 포함됩니다. 이들이 중국 금융시장의 핵심 기관이자 대마(大馬)들인 셈입니다.

중앙결산공사

중앙금융기업의 하나인 중앙국채등기결산공사(中央国债登记结算有限责任公司, China Central Depository & Clearing Co., 중앙결산공사)

중국에서 국가가 전액 출자 혹은 과반 이상의 주식을 보유하거나 실질적으로 지배하는 금융기업을 중앙금융기업(中央金融企业)으로 부르는데요, 2023년 현재 27개입니다. 중앙국채등기결산공사는 그중 하나로 채권시장에 국채 및 금융채 등 공급, 위탁, 거래, 결제, 담보관리, 청산 등의 업무를 담당하는 국유 금융기관입니다. 1996년에 인민은행 및 재정부 등 9개 기관이 출자하여 설립하였습니다. 우리나라의 '한국예탁결제원'과 비슷한 기관으로 보시면 됩니다.

두 번째는, 은행 중심의 금융제도를 운용하고 있다는 점입니다. 중국도 여타 신흥국과 마찬가지로 은행대출 등 간접금융에 대한 의존도가 매우 높고, 주식 및 채권시장 등 직접금융 시장 발전은 상대적으로 더딘 상황입니다. 2022년 기준으로 중국에서 직접금융을 통한 자금 조달 비중은 19%에 불과했습니다.[16] 예를 들어 2022년의 경우 기업들이 은행대출을 통해 조달한 자금 규모가 21.3조 위안에 달했던 데 반해, 주식시장을 통한 자금조달은 대출의 7% 수준인 1.4조 위안에 불과했습니다.[17] 이와 같은 점은 은행, 증권, 보험 업무를 담당하는 관련 금융기관의 자산 규모를 봐도 명확히 나타납니다. 2023년 말 기준으로 중국의 은행들 총 자산은 417조 위안입니다. 이는 그 해 GDP(126조 위안)의 3배가 넘는 규모입니다. 은행 자산은 전체 금융기관 자산의 90%가 넘는 비중을 차지하고 있지요. 반면 증권사 총자산은 14조 위안, 보험사 총자산은 30조 위안으로 각각 GDP의 11%, 24%에 불과한 실정입니다. 전체 금융기관 자산에서 차지하는 비중도 3%, 6% 수준에 그칩니다. 이는 미국의 경우 보험사들이 40조 달러의 자산을 보유해 전체 금융기관 자산의 30%에 달하는 비중을 차지하는 것과 확연하게 비교[18] 되는 부분입니다.

특히 중국은 은행, 증권, 보험 중 증권 산업의 발전이 상대적으로 더디고 관련 기업들의 난립도 더 심하다는 특징이 있습니다. 증권 산업을 이끌어가는 핵심 기업이 없다고 할 정도입니다. 시장의 상위 10개 기업 순이익 기준 산업집중도(Concentration Ratio 10)가 은행과 보험 시장은 90% 이상인데 반해, 증권 시장은 60%에 불과합니다.[19] 총자산 기준으로 은행, 보험, 증권 세 부문의 1위 기업을 한 번 볼까요? 2023년 말 기준으로 중국공상은행이 44.7조 위안, 핑안보험이 11.6조 위안, 중신증권이 1.5조 위안입니다. 얼마나 차이가 큰지를 알 수 있습니다. 그나마 증권업계 1위인 중신증권만이 총자산 1조 위안을 넘고 있고 2위인 구어타이쥔안(國泰君安)은 중신증권과는 한참 차이가 나는 9,254억 위안에 불과합니다.

　2024년 6월 현재 중국에는 141개 증권사가 있고 이 중 상장된 기업만도 43개에 달합니다. 하지만 대부분 영세한 규모입니다. 이러한 점을 잘 알고 있는 중국 정부는 2024년 4월, 2035년까지 국제적 경쟁력을 갖춘 동시에 시장을 주도할 수 있는 2~3개의 대형투자기관을 육성할 것이라고 발표하였습니다.[20] 가장 기초적인 방법은 우선 증권사의 덩치를 키우는 것이겠지요. 그리고 2024년 9월 증권업계 자산 2위인 구어타이쥔안(國泰君安)과 11위인 하이통증권(海通证券)이 합병하여 총자산 1.7조 위안에 달하는 중국 최대의 증권사가 탄생하게 되었습니다. 두 증권사 모두 상하이시가 최대 주주인 국유기업이었기 때문에 합병이 쉽게 이루어질 수 있었다는 평가입니다.

　마지막은, 금융시장의 제한적인 개방을 들 수 있습니다. 중국은 경상거래에 대해서만 금융시장을 개방하였을 뿐이며, 자본거래에 대해서는 원칙적으로 비개방원칙을 여전히 유지하고 있습니다. 여기서의 경상거래는 상품이나 서비스를 사고파는 거래를, 자본거래는 주식이나 채권을 매매하거나 혹은 자금을 빌리고 빌려주는 거래 등을 말합니다. 중국은 현재 외국인직접투자(FDI) 이외의 자본거래에 대해서는 매우 제한적으로만 개방하고 있는 상황입니다. 따라서 외국인은 일부 허용된 범위[21]를 제외한다면 기본적으로 중국에서 주식이나 채권에 대한 자유로운 투자가 불가능합니다. 중국의 주식 및 채권 시장에서 외국인 투자자가 차지하는 비중은 3~5%에 불과하며 이 비중은 상당히 오랫동안 별로 변함이 없습니다.[22] 반면 우리나라 주식시장의 경우 외국인 투자 비중은 30~40% 내외입니다.

물론 외국인 투자 비중이 높다는 사실이 꼭 긍정적인 측면만 있는 것은 아닙니다. 예를 들어 소위 투기적 외국 자본에 의한 금융시장의 급격한 교란은 대표적으로 들 수 있는 단점이라 할 수 있을 겁니다. 중국 정부가 금융시장 개방에 여전히 신중한 태도를 취하는 이유이지요. 그 결과 외국 금융기관의 중국 진출도 까다로운 인허가 절차 등으로 인해 매우 제한적으로만 이루어지고 있는 상황입니다. 외국계 은행의 중국 시장 점유율은 20여 년 이상 계속해서 1~2% 수준을 넘지 못하고 있습니다. 최근에는 더 줄어서 2024년 6월 말 총자산 기준으로 0.8%에 불과합니다. 은행 이외에 증권 및 보험사의 외자비율 제한도 매우 엄격합니다. 증권사 및 운용사의 지분제한이 폐지된 것이 2020년 4월이었고, JP Morgan이 설립한 현지법인 증권사가 외국계 기업 최초로 100% 지분을 획득한 것도 2021년 7월에 불과했습니다. 진정한 외국계 증권사가 설립된 지 채 5년도 되지 않았다는 의미이지요.

우리나라 증권사의 해외진출 현황에서도 이러한 중국 금융시장의 폐쇄성은 여실히 나타납니다. 2023년 3월 기준 우리나라의 66개 증권사 중 14개 증권사가 해외에 진출해 있으며 총해외점포 수가 69개에 이릅니다. 중국은 12개로 가장 많은 점포가 진출해 있는데요, 실제사업을 영위하는 현지법인은 단 3개에 그치고 9개는 정보수집 중심 업무에 한정된 사무소입니다. 이는 미국(10개), 인도네시아(9개), 홍콩(8개) 등에 진출해 있는 점포가 모두 현지법인인 현황과 극명하게 대비되는 상황입니다. 이와 같은 현실은 다른 말로 하면 금융시장의 비개방성으로 말미암아 중국에서 영업활동을 통해 돈을 벌 수 있는 기회 자체가 거의 없다는 말이기도 합니다.

JP Morgan

존 피어폰트 모건(John Pierpont Morgan, 1837~1913)

아버지(J. S. Morgan)의 뒤를 이어 오늘날의 금융재벌 JP Morgan을 완성시킨 모건 재벌의 제2대입니다. 19세기 후반 미국의 월스트리트와 산업계를 지배한 인물입니다. JP Morgan의 영향력은 지금도 여전해 보이는데요, 2021년에는 중국에서 외국기업 최초로 외국계 지분 100%의 현지법인 증권사를 설립했습니다.

__03

중국경제에서 금융업이 차지하는
비중과 역할은 어느 정도인가요?

　　노동자와 농민의 지지를 바탕으로 건국한 중국은 한동안 농업 중심의 국가였습니다. 1952년에 1차 산업이 GDP에서 차지하는 비중은 51%에 달했고, 1969년에도 이 비중은 38%로 여전히 큰 비중을 차지하고 있었습니다. 그러나, 1970년대로 접어들면서 점차 제조업이 경제성장의 주역으로 등장하였으며 산업의 중점도 점차 변하게 됩니다. 그 결과 부가가치의 창출이나 고용 등 여러 가지 측면에서 제조업을 중심으로 하는 2차 산업이 중국경제의 핵심 역할을 오랫동안 담당해 왔지요. 1952년의 경우 2차 산업이 GDP에서 차지하는 비중은 21%에 그쳤으나 이후 공업화가 진전되며 수 십 년간 이 비중은 40~50%대를 유지하였습니다. 3차 산업은 20~30%대였지요. 그러다가 2차 산업과 3차

산업의 비중이 역전된 것은 지금부터 약 10여 년 전인 2012년입니다. 이후로는 3차 산업 비중이 지속적으로 높아졌습니다. 2023년 기준으로 2차 산업은 38.3%, 3차 산업은 54.6%였습니다. 한편 취업자 수 기준[23]으로는 2차 산업이 28.8%, 3차 산업은 47.1%였습니다. 명실상부하게 중국도 3차 산업이 중심이 되는 국가가 된 셈입니다.

그럼, 3차 산업의 하나인 금융업의 비중은 어느 정도 되는 것일까요?

우선 고용 측면에서 2022년 기준 금융업에 종사하는 총인원은 약 740만 명입니다. 전체 취업자가 7.34억 명이었으니 약 1%에 불과합니다. 이는 우리나라의 3%, 미국의 5%보다 훨씬 낮은 수준입니다.[24] 3차 산업 총취업자 수가 3.46억 명이었음을 감안하면 금융업 취업자 수는 3차 산업 취업자 수의 약 2%입니다. 즉, 금융업이 중국경제의 고용 측면에서 기여하는 비중은 아직 그리 크다고 할 수 없습니다.

그렇다면, 부가가치 창출 측면에서는 어떨까요? 금융산업이 국가경제에 얼마나 기여하고 있는지를 먼저 보면 급격하게 상승하는 추세인 점을 알 수 있습니다. OECD의 '금융 · 보험 부문 부가가치(Value added by Finance and Insurance)' 지표[25]를 보면 중국의 금융 및 보험업이 창출하는 부가가치가 전체 GDP에서 차지하는 비중은 2005년 4.0%에서 2021년 7.9%까지 상승하였습니다. 반면 같은 기간 동안 한국은 6.4%에서 6.6%, 미국은 7.7%에서 8.6%로의 소폭 상승에 그쳤습니다. 금융업이 창출하는 부가가치 비중 면에서 한국이 중국보다 못한 상황에 처한 것입니다. 이는 적어도 중국 금융업의 외형적인 성장은 놀라운 수준이라는 이야기이기도 합니다. 이런 상황 하에서 2023년 기준 국유 금융업 직원의 연평균 임금은 19.8만 위안(약 3,700만 원)으로 산업 전체 평균 임금(12.1만 위안)의 1.6배에 달하는 수준이었습니다. 정보통신 및 IT 산업의 23.2만 위안(약 4,300만 원)에 이어 두 번째로 높은 수준이었지요.[26] 이를 2022년 기준의 우리나라와 비교해 보면 우리나라 금융업 직원 연평균 임금은 약 9,100만 원으로 산업별 분류 중 가장 높은 수준이었습니다.[27] 이는 산업 전체 평균(4,200만원)의 두 배가 넘는 수준인데요, 상대적으로 우리나라에서 금융업 종사자에게 더 관대한 대우를 해주고 있다는 의미로 해석될 수 있습니다.

한편 최근 중국 금융업이 전반적으로 위축되는 모습을 보이면서 발전이 정체 내지 퇴보하는 것이 아닌가 하는 우려가 깊어지는 상황입니다. 현 중국 지도부의 금융부문에 대한 인식은 그리 좋지 않은 것으로 알려져 있습니다. 금융부문이 실물부문에 비해 과도하게 성장하면서 영향력이 커졌고 또한 지나친 대우를 받고 있다고 생각한다는 겁니다. 다수의 금융기관 지도부에 대한 부정부패 사정 작업[28]과 함께 국유 금융기업을 중심으로 직원들의 임금을 삭감하거나 최소한으로 인상하는 조치 등이 바로 이런 배경 하에서 나온 것들입니다. 2022년에는 42개 상장은행 중 절반이 넘는 22개 은행의 평균임금이 2021년보다 줄어든 바 있는데요, 2023년에도 이러한 추세는 지속되었습니다. 20개 은행의 임금이 1%~15% 감소하였습니다. 예를 들어 평균 임금 1위 은행인 중신은행(中信銀行)의 경우 2022년 63.4만 위안에서 2023년 59.5만 위안으로 약 7%가 감소하였습니다. 6% 이상 임금이 삭감된 은행만 해도 중신은행을 포함하여 6개에 달했습니다. 증권업계도 마찬가지입니다. 업계 1위 중신증권(中信證券) 평균 임금은 2022년 80.3만 위안에서 2023년 77.6만 위안으로, 2위 중금공사(中金公司)는 77.6만 위안에서 69.7만 위안으로 각각 3% 및 10%가 감소하였습니다. 중금공사의 경우 2020년 평균 임금이 116만 위안이었던 점을 감안하면 3년 만에 약 40%(46만 위안)가 감소한 것을 알 수 있습니다.[29]

중신은행

중국 은행 중 보수 수준이 가장 높은 중신은행

2023년 기준 중신은행 직원 평균 임금은 59.5만 위안(약 1.1억 원)으로 중국 은행권 중 가장 높은 수준이었습니다. 그러나, 이는 2022년보다는 약 7%가 감소한 수치인데요, 중국경제의 어려움 및 금융산업 종사자의 임금이 지나치게 높다는 사회적 비판 등이 복합적으로 작용한 결과로 해석됩니다.

1. 중국의 금융감독 체제는 어떻게 변화되어 왔나요?

2. 2023년 금융감독기구 개편의 진정한 의미는 무엇인지요?

3. 인민은행의 성격과 역할은 다른 나라 중앙은행과 비슷하다고 할 수 있나요?

4. 인민은행의 간단한 역사를 알고 싶습니다.

5. 인민은행의 조직 구조상 특징으로는 무엇을 들 수 있을까요?

CHAPTER

02

중앙은행과
금융감독

01

중국의 금융감독 체제는 어떻게
변화되어 왔나요?

중국에서 금융감독 체제가 어떤 변화를 겪어 왔는지를, 금융감독 기구의 개편 추이를 통해 대략적으로 살펴보면 다음과 같습니다.

우선 1990년대 초까지는 중국의 중앙은행인 '인민은행'이 금융감독과 관련된 모든 권한을 행사하였습니다. 중국 금융시장에서 인민은행을 흔히 부르는 별칭이 '양마(央妈)'입니다. '중앙은행 어머니'라는 의미이지요. 어머니가 어린 자녀들을 돌보듯 중앙은행인 인민은행이 모든 금융기관들을 지휘, 감독, 징계할 수 있었다는 점에서 이때는 인민은행이 양마라는 별칭에 명실상부한 권한과 책임을 가졌던 기간이라고 할 수 있습니다.

그러나, 이후 금융산업이 발전하고 금융시장 규모가 커지면서 은행,

증권, 보험 등 세부 금융산업별로 전문적인 감독을 할 필요성이 점차 증가하게 됩니다. 이에 따라 1992년에는 증권 부문을 감독 관리할 기관으로 '증권감독관리위원회'가 신설되었습니다. 그리고, 1998년에는 보험 부문을 전담하는 기관으로 '보험감독관리위원회'가, 2003년에는 은행 부문을 감독할 기관으로 '은행업감독관리위원회'가 설립되었습니다. 이렇게 해서 중국의 금융감독기구는 소위 '일행삼회(一行三會)' 체제를 한동안 유지하게 되었습니다. 당연히 여기서의 '일행'은 인민은행을, '삼회'는 증권·보험·은행 감독관리위원회를 의미하는 것입니다.

증권감독관리위원회

증권감독관리위원회 로고

중국증권감독관리위원회(中國证券監督管理委員会)

1992년 설립된 국무원 직속의 증권감독기구입니다. 주식 및 채권 등 증권 발행과 유통에 대한 최고 감독권을 가진 기구로 2022년 말 직원 수는 3,590명(본부 806명)이었습니다. 사진은 베이징 금융가에 있는 중국증권감독관리위원회 본부입니다. 그런데, 사진에서처럼 작은 세로 나무 현판으로 만든 기구이름을 달아놓고 있을 뿐이며 언뜻 보아서는 무슨 용도의 건물인지를 알 수 없습니다. 상당수 중국 정부기구도 비슷한 모양입니다. 굳이 간판을 크게 달지 않아도 다들 알아서 잘 찾아오리라고 생각하는 건지 아니면 관련 직원들만 주로 출입을 하니 필요성이 없다고 생각하는 건지는 잘 모르겠습니다.

한편 2018년에는 기존의 은행업감독관리위원회와 보험감독관리위원회가 '은행보험감독관리위원회'로 병합이 되었습니다. 이는 금융시장이 복잡해지고 새로운 형태의 금융기관들이 탄생하는 등 다양한 이유로 인해 통합적인 금융감독의 필요성이 생겨났기 때문입니다. 이는 마치 우리나라에서 1999년에 기존의 은행감독원, 증권감독원, 보험감독원, 신용관리기금의 4개 감독기관을 통합하여 금융감독원을 만든 것과 같은 이유입니다. 다만, 2018년 은행보험감독관리위원회 설립 때 증권감독관리위원회는 존속하게 되었는데요, 그 이유는 크게 다음의 두 가지인 것으로 알려져 있습니다. 우선, 급증하는 증권시장의 규모 및 주식발행 등 증권거래와 관련된 업무의 방대함을 감안한 결과입니다. 은행, 보험 및 증권 업무의 감독을 모두 한 기관이 담당할 경우 지나치게 비대해진 기관 규모로 말미암아 적절하게 효율적으로 증권 감독 업무를 수행하지 못할 것이라는 우려가 있었습니다. 그리고, 이보다 더 중요한 이유는 증권업은 은행업이나 보험업과는 업무의 성격이 다르므로 감독 방향이나 철학도 달라야 한다는 인식이 존재했다는 점입니다. 은행이나 보험의 경우 훨씬 더 많은 국민들이 직접적으로 관련되어 있고 시장규모도 크므로 한층 보수적인 시각에서 엄격한 감독관리가 필요한 반면 증권은 그렇지 않다고 판단했다는 의미입니다. 중국의 증권시장은 아직 초기인 동시에 미비점도 많고 투자자도 제한되어 있어 상대적으로 더 많은 재량권을 가지고 적극적이면서도 덜 보수적인 감독관리가 필요하다는 의견이 많았다고 합니다. 실제로 2023년 말 총자산 기준으로 중국의 증권업은 은행업의 1/30, 보험업의 1/2 수준에 불과한 시장 규모입니다. 이처럼 성격이 다른 두 감독 업무를 한 기

중국금융론

관이 수행하기에는 부적절하므로 증권 감독 기관은 별도로 독립시켜 존재할 필요가 있다는 이유로 지금도 분리하여 감독을 하고 있습니다.

그리고, 5년이 흐른 2023년에 기존의 은행보험감독관리위원회가 다시 '국가금융감독관리총국(National Administration of Financial Regulation)'으로 명칭이 변경되고 기능이 확장되었습니다.[30] 조직의 성격이나 권한 면에서도 많은 변화가 있었지요. 우선 기존의 은행보험감독관리위원회는 국무원 직속법인(사업체)이었으나 신설된 국가금융감독관리총국은 국무원 직속기구라는 점이 가장 큰 차이입니다. 직속법인은 특정한 업무를 담당하는 한정적인 성격의 사업체입니다. 신화통신사, 중국사회과학원, 기상국 등을 예로 들 수 있습니다. 반면, 직속기구는 독립된 행정기관으로서의 성격을 가집니다. 대외적인 행정명령 및 지시 기능을 보유하게 되므로 집행능력이 강화되지요. 예를 들어 국가통계국, 해관총서, 국유자산감독관리위원회 등이 대표적인 직속기구입니다. 한편 이때 증권감독관리위원회도 국가금융감독관리총국과 함께, 이전의 국무원 직속법인에서 국무원 직속기구로 형태가 변화되면서 기능이 더욱 강화되었습니다.

또한 기존에 인민은행이 수행하였던 미시적인 금융감독 기능의 상당 부분이 국가금융감독관리총국으로 이전되었습니다. 핀테크 및 국유금융기관과 금융지주사에 대한 감독권, 금융소비자 및 투자자보호 관련 업무 등이 그것입니다. 결국 신설된 국가금융감독관리총국이 금융감독과 관련된 막강한 권한을 대부분 갖게 되었다고 볼 수 있습니다. 반면 인민은행은 중앙은행으로서의 본연의 업무인 통화정책 및 거시 건전성 감독에 집중하게 되었습니다.

국가금융감독관리총국

국가금융감독관리총국(国家金融監督管理总局)

2023년에 국무원 직속으로 출범한 국가금융감독관리총국은 중국 금융시장을 전체적으로 총괄·감독·규제하는 감독기관입니다. 2018년 설립되었던 '은행보험감독관리위원회'가 5년 만에 명칭이 변경되고 권한이 확장되면서 신설되었습니다.

결국 2023년의 금융감독기구 개편을 통해 중국의 금융감독체제는 '일행일회일국(一行一會一局)'으로 변경되었습니다. 여기에서 일행은 인민은행, 일회는 증권감독관리위원회, 일국은 국가금융감독관리총국을 의미합니다. 다만, 인민은행 산하의 외환관리국[31] 기능을 강조할 경우는 '일행일총국일회일국(一行一總局一會一局)'으로 부르기도 합니다. 여기에서는 일총국이 국가금융감독관리총국을, 일국은 외환관리국을 지칭합니다.

우선 가장 중요하고 핵심적인 기관이라면 중앙은행인 인민은행(The People's Bank Of China, www.pbc.gov.cn)을 들 수 있습니다. 중국 건국 직후 인민은행이 중앙은행, 정책은행 및 상업은행 등 모든 금융 업무를 담당했었다는 역사적 이유나 현재 기관의 위상 등을 감안할 때 그렇습니다. 인민은행은 현재 국무원 산하 26개 정부부처 중 하나입니다. 중국 금융시장에서 흔히 '중앙은행 어머니(央妈)'라는 별칭으로 불립니다. 홈페이지에서는 통화 및 금리 등 주요 금융지표를 찾아볼 수 있습니다. 다만, 다른 여타 중국의 공공기관과 마찬가지로 영문 홈페이지가 중문 홈페이지에 비해 상당히 부실하다는 점은 아쉬운 점입니다. 업데이트가 상당히 늦고 자료도 매우 적지요.

두 번째로 들 수 있는 기관은 금융감독을 총괄하는 국가금융감독관리총국(National Financial Regulatory Administration, www.cbirc.gov.cn)입니다. 우리나라의 금융위원회와 금융감독원을 합해 놓은 성격의 기구라고 보시면 됩니다. 은행, 보험 및 금융지주회사 감독과 소비자 보호 등 다양한 기능을 수행합니다. 이전에 존재하던 '은행보험감독관리위원회'의 기능과 권한이 확대되면서 2023년에 새롭게 출범한 기관입니다. 홈페이지에는 은행업 관련 주요 지표가 업데이트 되고 있는데요, 상대적으로 보험 관련 지표는 부실합니다.

세 번째는 증권과 관련된 감독 기관인 중국증권감독관리위원회(China Securities Regulatory Commission, www.csrc.gov.cn)입니다. 국가금융감독관리총국이 유일하게 관할하지 않는 금융 영역인 증권 부문을 총괄 감독하는 기관입니다. 주식·채권의 발행 및 유통 등과 관련된 막강한 권한이 있습니다. 홈페이지에서 증권 관련 통계를 거의 찾아볼 수 없다는 점은 아쉬운 부분입니다.

네 번째 기관은 중국의 외환 보유 및 관리, 환율 등을 담당하는 국가외환관리국(State Administraion of Foreign Exchange, www.safe.gov.cn)입니다. 인민은행 산하의 기관인데요, 통상 4~5명의 인민은행 부총재 중 한 명이 국가외환관리국장을 겸임합니다. 2024년 10월 현재 인민은행 총재인 판공성(潘功胜) 총재가 바로 국가외환관리국장을 겸임하던 부총재였습니다.

다섯 번째는 역시 인민은행 산하의 기관 중 하나인 중국외환거래센터(China Foreign Exchange Trade System, www.chinamoney.com.cn)입니다. 매일 그날의 기준환율을 발표하는 곳입니다. 또한 은행 간 거래의 기

상하이 와이탄 1   상하이 와이탄 2

중국외환거래센터 등이 위치해 있는 상하이 와이탄(外灘)
중국외환거래센터, 상하이푸동발전은행, HSBC 등의 금융기관들이 고풍스러운 옛 건물에 밀집해 있는 상하이 와이탄(外灘) 지역의 모습입니다. 상하이 여행의 필수코스 중 하나이지요. 와이탄은 번드(the Bund)라고도 불립니다. 번드는 둑길이나 강의 제방을 묘사할 때 쓰는 우르두어(Urdu, 파키스탄의 공용어이며 인도의 22개 공용어 중 하나)입니다.

본이 되는 금리인 상하이은행 간 콜시장 기준금리(Shibor), 중국의 기준금리라 할 수 있는 대출우대금리(LPR) 등도 바로 이곳에서 발표합니다.

마지막으로 들 수 있는 것은 3개의 증권거래소입니다. 바로 상하이증권거래소(Shanghai Stock Exchange, www.sse.com.cn), 션전증권거래소 (Shenzhen Stock Exchange, www.szse.cn) 및 베이징증권거래소(Beijing Stock Exchange, www.bse.cn)입니다. 설립된 지 아직 채 5년이 되지 않은 베이징증권거래소(2021년 9월 설립)는 아직 초기단계의 거래소라 홈페이지상의 통계 제공이 아직은 부실합니다만, 앞의 두 거래소는 관련 통계지표가 매우 풍부한 편입니다.

__02__

2023년 금융감독기구 개편의 진정한 의미는 무엇인지요?

　2023년에 새로운 금융감독기구로 '국가금융감독관리총국'이 탄생하였고 이는 모체인 '은행보험감독관리위원회'보다 더 강력한 기능과 권한을 가진다고 앞에서 이미 말씀드렸습니다.

　그러나, 사실 2023년 3월에 이루어진 중국 금융감독기구 개편의 핵심은 다른 부분에 있습니다. 바로 중국공산당의 금융감독 권한이 대폭 강화되었다는 점입니다. 2023년 이전에 금융정책 및 금융감독에 대한 최고 의사결정기관은 중국의 행정부인 '국무원' 산하에 있었던 '금융안정발전위원회'입니다. 2017년 신설되었으며 국무원 부총리가 위원장을 겸임했던 기관입니다. 그러나 2023년 개편을 통해 이 기관이 폐지되었습니다. 그리고 공산당 조직으로 '중앙금융위원회(中央金融委員

1차대회 유적지 1   1차대회 유적지 2

상하이에 있는 중국공산당 제1차 전국대표대회 개최지 표지석

1921년 7월 중국의 각 지역에서 뽑힌 13명의 중국공산당 대표들이 상하이의 프랑스 조계지에서 전국대표대회를 개최한 것을 중국공산당의 공식적인 시작으로 봅니다. 이 13명 중의 한 명이 바로 창사(長沙)지역 대표로 참가한 마오쩌둥(毛澤東)이었습니다. 당시 50여 명에 불과했던 공산당원 수는 2023년 말 기준 9,918만 명으로 늘어났습니다. 중국 정부는 이 장소를 기리기 위해 대대적인 보수 작업을 거쳐 당시 건물을 복원해 놓았고 관련 기념관도 건립해 놓았습니다. 중국인들에게는 성지(聖地)같은 곳이지요. 주변 지하철 역 이름도 '1차대회 유적지(一大会址)'입니다.

會, Central Financial Commission)'가 신설되었습니다. 이 조직의 위원장은 공산당 서열 2위이며 중앙정치국 상무위원인 총리가 맡고 있습니다.

여기서 잠깐 간단하게 중국공산당의 권력 위계구조를 말씀드려야 할 것 같습니다. 2023년 말 기준 중국공산당원 수는 9,918만 명입니다.

최근 수 년 간 연간 100~150만 명씩 당원 수가 증가한 추이를 감안하면 2024년에는 1억 명을 돌파할 것으로 예상됩니다. 어마어마한 수이지요. 국민을 대표하는 기관이 국회이듯이 각 지역의 이들 공산당원을 대변하는 대표들이 모여서 개최하는 회의가 바로 '전국대표대회'입니다. 그렇지만 이 전국대표대회는 5년에 한 번 모이는 회의이므로 일상적인 의사결정을 하기에는 적합하지 않습니다. 그래서 다시 이들 대표들의 뜻을 모아 선출한 대표들로 구성되는 '중앙위원회'라는 기구를 만들게 되었습니다. 이 중앙위원회를 구성하는 370여 명의 중앙위원에는 공산당 주요 간부, 장차관, 성(省) 서기 및 성장, 대형국유기업 CEO 등이 포함됩니다. 가히 중국 권력의 최상층 인물들이라고 할 수 있습니다. 이 중앙위원들이 다시 자신들의 대표로 뽑은 인물이 25명의 중앙정치국원이며 이들이 '중앙정치국'을 구성합니다. 그리고, 이들 중 다시 7명의 중앙정치국 상무위원이 선발되며 최종적으로 이들 중 한 명이 권력의 정점에 있는 총서기를 담당하게 됩니다. 요약한다면 중국공산당의 권력 위계구조는 총서기(1명) - 중앙정치국 상무위원(7명) - 중앙정치국원(25명) - 중앙위원(370여 명)으로 이루어져 있습니다.

과거 '금융안정발전위원회' 위원장을 중앙정치국원인 부총리가 맡았다면 신설된 '중앙금융위원회' 위원장은 중앙정치국 상무위원인 총리가 담당하게 되었다는 말이므로 그 지위가 격상되었다고 할 수 있습니다. 이는 바꿔 말하면 공산당이 금융 부문에 대해 더 강력한 통제력을 발휘하게 되었음을 시사합니다. 한편 신설된 '중앙금융위원회' 산하의 '중앙금융위원회 판공실(中央金融委员会办公室)'이 실질적으로 관련 업무를 총괄하게 되었습니다. 실무업무를 담당하는 이 판공실 책임자가 중앙정치국원인 국무원 부총리입니다. 이와 같은 구조를 잘 보면, 금융정책 결정과 금융감독에 대한 권한이 기존의 국무원에서 공산당으로 이전되면서 행정부인 국무원 권한은 약화되었다는 점을 잘 알 수 있습니다.

또한 '중앙금융공작위원회(中央金融工作委员会)'가 신설되었는데요, 이는 '중앙금융위원회 판공실'이 겸임하는 기관입니다. 2중적 성격과 명칭을 가진 기관인 셈인데, 중국에는 이러한 기관이 많습니다.[32] 예를 들어 '중국공산당중앙군사위원회(中国共产党中央军事委员会)'는 '중화인민공화국중앙군사위원회(中华人民共和国中央军事委员会)'의 역할을 동시에 수행하는 기관입니다. 형식상으로는 두 개의 명칭을 가지고 두 개의 기관 업무를 수행하지만 실질적으로는 하나의 기관인 것입니다.

이 '중앙금융공작위원회'는 금융산업과 관련된 정치, 사상, 조직, 기율 등을 총괄하는 기관입니다. 한마디로 말해 중앙금융공작위원회는 이념적 부문의 통제를, 중앙금융위원회 판공실은 실무적 부문의 통제와 감독을 담당한다고 보시면 됩니다. 사실 이 중앙금융공작위원회는 1998년 아시아 금융위기에 대처하기 위해 설립되었던 동일한 명칭의 '중앙금융공작위원회'가 25년 만에 부활한 것이라 할 수 있습니다. 2003년 폐지될 때까지 이 위원회는 인민은행의 업무와 관련된 감독과 지시는 물론이고 중국 금융산업 전반에 걸쳐 강력한 감독, 통제권을 행사한 바 있습니다.

결국 2023년의 금융감독 시스템 개편은 금융 시스템 전체에 걸쳐서 공산당의 직접적인 간여가 더욱 심화될 것임을 시사합니다. 중앙금융공작위원회의 부활은 이를 더욱 명시적으로 보여주는 조치이구요.

시차(時差, time difference)

지구상의 위치를 나타내는 가장 과학적인 방법 중의 하나가 바로 위도(緯度, latitude)와 경도(經度, longitude)를 이용하는 것입니다. 전자는 지구상에서 적도를 기준으로 북쪽 또는 남쪽으로 얼마나 떨어져 있는지를 나타냅니다. 그리고, 후자는 기준선인 본초 자오선(本初子午線, prime meridian)으로부터 동서로 얼마나 떨어져 있는지를 표시하는 수치입니다.[33] 시간과 관련되어 있는 것은 바로 이 경도인데요, 현재 대략 경도 15도마다 1시간의 차이가 납니다. 국토가 매우 클 경우 당연히 한 국가 안에서도 시차가 발생할 수밖에 없지요. 동서로 큰 영토를 가진 러시아와 미국의 경우 표준 시간대가 무려 11개에 이릅니다.[34]

중국의 경우 경도가 동경 75도~130도이므로 일반적인 기준으로 한다면 시차가 5시간에 달해야 합니다. 하지만, 실제로는 전국 공통의 표준시를 사용하고 있습니다. 시차가 없다는 이야기입니다. 중국의 표준시는 '베이징시간(北京时间)'으로 불리며 우리나라보다는 1시간이 늦습니다. 이는 예를 들어 중국의 서쪽 지역인 신장(新疆)이나 씨장(西藏)의 경우 저녁 6~7시가 되어도 태양이 쨍쨍한 경우가 있다는 의미입니다.[35] 사실 중국도 20세기 전반의 중화민국 시기[36] 초기에는 5개의 시간대를 적용하려는 시도가 있었습니다. 서쪽부터 곤륜(崑崙), 신장(新藏), 농촉(隴蜀), 중원(中原), 장백(長白)으로 5개 구역을 구분하고 각각 다른 시간대를 적용하려는 계획이었습니다. 그러나 당시의 정치적 혼란 상황으로 인해 제대로 시행되지는 못하였습니다.

1949년 신중국 건국 이후에는, 이미 습관화되어 있고 또한 관리가 용이하다는 이유 등으로 인해 다양한 시간대를 만들려는 시도를 하지 않은 것으로 추정됩니다. 베이징에 있던 신화방송국(新华广播电台)이 '베이징시간'이라는 시보를 알리는 것을 여타 지역 방송들도 따라 하기 시작하면서 베이징시간이 표준시간이 되었다는 설도 있습니다.

여행이나 출장이 잦은 사람의 경우 생활의 리듬이 깨질 우려가 있다는 점을 제외한다면, 막상 중국에서 생활하는 데 시차가 없는 것이 큰 문제가 되지는 않는 것 같습니다.

국화(國花)

중국은 국가를 상징하는 꽃인 국화가 없습니다. 국화를 지정해야 한다는 목소리가 있고 또, 종종 여론조사도 실시되지만 아직 특별한 움직

CNR

임은 없습니다. 여론조사 결과로는 매화(梅花)와 모란(牡丹)이 선호되는데요, 후자가 약간 더 높게 나오는 경향이 있다고 합니다.

모란은 중국이 원산지인 꽃으로 이미 4천년 이상 재배되고 있을 뿐만 아니라, 번영과 부귀를 상징하는 꽃이기도 합니다. 사실 이미 모란은 청나라 시기에 국화로 지정되기도 하였습니다. 그리고, 청의 멸망 이후 중화민국 시기였던 1929년 국민정부는 국화를 기존의 모란에서 매화로 변경한 바 있습니다. 매화의 고고한 기상을 중시한 조치였습니다.

1949년 신중국 건립 이후에는 국화 지정과 관련된 여러 다양한 의견들로 인해 결정짓지 못했고 그 상태가 지금까지 계속되고 있는 상황입니다.

모란
중국은 국화(國花)가 없는데요, 여론조사 결과 국화로 가장 선호되는 꽃은 모란입니다.

모란

상속세(遗产税)와 증여세(赠与税)

우리나라에서는 대기업 총수의 죽음 이후 종종 그 상속세 규모에 대해 언론 등에서 왈가왈부 이야기들이 많습니다. 과도한 부담이므로 상속세율을 줄이거나 극단적으로는 없애야 한다는 주장까지도 있지요. 이와 관련해서 중국은 상속세(遗产税)와 증여세(赠与税)가 없습니다. 우리나라를 비롯한 대다수 국가의 조세체계와 가장 크게 차이가 나는 부분 중의 하나입니다. 이렇게 된 데에는 사실 역사적인 이유가 있습니다.

공유제를 기초로 하는 사회주의 국가로 출발한 중국은 사유재산과 관련된 개념과 제도의 발달이 늦은 국가입니다. 소위 '사회주의 시장경제'제도를 채택하게 되면서 비로소 자본주의 요소가 최초 도입된 것이 1992년입니다. 현대적인 의미의 기업제도는 1993년에 시작되었으며, 개인 간 부동산거래가 자유로워진 것도 2003년에 들어와서입니다. 경제발전 수준이 낮고 사유재산이 미미했던 시기에는 당연히 관련 법률도 미비했습니다. 일반인의 사적 생활관계인 재산관계와 가족관계를 규율하는 법인 민법의 발달이 늦어진 이유입니다. 중국에서 산발적으로 규정되어 있던 사적 생활관계 전반을 규율하는 포괄적인 법인 '민법(中华人民共和国民法典)'이 제정된 것은 2020년 5월입니다. 아직은 매우 초기 단계임을 알 수 있습니다. 현재의 민법에는 상속이나 증여에 대한 내용은 있지만 매우 간략하고 조세 부과에 대한 규정은 아직 없는 상황입니다.

중국경제가 발달하고, 또한 빈부격차 확대에 대한 우려가 커지면서 중국에서도 상속세와 증여세 부과의 필요성에 대한 이야기들이 조금씩 나오고 있습니다. 다만, 아직까지 본격적인 움직임이 나타나고 있지는 않습니다. 이미 재산이 많은 부유 기득권층의 반발이 있을 것이고 또한 경제활동 위축에 대한 우려도 작용하고 있기 때문일 겁니다.

다만 중국에서도 상속이나 증여와 관련해서 완전히 자유롭지는 않다는 점을 유의해야 합니다. 특히 대규모 자산의 이전이 있을 경우 자금세탁 가능성 등의 의심을 살 수 있어 관련 증빙서류를 꼼꼼하게 챙겨야 합니다. 그렇지 않을 경우 조세나 금융 관련 당국의 조사를 받고 처벌 받을 가능성이 있습니다. 또한, 상속받은 재산을 재투자하여 획득한 수입 등에 대해서는 당연히 소득세 등 관련 조세를 납부해야 합니다.

03

인민은행의 성격과 역할은
다른 나라 중앙은행과 비슷하다고
할 수 있나요?

현재 인민은행은 중앙은행으로서의 기능을 완전하게 수행하고 있을까요? 결론을 먼저 말씀드린다면 다소 불완전하다고 할 수 있습니다.

우선 조직 면에서 중국은 우리를 비롯한 여타 국가와는 본질적인 차이가 있습니다. 즉, 중앙은행이 정부에서 독립된 별도의 기관으로 존재하는 것이 아니라 중국의 행정부라 할 수 있는 국무원에 소속된 정부부처의 하나일 뿐이라는 점이 바로 그렇습니다. 2023년 말 현재 중국에는 총 26개의 정부부처가 있습니다. 다만, 여타 부처와의 차이점 중 하나라면 각 부처의 장관을 부장(部长)으로 부르는 데 반해 인민은행은 행장(行长)으로 부르는 점입니다.[37]

세계 각국에서 중앙은행을 정부 즉, 좁은 의미의 행정부와 독립된 형태로 설치해 둔 것은 통화정책의 독립성을 확보하여 물가안정이라는 본연의 업무를 잘 수행할 수 있도록 하기 위해서입니다. 이러한 점에서 인민은행은 조직구조상의 한계가 있다고 볼 수 있습니다. 기관의 독립성이 미흡하다는 의미이지요. 이러한 상황이므로 인민은행은 중국의 중앙은행이라고 해도 통화정책을 독자적으로 결정하지 않습니다. 인민은행은 정부 부처의 하나에 불과하므로, 정부와는 독립된 별도의 중앙은행이 있는 우리나라 등 여타 주요국과는 다르다는 의미입니다. 당연히 금리 및 지급준비율 등 통화정책은 내각에 해당하는 국무원이 실질적으로 결정합니다.

인민은행

인민은행

정부와는 독립된 별도의 법인(法人) 형태인 '한국은행'과는 달리, 중국의 중앙은행인 인민은행은 정부 부처의 하나에 불과합니다. 이는 중앙은행으로서의 기관적인 독립성은 미흡하다는 의미입니다.

중국금융론

그럼 인민은행의 역할은 무엇일까요? 우선 내각 회의라고 할 수 있는 '국무원 상무회의'에서 통화정책을 결정할 때 회의의 구성원으로 참여하여 목소리를 내고 필요한 건의를 합니다. 중앙은행의 본질상 인민은행은 물가안정을 중시하는 기본 입장을 가지고 있으며 관련 의견을 내는 것으로 알려져 있습니다. 이에 반해 국가발전개혁위원회 및 재정부 등 여타 경제부처는 아무래도 경제성장에 방점을 둔 입장 하에서 완화적인 통화정책의 필요성을 더 강조하는 경우가 많다고 합니다. 그리고 인민은행은 통화정책 집행기관으로서의 역할을 합니다. 공개시장운영을 통해 유동성을 조절하고, 기준금리 및 지급준비율 수준을 발표하고 관리하는 것 등을 그 예로 들 수 있습니다.

한편 중앙은행 본연의 역할상 인민은행이 물가안정에 중점을 두는 것은 맞지만 여타국 중앙은행과 비교해 볼 때 경제성장을 더 중시한다는 점은 또 다른 특징 중 하나로 꼽을 수 있습니다. 이는 인민은행법에도 잘 나타나 있습니다. 즉, 인민은행 통화정책의 목표는 '통화가치의 안정을 유지함으로써 이를 통해 경제성장을 촉진하는 것'이라고 명시되어 있습니다.[38] 개혁개방 이후 중국 정부가 경제성장을 국가 경제정책의 최우선 가치로 두고 정책을 시행해 왔다는 점을 미루어 짐작할 수 있는 부분입니다. 정부 부처의 하나로서 인민은행이 지닌 성격이 잘 드러나는 곳이라고도 할 수 있습니다.

결국 종합해서 말한다면, 인민은행은 공권력이 막강한 중국에서 중앙정부 부처의 하나로 금융시장에 미치는 영향력이 크다고 할 수 있지만, 중앙은행 본연의 역할과 기능 면에서는 한계가 있는 상황이라고 정리할 수 있을 것 같습니다.

인민은행 로고

2023년 현재 인민은행은 전체 인원 약 12만 명, 인건비 156억 위안(약 3조 원)을 집행하는 거대 중앙은행입니다. 한편 직원 중 석사 및 박사 학위 소지자 비율이 22.2%인데요, 특히 본부의 경우는 90.3%에 달합니다(中國人民銀行, 2023年報).

인민은행 로고

04

인민은행의 간단한 역사를 알고 싶습니다.

중국이라는 국가의 성립이 공식적으로 반포된 때가 1949년 10월 1일입니다. 중국이 해마다 10월 1일을 국경절(國慶節)로 기념하는 이유가 바로 여기에 있지요. 그런데, 중국의 중앙은행인 인민은행은 국가 성립 이전에 설립된 은행입니다. 사실 중국은 중앙은행뿐만 아니라 군대 또한 국가가 세워지기 전에 이미 있었습니다. 현재 중국의 군대인 인민해방군(中國人民解放軍)의 모체는 1927년 중국공산당의 군대로 창설된 홍군(中國工農紅軍)입니다. 1946년 이후 이 홍군을 중심으로 여러 군사조직이 합쳐져서 현재의 인민해방군이 되었지요.

인민은행의 모체는 1930~40년대 중국의 항일전쟁 및 국공내전 시기에 설립되었던 화북(华北)은행, 북해(北海)은행 및 서북농민(西北农民)은행 등 세 개의 은행입니다. 이들 세 개의 은행이 1948년 12월 합병하여 허베이성 석가장(河北省石家庄)에서 설립한 은행이 바로 인민은행입니다. 창립과 동시에 최초의 위안화 지폐도 발행하였지요. 인민은행은 설립 직후인 1949년 베이징[39]으로 이전하였으며, 중국 정부 공식 수립 이후 정부 소속의 국가은행이 되었습니다.

최초의 위안화 지폐

최초의 20위안 지폐
인민은행이 1948년~1953년에 발행했던 최초의 위안화 지폐 중 액면 20위안의 지폐입니다.

설립 이후 1980년대 초반까지 인민은행은 국가의 유일한 은행으로서 모든 은행 업무를 수행하였습니다. 화폐발행, 국고금 관리, 금융시장 안정 등 중앙은행 업무와 함께 개인 및 기업을 대상으로 한 예금·대출 등의 일반 상업은행 업무도 함께 담당했지요. 즉, 중국은 이때까지 단일은행체제(mono-banking system)를 유지했습니다. 사실 당시에는 은행만 그런 것은 아니었습니다. 중국 보험시장 또한 1985년까지는 인민은행 직속 기구였던 중국인민보험공사(中国人民保险公司) 하나만 존재하는 시장이었습니다. 이후 1986년에서 1992년에 걸쳐 중국 보험시장은 중국인민보험공사, 중국평안보험공사(中国平安保险公司), 중국태평양보험공사(中国太平洋保险公司) 등 3대 보험사 중심으로 재편되는 과정을 거치게 됩니다.

자, 중국이 1980년대까지 단일은행체제를 유지했다고 했는데요, 심지어 문화대혁명 기간이었던 1969년에서 1976년까지는 인민은행이

최초의 인민은행 모형

허베이성 석가장(河北省石家庄)에 설립되었던 최초 인민은행 모형
1948년 12월에 석가장에 설립되었던 최초의 인민은행을, 남아 있는 당시 사진을 참고하여 모형으로 재현해 놓은 모습입니다(상하이 은행박물관 소재).

재정부에 병합되어 재정이 모든 금융을 관할하기까지 하였습니다. 금융시장과 금융제도의 정체기라 할 수 있지요. 문화대혁명이라는 미증유의 혼란이 얼마나 다양한 분야에 영향을 끼쳤는지를 미루어 알 수 있는 대목이기도 합니다. 1977년에야 비로소 인민은행이 재정부로부터 분리되어 금융의 정상화가 이루어졌습니다.

문화대혁명

> **재정이 금융을 관할했던 문화대혁명 시기**
> 문화대혁명 기간이었던 1969년~1976년에는 중국의 중앙은행인 인민은행이 재정부에 병합되어 재정이 모든 금융을 관할하였습니다. 이 시기는 금융제도와 금융시장의 정체기 내지 암흑기라 할 수 있지요.

중국은 1984년에 이르러서야 중앙은행과 일반 상업은행의 기능이 분리되었습니다. 인민은행은 중앙은행 본연의 업무에 집중하게 하는 대신, 그동안 인민은행이 담당하던 업무를 전담할 상업은행들이 설립된 것입니다. 중국공상은행, 중국건설은행, 중국은행, 중국농업은행 등네 개의 국유상업은행이 바로 이때 설립된 은행들입니다. 다만, 당시에는 별도의 중앙은행법이 있었던 것은 아니고 행정부인 국무원의 결정에 의해 인민은행에게 중앙은행 지위를 부여한 형태였습니다.[40] 그리고 1995년에 비로소 '인민은행법(中华人民共和国中国人民银行法)'이 제정되었습니다. 법적 근거에 따라 통화정책을 수립, 집행하는 현대적인 중앙은행 제도가 이때 시작되었다고 할 수 있습니다. 그 해에 상업은행법 및 보험법도 제정되었으며, 이후 1998년 증권법이 발표되면서 중국 금융시장의 법적인 토대가 기본적으로 완성되었습니다. 결국 현재의 중국 금융제도와 금융기관의 틀이 형성된 시기는 1990년대 중후반이라고 할 수 있습니다.

이상의 역사를 간단하게 보면 중국 금융제도 및 시장과 관련된 기본적인 법률시스템의 제정 및 운용은 30여 년이 채 안 된다는 점을 알 수 있습니다. 중국 금융시장이 아직 얼마나 미흡하며 발전의 여지가 많은 시장인지를 짐작할 수 있는 부분이지요.

와이탄의 중국은행빌딩

중국은행빌딩에서 본 와이탄 전경

와이탄의 대형 건축물 중 유일하게 중국 건축가가 설계한 중국은행빌딩(中国银行大厦)
상하이의 대표적인 관광지 중 하나인 와이탄 지역에는 1920~1930년대에 지어진 고풍스런 건축물들이 즐비합니다. 대부분 서양 건축가들이 설계한 건물들인데 반해 유일하게 중국 건축가(루치엔쇼우, 陆谦受)가 설계한 건물이 바로 중국은행빌딩입니다. 1937년 완공되었는데요, 현재도 은행 업무 공간으로 사용 중입니다.

05

인민은행의 조직 구조상 특징으로는 무엇을 들 수 있을까요?

앞에서 인민은행이 정부부처의 하나로 존재한다는 점은 이미 말씀 드렸는데요, 그렇다면 조직 구조상의 특징에는 무엇이 있을까요? 크게 다음의 세 가지를 들 수 있을 것 같습니다.

우선, 인민은행에도 한국은행의 금융통화위원회에 해당하는 기관이 있으나 그 성격이 다르다는 점을 꼽을 수 있습니다. 금융통화위원회는 일 년에 여덟 번 기준금리를 결정하는 회의를 개최합니다. 금리정책에 관한 한 최고의 의사결정권을 가진 정책기관이지요. 반면 인민은행의 화폐정책위원회(中国人民银行货币政策委员)는 단순한 자문기구에 불과합니다. 인민은행이 정부부처의 하나에 불과하고 실질적인 통화정책 결정 권한이 없다는 점을 이미 말씀드렸는데요, 이의 당연한 귀결이라고 할 수 있습니다. 이런 이유로 화폐정책위원회는 상설 기구가 아니며, 분기에 한 번 회의를 하고 그다지 영향력이 없는 회의 결과를 발표하는 데 그치고 있는 실정입니다.[41]

두 번째 특징으로는 직속기구가 방대한 분야를 아우르고 있다는 점을 들 수 있습니다. 중국외환거래센터(中国外汇交易中心)와 결제센터(中国人民银行清算总中心)는 물론이고, 조폐공사(中国印钞造币集团有限公司), 상하이황금거래소(上海黄金交易所), 연구소(中国人民银行金融研究所), 신문사(金融时报社), 출판사(中国金融出版社有限公司) 등을 모두 직속기구로 두고 있습니다. 이는 인민은행이 금리, 외환, 결제, 화폐, 언론 등 금융제도 및 시장과 관련된 거의 모든 분야에 관여하고 있다는 점에서 영향력이 매우 큰 기관이라는 의미이기도 합니다. 이로부터 유추할 수 있는 부분 중 하나는 인민은행은 통화정책 결정과 관련된 권한이 적은 대신 실질적으로 통화 및 금융과 관련하여 행사할 수 있는 권한과 파급력은 여타 국가의 중앙은행보다 훨씬 더 클 수 있다는 점입니다.

마지막 특징은 제2본부가 있다는 점입니다. 인민은행은 통화정책과 금융안정정책을 총괄하는 베이징 본부 이외에 2005년 상하이에 제2본부를 설치하였습니다. 상하이 제2본부는 공개시장 운영 등, 베이징 본부가 결정한 정책을 금융시장을 통하여 실제로 집행하는 기능을 담당하고 있습니다. 현재 상하이에는 중국외환거래센터, 은행간콜거래센터, 상하이황금거래소, 중국은행연합회, 상하이선물거래소, 중국금융선물거래소, 상하이금거래소 등 주요 금융거래소가 밀집해 있습니다. 또한 외국 금융기관들의 주요 영업거점도 집중되어 있습니다. 인민은행이 상하이에 제2본부를 설치한 것은 명실상부 중국 최고의 금융도

인민은행 상하이총부 1   인민은행 상하이총부 2

인민은행 상하이총부(人民银行上海总部)

인민은행은 베이징 본부 이외에 상하이에 제2본부가 있습니다. 베이징 본부가 결정한 통화정책을 공개시장 운영 등을 통해 실제로 집행하는 기능을 담당합니다. 2023년 말 기준 상하이에서 영업 중인 금융기관의 수가 1,771개에 이를 정도로 상하이는 명실상부 중국 최고의 금융도시입니다.

시인 상하이의 중요성을 감안한 조치로 해석됩니다. 한편 2023년 현재 베이징 본부와 상하이 제2본부 직원 수는 약 700여 명 내외로 비슷한 수준입니다.

　참고로 말씀드린다면, 인민은행도 한국은행과 마찬가지로 본점, 지점, 해외사무소 등이 있다는 점은 동일합니다. 본점은 위에서 본 것처럼 두 개가 있구요, 지점은 다시 성급 분행(省級分行)과 시·지급 분행(地市級分行)으로 나뉩니다. 2024년 현재 성급 분행은 31개, 시·지급 분행은 317개 있습니다. 그리고, 그 중간적 성격을 지닌 단독경제 계획도시 분행이 5개 있습니다. 여기에서 말하는 단독경제 계획도시는 행정

　　　　　　　　　　　　　　　　　　　　　　　중국금융론

체계와는 별도로 경제 체제와 관리 권한은 독립성을 유지하는 도시를 말합니다. 현재 션전(深圳), 다리엔(大连), 칭다오(青岛), 닝보(宁波), 샤먼(厦门) 등 5개 도시가 있습니다. 즉, 인민은행의 구조를 보면 본부-성급 분행-시급 분행의 3단계로 이루어진 체계입니다. 본점과 지역본부의 2단계인 한국은행과 차이가 나는 부분이지만, 국토가 방대하고 인구가 많은 중국의 특성상 이해가 되는 측면이기도 합니다.

홍치아오 기차역 1

홍치아오 기차역 2

상하이 홍치아오(上海虹桥) 기차역

상하이 기차역 중 하나인 상하이 홍치아오역 모습입니다. 상하이에서 다른 지역으로 가는 대부분의 고속철도를 탈 수 있는 곳입니다. 2023년 말 기준 중국의 총철도연장 길이가 15.9만km인데요, 이 중 4.5만km가 고속철도입니다. 당연히 세계 최장입니다. 사진은 주말이 아니고 월요일 오전입니다. 그런데도, 사람이 이렇게 많습니다. 인구대국 중국의 모습을 체험하려면 기차역에 가는 것이 가장 빠른 방법일 것 같습니다.

참고로 2025년도 인민은행 신입 직원 모집 인원이 3,655명이었는데요, 본부는 단 25명에 불과했고 나머지는 모두 성급분행 이하 직원이었습니다.

한편, 인민은행은 그동안 12명의 총재가 거쳐 갔으며, 2024년 현재의 판공성(潘功胜) 총재는 열세 번째 총재입니다. 평균 재임기간이 6년이 조금 넘는 깃을 알 수 있습니다. 특히 11번째 총재였던 저우샤오촨(周小川) 총재는 무려 15년 3개월[42]을 재임한 바 있습니다. 한편 비슷한 기간의 역사를 가진 한국은행의 경우 총 25명의 총재가 재임한 바 있으며, 평균 재임기간은 3년이 조금 못 되는 수준입니다. 또한 한국은행의

인민은행 초대 총재

인민은행 초대 총재 난한천(南汉宸)

중국의 정치가, 외교가, 금융가였던 난한천은 인민은행 초대 총재로 1949년~1954년에 재임하였습니다. 문화대혁명 기간 중 핍박을 받았던 그는 1967년 자살로 생을 마감하는 비운을 겪었습니다. 다행히 1979년 명예를 회복하게 되었지요.

총재와 부총재는 모두 대통령이 임명하는데 반해, 인민은행의 경우 총재는 전국인민대표대회(우리의 국회에 해당)에서, 부총재는 국무원(우리의 행정부에 해당)에서 임명된다는 부분도 차이점입니다.

1. 중국 은행제도의 성립과 발전 과정에 대해 알고 싶습니다.

2. 중국 은행제도의 핵심이라고 하는 국유상업은행(State-Owned Commercial Banks)에 대해 알고 싶습니다.

3. 주식제상업은행(Joint-stock Commercial Banks)은 어떤 은행들을 지칭하나요?

4. 우리에게는 조금 낯선 도시상업은행(Urban Commercial Banks)이란 무엇인지요?

5. 농촌상업은행(Rural Commercial Banks)과 도시상업은행의 차이는 무엇인지요?

6. 사회주의 국가인 중국에 민영은행(Private Banks)이 존재하나요?

7. 중국 은행업에서 눈여겨봐야 할 은행으로는 무엇을 들 수 있을까요?

CHAPTER

03

은행제도

01

중국 은행제도의 성립과
발전 과정에 대해
알고 싶습니다.

중국에는 은행이라는 명칭이 붙은 금융기관이 무척 많습니다. 2024년 현재 ○○은행이라고 불리는 금융기관만 4천여 개에 달합니다. 이들을 그 성격에 맞춰서 세분한다면 국유상업은행, 주식제상업은행, 도시상업은행, 농촌상업은행, 민영은행, 외국계은행, 촌진은행(村鎭銀行) 등으로 나눌 수 있습니다. 물론 각각의 비중이나 역할도 제각각입니다. 앞의 다섯 가지 종류 은행에 대해서는 이후에 상세하게 살펴보도록 하겠습니다.

다만, 우리에게는 다소 낯선 촌진은행에 대해 여기에서 잠시 설명을 드린다면 이는 소규모 농촌 지역을 대상으로 금융 업무를 수행하는 농촌금융기관을 말합니다. 신용협동조합 내지 상호금융조합과 비슷하다고 보시면 됩니다. 2024년 6월 말 기준으로 전국에 1,620개가 있습니다. 은행이라고 이름 붙여진 기관 중 가장 규모가 작고 취약한 곳입니다. 그 결과 2022년 4개, 2023년 11개, 2024년 상반기에 13개의 촌진은행이 경영부실로 사라진 바 있습니다.

그렇다면 중국 금융제도의 핵심을 담당한다고 여겨지는 은행들은 어떻게 발전해 온 것일까요? 우선 앞에서도 말씀드렸듯이 중국은 1949년 건국 이후 1980년대 초반까지 단일은행체제(mono-banking system)를 유지해 왔습니다. 즉, 중앙은행인 인민은행이 화폐발행, 국고금 관리, 금융시장 안정 등 중앙은행 업무와 함께 개인 및 기업을 대상으로 한 예금 · 대출 등의 일반 상업은행 업무도 함께 담당했다는 말입니다. 문화대혁명(1966년~1976년)이라는 금융시장의 실질적인 붕괴기를 거치고 난 이후인 1984년에야 비로소 중앙은행과 일반 상업은행의 기능이 분리되었습니다. 이때 설립된 은행이 바로 종전에 4대 국유상업은행으로 불리던 중국공상은행(中國工商銀行), 중국건설은행(中國建設銀行), 중국은행(中國銀行) 및 중국농업은행(中國農業銀行)입니다. 당시 이들 네 개 국유상업은행은 정책은행으로서의 성격과 상업은행으로서의 성격을 동시에 가진 과도기적인 성격의 은행이었습니다. 예를 들어 중국공상은행은 상공업, 중국건설은행은 건설 및 설비 투자, 중국은행은 외환, 중국농업은행은 농촌 및 농민 대출지원 전담이라는 정책적 지원 기능을 각각 수행하였지요.

이런 면에서 판단해 본다면 진정한 의미로 중국에서 상업은행이 출범한 것은 1994년으로 봐야 합니다. 당시 중국 정부는 국가개발은행(国家开发银行), 농업발전은행(中国农业发展银行) 및 수출입은행(中国进出口银

行) 등 세 개의 정책은행을 신설하여 앞서 말씀드린 4대 국유상업은행의 모든 정책 기능을 이관하였습니다. 국가개발은행은 사회간접자본 건설 등 중장기 발전전략 관련 대출을 취급하기 위해 중국공상은행과

국가개발은행

국가개발은행(国家开发银行)

국가개발은행은 사회간접자본 건설, 산업구조조정, 해외자원개발 등 중장기 국가 발전전략 관련 대출을 전담하기 위해 1994년 설립된 정책은행입니다. 2023년 말 기준 총자산이 18.7조 위안이었는데요, 이는 중국 최대 은행인 중국공상은행(44.7 조 위안)의 42%에 해당하는 수준입니다. 1만여 명의 직원들이 국내 41개 지점, 해외 11개 사무소에서 근무하고 있습니다.

중국건설은행으로부터 정책금융부문을 인수하여 신설되었습니다. 또한 농업발전은행은 소위 3농(농촌·농업·농민) 지원을 위해 중국농업은행으로부터 관련 부문을, 수출입은행은 수출입 정책자금 및 무역정책 지원을 위해 중국은행으로부터 관련 부문을 인수하여 각각 설립되었습니다.

  이들 정책은행이 발행한 채권은 현재 외국인들이 중국 채권에 투자할 때 주로 투자하는 대상이기도 합니다. 2023년 기준으로 외국인이 보유중인 중국 채권 3.14조 위안 중 국채(73.0%)와 함께 가장 많은 투자비중(25.1%)을 차지하고 있습니다.[43] 이들 3개의 정책은행 설립 이후에야 비로소 국유상업은행들은 상업은행 업무에 전념하게 되었으며, 동시에 주식제상업은행 등 다양한 형태의 은행들도 차례로 설립되었습니다.

국고채 실물 1983년

국고채 실물 1989년

국고채 실물 1995년

국고채 실물 1997년

1997년까지 발행되었던 국고채(國庫債, national treasury bonds) 실물

국고채는 정부가 공공목적에 필요한 자금 확보를 위해 발행하는, 대표적인 국채입니다. 중국에서는 1997년 이후 기장식(记账式)으로 국고채 발행 방법이 변경되면서 더 이상 국고채 실물 발행은 하지 않습니다. 사진은 1983년, 1989년, 1995년 및 1997년에 발행된 국고채 실물입니다(중앙국채등기결산공사 전시관).

중국금융론

상하이는 베이징에 이은 중국 제2의 도시인 동시에 금융 방면에서는 제1의 도시라고 불러도 손색이 없는 모습을 보이고 있습니다. 이렇게 볼 수 있는 근거는 크게 다음 세 가지 측면에서 유추해 볼 수 있을 것 같습니다.

우선, 상하이에서 금융업이 창출하는 GDP 측면에서 그렇습니다. 2023년 기준으로 상하이 GDP는 약 4.7조 위안으로 전국 GDP의 3.7%를 차지하고 있습니다. 그런데, 상하이 금융업의 GDP는 약 0.9조 위안으로 전국의 8.9%를 점하고 있습니다. 상하이 경제에서 금융업이 얼마나 많은 부가가치를 생산해 내고 있는지를 알 수 있는 수치입니다. 상하이 산업에서 금융업이 차지하는 비중도 약 18%에 이릅니다. 이는 중국 전체의 금융업 비중인 8%보다 두 배 이상 높은 수준입니다.

상하이 번화가 난징동루

상하이의 최고 번화가 중 하나인 난징동루(南京東路)

상하이의 황푸강(黄浦江)과 유명 관광지 와이탄(外滩)과 접해있는 난징동루(南京東路)는 상하이 최고 번화가 중 하나입니다. 항상 인산인해를 이루는 곳이지요. 전체 길이가 약 1.5km, 폭은 18~28m에 이르며 좌우에 호텔, 백화점, 음식점, 기념품 가게 등이 밀집해 있습니다.

둘째, 고용 측면에서 금융업 종사자의 비중이 크게 높습니다. 상하이에서 금융업에 종사하는 취업자 수는 2023년 기준 약 47만 명으로 전체 취업자의 5%에 이릅니다. 반면, 전국적으로 이 비중은 1%에 불과하지요. 또한 중국 전체 금융업 종사자 100명 중 6명이 상하이에서 근무하고 있는 상황입니다. 특히 인민은행 상하이총부 및 한국은행 상하이 사무소가 위치해 있는 금융 중심지역인 푸동신구(浦东新区)의 금융업 종사자 수만 30만 명이 넘습니다. 이들 중 금융 분야 최고의 국제자격증 중 하나인 CFA(국제재무분석사)[44] 자격증 소지자도 2천 명에 이르는데요, 이는 중국 전체의 20%에 해당하는 수치입니다.

　마지막으로, 주요 금융업 관련 정부기구들이 상하이에 집중되어 있다는 점을 들 수 있습니다. 우선 중앙은행인 인민은행의 제2본부인 상하이총부(中国人民银行上海总部)가 있습니다. 베이징에 있는 제1본부에서 통화정책을 결정한다면 상하이의 제2본부에서는 실제 금융시장에 참여하여 정책을 집행한다고 보면 됩니다. 그리고, 중국의 세 개 증권거래소 중 가장 규모가 크고 역사가 오래된 '상하이증권거래소(上海证券交易所)'가 있습니다. 우리가 중국 주식시장 상황을 하나의 숫자로 파악한다고 할 때 흔히 보는 '상하이종합주가지수'가 바로 이 거래소에서 매일 발표하는 지표이지요. 이 외에도 매일 그 날의 기준환율을 결정하여 발표하는 '중국외환거래센터(中国外汇交易中心)', 원유 선물 등을 거래하는 '상하이선물거래소(上海期货交易所)', 금융선물 거래를 주로 하는 '중국금융선물거래소(中國金融期货交易所)', 금·은 등 귀금속을 전문으로 거래하는 '상하이황금거래소(黄金交易所)' 등이 있습니다. 이외에도 주요 국내외 은행이나 증권사, 보험사의 본점이나 지점이 상하이에 위치해 있습니다. 2023년 말 기준 상하이에서 영업 중인 금융기관의 수는 무려 1,771개에 이릅니다. 그리고, 그중 약 1/3이 외국계입니다. 참고로 우리나라 금융회사의 중국 내 해외점포 수는 2023년 9월 기준으로 총 57개인데요, 이 중 21개가 상하이에 있습니다.[45] 한편, 상하이에는 중국에서 금융 범죄를 전담하는 세 개의 금융법원[46] 중 하나인 '상하이금융법원(上海金融法院)'이 설치되어 있기도 합니다. 유가증권 관련 분쟁 사건이 가장 많은 비중을 차지하는 것으로 알려져 있습니다.[47]

상하이금융법원

> **상하이금융법원(上海金融法院)**
>
> 중국에는 금융 관련 범죄를 전담하는 금융법원이 베이징, 충칭 및 상하이에 각각 있습니다. 그중 상하이금융법원은 2018년 8월 중국 내 최초로 설립된 금융법원입니다. 설립 5년간 약 39,600여 건의 재판을 진행하였으며 가장 많은 것은 유가증권 관련 분쟁 사건(약 24%)인 것으로 나타났습니다.

사실 상하이가 중국 제1의 금융도시로 부상하게 된 것은 1927년~1948년 존속했던 난징정부(南京政府) 시절로 거슬러 올라갑니다. 당시 주요 금융기구 및 외국계 금융기관이 상하이에 집중되면서 1920년대 후반에 상하이는 이미 명실상부 중국 최고의 금융도시가 됩니다. 1936년 기준으로 중국 전체 금융업 자산의 48%인 33억 위안이 상하이에 집중되어 있었으며, 상하이 소재 외국계 금융기관도 27개에 달

은행박물관 1

은행박물관 2

상하이 은행박물관 겸 금융박물관

상하이 중심가에 중국공상은행이 2000년에 설립한 은행박물관 겸 금융박물관이 있습니다. 중국의 금융제도 발전 과정을 친절하게 설명하면서 흥미 있는 관련 유물도 많이 전시 중입니다. 사진은 1930~40년대에 은행이 고객들에게 사은품으로 증정하던 다양한 형태의 저금통들입니다.

했습니다.[48]

　아직 세계 유수의 금융도시들과는 차이가 있다고 하지만, 적어도 중국에서는 상하이가 인력, 시장개방도, 인프라 등 여러 가지 척도로 평가할 때 가장 앞선 금융도시인 것은 틀림이 없어 보입니다.

02

중국 은행제도의 핵심이라고 하는 국유상업은행(State-Owned Commercial Banks)에 대해 알고 싶습니다.

1984년에 인민은행의 업무 중 중앙은행 본연의 업무를 제외한 업무들을 수행하기 위해 탄생한 은행이 바로 4대 국유상업입니다. 그리고, 다시 1994년에는 4대 국유상업은행이 신설된 정책은행들에게 관련 업무를 이전하면서 진정한 상업은행으로 거듭났다는 점도 앞에서 말씀드렸습니다. 중국공상은행(工行, Industrial and Commercial Bank of China; ICBC), 중국건설은행(建行, China Construction Bank; CCB), 중국은행(中行, Bank of China; BOC) 및 중국농업은행(农行, Agricultural Bank of China; ABC)이 바로 이들 4대 국유상업은행입니다.

중국은행 상하이총부

중국은행 상하이총부가 있는 중국은행 상하이빌딩

상하이의 가장 유명한 상징물인 동방명주탑 근처에 있는 대표적인 건축물 중 하나가 중국은행 상하이빌딩입니다. 중국은행 상하이총부가 입주해 있는데요, 2000년에 완공되었으며 53층입니다. 상층부에는 중국은행 직원들 및 그들이 초청한 사람만 출입이 가능한 전용식당이 있습니다. 멋진 야경을 배경으로 훌륭한 만찬을 즐길 수 있지요. 이 빌딩은 액션 영화 시리즈인 '미션 임파서블 3(2006년)'에서 주인공 톰 크루즈가 뛰어내리는 장면이 나온 이후 매우 유명해졌습니다.

중국은행은 자산규모로는 중국 제4의 은행인데요, 전 세계 64개국에 진출해 있을 정도로 가장 글로벌화된 은행입니다.

그러나 이들 4대 국유상업은행은 1994년 진정한 의미의 상업은행이 되었음에도 불구하고 제대로 기능을 수행할 수가 없었습니다. 오랜 기간 정부정책기관으로서의 역할을 수행해 오면서 누적된 부실채권 문제가 심각한 상황이었기 때문입니다. 이는 이들 은행이 상업적 수익성이 아니라 국가의 필요와 명령에 의해 대출을 수행해 왔던 결과입니다. 예를 들어 과거 중국상업은행법 제41조에서는 '국유상업은행의 정부 프로젝트 자금대출 의무'를 규정하고 있었습니다. 사실상 정부 재정의 역할을 이들 은행이 담당하였다는 의미입니다. 예를 들어 2000년 말 기준 4대 국유상업은행 부실채권액은 1.9조 위안에 달하였는데요, 이게 얼마나 큰 규모인가 하면 그해 GDP의 21%에 해당하는 규모였습니다.

　　결국 중국 정부는 특단의 조치를 시행하게 됩니다. 먼저, 이들 은행들의 부실채권을 인수하기 위해 1999년 네 개의 금융자산관리공사를 설립하였습니다. 공적으로 설립된 배드뱅크(bad bank)입니다. 이때 설립된 네 개 금융자산관리공사인 화룽(華融), 신다(信達), 동팡(東方) 및 창청(長城)은 각각 중국공상은행, 중국건설은행, 중국은행 및 중국농업은행의 부실자산을 인수하였습니다.[49] 이후 중국 정부는 추가적으로 재정자금을 투입하여 4대 국유상업은행의 자본과 건전성을 보강하였으며 금융구조정과 함께 증권시장에 상장하는 절차를 추진하였습니다. 이를 위해 2003년 설립한 기관이 바로 중앙후이진공사(中央汇金投资有限责任公司)입니다. 인민은행이 외환보유액에서 출자한 450억 달러를 자본금으로 만들었지요. 중앙후이진공사가 투입한 막대한 자금을 바탕으로[50] 2004년에서 2010년에 걸쳐 이들 4대 국유상업은행은 성공적으로 주식시장에 상장되면서 주식회사로의 전환에 성공하게 되었습니다. 현재 이들은 상하이 및 홍콩 주식시장에 모두 상장되어 있습니다.

이들 네 개 국유상업은행은 지금도 중국 은행제도의 핵심이며, 일반 국민들에게 은행하면 제일 먼저 떠오르고 또한 주변에서 가장 쉽게 눈에 띄는 은행이라고 보시면 됩니다. 가장 규모가 큰 중국공상은행의 경우 2023년 말 기준 전국 지점이 15,487개에 거래고객은 7.2억 명에 달했습니다. 중국 인구의 절반이 고객이라는 의미이지요. 당연히 고용 인원도 많습니다. 2023년 말 기준 중국의 42개 상장은행 총직원 수가 약 255만 명인데요, 이 4대 국유상업은행 인원만 전체의 60%인 153만 명에 이릅니다.[51]

사실 2022년 자기자본기준 글로벌 상위 10대 은행 중 중국공상은행, 중국건설은행, 중국농업은행, 중국은행이 각각 1~4위를 차지하고 있습니다.[52] 중국의 4대 국유상업은행은 적어도 외형 면에서는 이미 글로벌 최상위 은행에 속하게 된 것입니다. 참고로 총자산 기준 중국 최대은행인 중국공상은행의 경우 2023년 말 기준 자산 규모가 약 44.7조 위안(약 8,000조 원)이었습니다. 이는 우리나라 최대 은행이라고 하는 국민은행이나 신한은행의 약 10배 규모입니다.

순이익 면에서도 이들 4대 국유상업은행은 독보적인 위치를 점하고 있습니다. 2023년 기준 중국의 주식거래소에 상장되어 있는 5,300개가 넘는 기업 중 순이익 1~4위를 각각 공상, 건설, 농업, 중국 은행이 차지했습니다. 순이익 규모가 2천억 위안(약 37조 원)이 넘는 기업도 단이 네 개 은행뿐이었습니다.

한편 2023년 현재 은행 감독 기관인 '국가금융감독관리총국'에서 중국의 은행 관련 통계를 발표할 때의 분류 항목 중 하나로 '대형상업은행(大型商業银行)'이 있습니다. 이 항목에는 지금 말씀드린 4대 국유상업은행에 더해 교통은행(交行, Bank of Communications; BOCOM) 및 우정(郵政)저축은행(邮储银行, Postal Savings Bank of China, PSBC)이 포함됩니다. 이들을 포괄해서 6대 대형 국유상업은행이라고 부르는 경우도 있습니다. 이들 6대 은행의 2023년 말 기준 전국 지점 수는 무려 10만 개가 넘습니다.[53]

참고로 교통은행은 1908년 설립 후 1958년의 영업정지를 거쳐, 1987년 중국 최초의 주식제 상업은행으로 다시 출발한 은행입니다. 당초 교통 및 통신 지원 전담 은행이었으며 2005년 홍콩, 2007년 상하이 증시에 상장하였습니다. 그리고, 우정저축은행은 2007년 우체국의 금융기능이 분리되어 설립된 은행으로, 중국 정부는 2019년부터 우정저축은행은 관련 수치를 대형상업은행에 포함시켜 발표하고 있습니다. 우정저축은행은 2016년 홍콩, 2019년 상하이 증시에 상장하였습니다.

이들 6대 대형 국유상업은행 순위는 총자산, 매출, 순이익 등 세 가지 지표를 기준으로 보면 일반적으로 공상 - 건설 - 농업 - 중국 - 우정 - 교통 은행의 순입니다. 다만, 건설은행과 농업은행은 총자산 규모가 비슷하여 어느 시점을 기준으로 하느냐에 따라 순위가 변동되는 경우도 있습니다. 2023년 말의 경우 농업은행이 39.9조 위안, 건설은행이 38.3조 위안이었습니다. 또한 교통은행이 우정은행보다 총자산이나 매출은 작지만 순이익은 더 큰 경우가 많습니다. 예를 들어 2023년의 경우 매출은 우정은행이 3,425억 위안, 교통은행이 2,576억 위안이었던데 반해 순이익은 교통은행이 927억 위안, 우정은행은 863억 위안이었습니다. 이러한 상황을 반영하듯 교통은행 직원들의 2023년 평균 연봉은 43.5만 위안으로 6대 대형 국유상업은행 중 가장 높은 수준이었습니다. 나머지 은행들은 33만~36만 위안 수준이었습니다.

국유상업은행은 명칭에서 알 수 있듯, 정부가 지배주주인 은행입니다. 중국공상은행의 경우 2023년 말 A주 기준 상위 10대 주주(지분 비율 71.3%) 중 7개가 정부 및 국유기업이며 지분 비율은 71.0%에 이릅니다. 이런 이유로 인해 국유상업은행은 여전히 정책기관으로서의 성

교통은행

교통은행(交通银行)

교통은행은 1908년 설립 후 1958년의 영업정지와 재개를 거쳐 1987년 중국 최초의 주식제 상업은행이 되었습니다. 현재 중국의 6대 대형상업은행의 하나이며 본점은 상하이에 있습니다. 2005년과 2007년에 홍콩과 상하이 증시에 각각 상장되었습니다. 2023년 'The Banker'의 자기자본기준 글로벌 은행 순위에서 9위를 차지한 대형은행입니다.

격을 강하게 지니고 있습니다. 상업적인 논리를 넘어서는 의사결정이나 행동을 한다는 의미입니다. 중국 정부는 2024년 5월에 반도체 산업 지원 및 기술개발을 위해 '중국반도체산업투자펀드(China Integrated Circuit Industry Investment Fund)'를 조성한다고 발표하였습니다. 등록자

우정저축은행

중국우정저축은행(中国邮政储蓄银行)

2007년 우체국의 금융기능이 분리되어 설립된 은행으로, 중국의 6대 대형상업은행 중 하나입니다. 전국에 4만여 개의 지점과 6.5억 명의 고객이 있습니다. 우리의 농협과 비슷하게 농촌 및 농민을 위한 금융서비스에 집중하고 있습니다. 2016년 홍콩, 2019년 상하이 증시에 상장되었습니다. 2023년 'The Banker' 선정 글로벌 1000대 은행 중 13위를 차지하였습니다.

본이 3,440억 위안(약 64조 원)에 달하는 대규모 펀드[54]였는데요, 재정부 등 19곳이 투자하기로 결정하였습니다. 이 19곳 중 바로 6개가 방금 말씀드린 국유상업은행 이었습니다. 이들 6개 은행이 출자하는 규모만 1,140억 위안[55]으로 전체 펀드의 33%에 달했습니다.

한편 2023년 말 기준으로 전체 상업은행 총자산에서 이들 6대 대형 국유상업은행이 차지하는 비중은 49.8%에 달합니다.[56] 또한 일반 국민들이 일상생활 중 흔하게 접하면서 가장 많은 거래를 맺고 있는 은행이기도 합니다. 예를 들어 2023년 중국 은행권의 전체 대출 22.3조 위안 중 절반이 넘는 12.6조 위안이 바로 이 6대 대형 국유상업은행의 대출이었습니다. 2018년 말 기준으로는 이 비중이 30% 정도까지 하락했던 점을 감안하면 중국경제의 어려움이 가중되면서 이들 6대 대형 국유상업은행의 비중과 역할은 오히려 더 커지고 있다는 점을 알 수 있습니다. 또한 2023년 말 기준 중국의 개인모기지대출 잔액은 38.2조 위안이었는데요, 6대 대형 국유상업은행의 대출액이 26.4조 위안에 달했습니다.[57] 중국 국민들이 집을 살 때 10명 중 7명은 바로 이 6대 은행에서 대출을 받고 있다는 의미입니다.

고용 측면에서도 6대 은행은 절대적인 비중을 차지하고 있습니다. 2024년 6월말 기준으로 총직원 수가 184만 명에 달합니다. 이는 중국 전체 금융업 종사자의 약 25%에 해당하는 수치입니다.

참고로 이들 중 우정저축은행을 제외한 다섯 개 은행이 모두 한국에 지점을 두고 있습니다. 2023년 6월 말 기준으로 한국에서 근무 중인 총직원은 약 500여 명이었습니다. 그럼, 우리나라 은행들의 중국 진출은 어떨까요? 2024년 6월 기준으로 시중은행 4개(국민, 신한, 우리, 하나)와 특

수은행 1개(기업)는 현지법인 형태로, 특수은행 2개(산업, 농협)와 지방은
행 2개(부산, 대구)는 지점 형태로, 특수은행 1개(수출입)는 사무소 형태로
진출해 있습니다.[58]

03

주식제상업은행(Joint-stock Commercial Banks)은 어떤 은행들을 지칭하나요?

앞에서 말씀드린 대형상업은행과 함께 중국 은행제도의 또 하나의 중요한 축을 이루는 은행들이 바로 주식제상업은행(股份制商业银行)입니다. 1987년 설립된 초상은행(招商银行)과 중신은행(中信银行) 등을 시작으로 중국에는 2024년 현재 12개의 주식제상업은행이 있습니다. 아, 물론 이들 은행들만 주식회사 형태라는 이야기는 아닙니다. 중국 최초의 주식회사 은행은 교통은행이었습니다. 이후 설립된 상당수의 은행들도 모두 주식회사이지요. 다만 중국에서 주식제상업은행이라고 부를 때는, 전국적인 규모를 지닌 주식회사 형태의 12개 은행으로서 대형상업은행에 포함되지는 않는 은행을 구분하기 위한 호칭이라고 보면 됩니다. 주식제상업은행 중 가장 규모가 큰 초상은행의 경우 2023년 말

중신은행

> **중신은행(中信銀行)**
>
> 중국의 12개 주식제상업은행 중 하나로 1987년 설립되었으며 2007년에 상하이거래소와 홍콩거래소에 동시 상장하였습니다. 2023년 말 기준 총자산이 9.1조 위안으로 주식제상업은행 중 4위였습니다. 2023년 6월 기준으로 153개 도시에 1,432개의 지점이 있으며 직원은 6만여 명입니다. 2023년 'The Bankers' 선정 글로벌 1000대 은행 중 19위였습니다. 특히 2023년 기준 1인당 평균 보수 수준이 59.5만 위안(약 1.1억 원)에 달해 중국 은행권 중 가장 높았습니다.

기준 총자산이 약 11.0조 위안(약 2,000조 원)이었습니다. 이는 6대 대형 상업은행 중 가장 작은 규모인 교통은행 총자산(14.1조 위안)의 약 78%에 해당하는 수준이므로 결코 작지 않은 규모임을 알 수 있습니다. 한편 초상은행의 총자산 규모는 우리나라의 국민은행이나 신한은행보다는 약 네 배 큰 수준입니다.

한편 12개의 주식제상업은행을 설립 순서대로 보면 초상(招商), 중신(中信), 항풍(恒丰), 평안(平安), 흥업(兴业), 광발(广发), 포발(浦发), 광대(光大), 화하(华夏), 절상(浙商), 민생(民生) 및 발해(渤海) 은행의 순입니다. 2023년 현재 이들 중 항풍 및 광발 은행을 제외한 나머지 10개의 은행이 상장되어 있으며 특히 초상, 중신, 절상 및 민생 등 4개 은행은 상하이 및 홍콩 증시에 동시 상장되어 있습니다. 참고로 민생은행은 민간주주가 대주주인 최초의 은행이며, 발해은행은 해외의 전략적 투자자가 대주주

평안은행 1   평안은행 2

평안은행(平安银行)

12개 주식제상업은행 중의 하나입니다. 1987년 설립된 선전발전은행(深圳发展银行)이 전신인데요, 현재 본부도 선전에 있습니다. 주식제상업은행 중 최초로 상장된 은행이며 대부분의 은행들과 다르게 상하이가 아니라 선전 증권거래소에 상장되어 있습니다. 2023년 말 기준 5.6조 위안의 총자산으로 주식제상업은행 중 7위입니다. 직원은 약 44,000명, 고객 수는 1.26억 명이며 전국에 1,205개의 지점이 있습니다.

로 참여[59]한 최초 은행입니다.

광발은행

광발은행(广发银行)

광발은행은 12개 주식제 상업은행 중 하나인데요, 2023년 현재 항풍(恒丰)은행과 함께 상장되어 있지 않은 두 개 주식제 상업은행 중 하나입니다. 1988년 설립되었으며 본점은 광저우(广州)에 있습니다. 대형금융그룹인 중궈런쇼우(中国人寿集团)의 계열사 기업입니다. 2023년 말 총자산은 3.5조 위안이었습니다.

포발은행

포발은행(浦发银行)

상하이푸동발전은행(上海浦东发展银行, 약칭 포발은행)은 1992년 상하이에서 설립된 주식제상업은행입니다. 1999년 상하이거래소에 상장되었습니다. 2023년 말 기준 총자산은 9.0조 위안으로 주식제상업은행 중 3, 4위 수준입니다. 국내외에 42개 분행과 1,700여 개의 지점이 있으며 직원은 약 6.3만 명입니다. 2023년 'The Bankers'의 글로벌 1000대 은행 중 18위였습니다(중국계 은행으로는 9위).

중국광대은행

중국광대은행(中國光大銀行)

1992년 베이징에서 설립된, 중국의 12개 주식제상업은행 중 하나입니다. 2010년 상하이거래소에, 2013년 홍콩거래소에 각각 상장되었습니다. 2023년 6월 기준 전국에 1,310개의 지점이 있으며 특히 주식제상업은행 중 유일하게 서울에 지점이 있습니다. 2023년 자기자본 기준으로 'The Bankers'가 선정한 글로벌 은행 순위에서 28위를 차지했습니다. 2023년 말 기준 총자산은 6.8조 위안이었으며 이는 주식제상업은행 중 6번째 순위입니다. 직원은 약 4.7만 명입니다.

화하은행

화하은행(华夏银行)

12개 주식제상업은행 중 하나로 1992년 베이징에서 설립되었으며 1995년 주식회사가 되었고 2003년 상하이거래소에 상장되었습니다. 이 은행은 주식제상업은행 중 유일하게 제조기업(首钢集团有限公司)이 설립하였다는 특징이 있습니다. 2023년 말 기준 총자산은 4.3조 위안으로 주식제상업은행 중 8위입니다. 직원 수는 약 4만 명이며, 전국에 987개의 지점이 있습니다. 2023년 'The Bankers' 선정 글로벌 1000대 은행 중 46위였습니다.

민생은행

중국민생은행(中国民生银行)

중국의 12개 주식제상업은행 중 하나로 여타 은행에 비해 비교적 늦은 시기인 1996년에 베이징에서 설립되었습니다. 2000년 상하이거래소, 2009년 홍콩거래소에 각각 상장되었습니다. 2023년 말 총자산은 7.7조 위안으로 주식제상업은행 중 5위였습니다. 2023년 'The Bankers' 선정 글로벌 1000대 은행 중 22위를 차지했습니다. 직원 수는 약 6.3만 명입니다.

한 가지 유의할 것은 주식제상업은행의 경우에도 대형상업은행과 마찬가지로 정부의 지분과 영향력은 절대적이라는 점입니다. 정부 지분 비율이 5~97%에 이릅니다.[60] 예를 들어 주식제상업은행 중 가장 규모가 큰 초상은행의 경우 2023년 말 A주 기준 상위 10대 주주(지분 비율 65.1%) 중 8개가 정부 및 국유기업이며 이들의 지분 비율은 57.6%에 이릅니다.[61]

한편 2023년 말 기준으로 전체 상업은행 총자산에서 이들 주식제상업은행이 차지하는 비중은 20.0%입니다.[62] 결국 주식제상업은행과 대형상업은행의 자산 합계가 전체 상업은행 총자산의 약 70%를 차지하는 상황임을 알 수 있습니다. 이 두 형태의 은행 18개가 중국 은행 제도의 핵심을 이루는 은행이라고 판단할 수 있는 근거 중 하나입니다.

참고로, 이들 12개 은행 중 유일하게 광대은행(China Everbright Bank)이 한국에 지점을 두고 있습니다. 2016년 4월 서울에 지점을 낸 광대은행은 주식제상업은행 중 총자산 기준 5~6위의 은행인데요, 국민은행이나 신한은행보다 약 두 배 정도 큰 은행으로 보면 됩니다.

우리에게는 조금 낯선 도시상업은행 (Urban Commercial Banks)이란 무엇인지요?

도시상업은행은 일정 도시를 영업 지역으로 하여 중소기업 및 서민에 대한 대출을 주 업무로 하는 소규모 은행을 말합니다. 과거 중국의 일부 도시에는 신용협동조합처럼 소규모 금융 업무를 수행하던 '도시신용사(城市信用社)'라는 기관들이 있었습니다. 이들이 1990년대 중반에 합병하면서 '도시합작은행'이라는 것이 탄생하게 됩니다. 그리고 이 도시합작은행 명칭이 1998년에 개칭되면서 탄생한 용어가 바로 도시상업은행입니다.

규모가 작고 영업 범위가 제한된다는 점 등의 이유로 인해 이 은행은 앞서 말씀드린 주식제상업은행보다 설립 요건 등이 완화되어 있습니다. 예를 들어 설립할 때에 요구되는 최저자본금이 주식제상업은행은 10억 위안인데 반해 도시상업은행은 1억 위안에 불과합니다.[63] 또한 당초에는 영업 범위도 해당 은행이 설립된 도시로 한정되었습니다. 다만 2006년 이후에는 일정 조건에 부합할 경우 설립된 성(省) 내의 다른 도시 및 다른 성에도 지점 설립이 가능해졌습니다. 예를 들어 최초에 저장성 닝보시(浙江省宁波市)에서 설립된 닝보(宁波)은행의 경우 2023년 현재는 베이징, 상하이, 션전, 항저우, 난징 등 전국 16개 지역에 분행(分行)을 설치하고 있습니다.

2024년 6월말 기준으로 도시상업은행은 124개에 이릅니다. 중국에서 어느 정도 이상의 규모가 되는 도시에는 모두 있다고 봐도 될 겁니다. 이 중에서 상하이, 션전 및 홍콩 주식시장에 상장되어 있는 은행은 모두 30개입니다. 규모나 역할 등을 감안할 때 이들이 사실 도시상업은행을 대표한다고 하겠지요. 이들 30개 은행의 총자산이 도시상업은행 전체 자산의 50%를 넘습니다.

2023년 말 기준으로 베이징은행(北京, 자산 3.7조 위안), 지앙수은행(江苏, 3.4조 위안), 상하이은행(上海, 3.1조 위안), 닝보은행(宁波, 2.7조 위안), 난징은행(南京, 2.3조 위안) 등 다섯 개 도시상업은행이 총자산 2조 위안을 넘는 은행들이었습니다. 이는 전국적인 규모로 영업하는 주식제상업은행 중 발해(渤海, 1.7조 위안) 및 항풍(恒丰, 1.4조 위안) 은행을 뛰어 넘는 수준입니다. 즉, 도시상업은행은 대부분 비교적 소규모이지만 몇 몇 은행은 주식제상업은행에 버금갈 정도의 규모와 영업력을 가지고 있다고 보면 됩니다.

한편 2023년 말 기준으로 전체 상업은행 총자산에서 이들 도시상업은행이 차지하는 비중은 15.6%입니다.[64]

도시상업은행은 앞에서 말씀드린 대형상업은행이나 주식제상업은행에 비해 건전성이나 수익성 등은 다소 떨어지는 것이 사실입니다. 예를 들어 2023년 말 기준으로 중국 은행업 전체의 부실채권비율은 1.59%였던데 반해, 도시상업은행의 이 비율은 1.75%였습니다. 총자 산수익률(ROA)도 전체는 0.70%, 도시상업은행은 0.56%로 역시 미흡 한 수준이었습니다.

닝보은행

닝보은행(宁波银行)

닝보는 1842년의 난징조약을 계기로 상하이 등과 함께 개항된 5개 도시 중 하나 로 저장성(浙江省)에 있습니다. 닝보은행은 1997년 설립된 대표적인 도시상업은 행입니다. 2007년 션전거래소에 상장되었습니다. 2023년 말 기준 총자산이 2.7조 위안으로 도시상업은행 중 4위인데요, 전국에 480여 개 지점이 있으며 직원 수는 2.7만 명입니다. 2023년 'The Bankers' 선정 글로벌 1000대 은행 중 82위였습니 다. 대주주가 닝보시(宁波市)인 국유은행입니다.

베이징은행

베이징은행(北京银行)

1996년 설립되었으며, 2023년 말 기준 총자산 규모가 3.7조 위안으로 도시상업은행 중 가장 규모가 큽니다. 현재 베이징뿐만 아니라 상하이, 션전, 항저우 등 전국에 640여 개 지점이 있습니다. 2007년에 상하이거래소에 상장되었습니다.

지앙수은행

지앙수은행(江苏銀行)

2007년 설립된 대표적인 도시상업은행입니다. 본점은 지앙수성 난징(江苏省南京)에 있습니다. 2016년 상하이거래소에 상장되었습니다. 2023년 말 기준 총자산이 3.4조 위안으로 도시상업은행 중 총자산 기준으로 두 번째 규모입니다. 2023년 자기자본 기준 'The Bankers'의 글로벌 1000대 은행 중 68위였습니다. 2023년 기준 전국에 530여 개 지점이 있으며 직원 수는 약 1.6만 명입니다.

상하이은행

상하이은행(上海银行)

1995년 설립된 도시상업은행입니다. 2023년 말 기준 총자산이 3.1조 위안에 달해 도시상업은행 중 세 번째로 규모가 큰 은행입니다. 2016년 상하이거래소에 상장되었습니다. 2023년 말 기준 소매거래 고객이 약 2,140만 명으로 이들의 총대출액은 4,218억 위안이었습니다.

난징은행

난징은행(南京银行)

대표적인 도시상업은행 중 하나로 1996년 설립되었으며 2007년 상하이 거래소에
상장되었습니다. 총자산이나 순이익 등을 기준으로 할 때 도시상업은행 중 5위 내
외, 중국 은행권 전체에서 20위 내외의 은행입니다. 2023년 'The Banker'의 자기
자본기준 글로벌 은행 순위에서는 91위를 차지하였습니다. 난징은행은 특히 QFII
(적격외국인기관투자자)가 많은 투자를 하고 있는 은행으로 유명합니다. 2024년 6
월 기준으로 전체 주식의 약 18.4%인 176억 위안의 주식을 QFII가 보유 중입니다.

05

농촌상업은행(Rural Commercial Banks)과 도시상업은행의 차이는 무엇인지요?

중국 건국 이후 1951년에 농촌의 기초적인 금융기관이라 할 수 있는 농촌신용사(Rural credit cooperatives)가 설립되었습니다. 농민과 농민조직이 출자하여 설립하였으며 개인 예금을 바탕으로 농가 및 개인사업자에 대한 대출 등을 수행하는 기관이었지요. 그러나, 부실 사태가 빈번하게 발생하면서 각종 문제점이 발생하게 되자 다양한 개혁조치를 취하게 되었는데요, 그중 하나가 몇 개 농촌신용사들을 합병하여 대형화시키는 것이었습니다. 이들을 부르는 명칭이 바로 농촌상업은행입니다. 2001년 설립된 지앙수성의 상숙(常熟) 및 장가항(張家港) 은행이 최초로 알려져 있습니다.

2006년 13개에 불과했던 농촌상업은행은 2024년 6월 말 기준 1,577

개로 급증하였습니다. 이들 중 13개 은행이 상장되어 있습니다. 2023 년 말 기준으로 충칭(重庆, 1.4조 위안), 상하이(上海, 1.4조 위안), 광저우(廣州, 1.3조 위안), 베이징(北京, 1.3조 위안) 등 네 개 농촌상업은행이 총자산 규모 1조 위안을 넘는 은행들이었습니다.

특히 농촌상업은행은 설립이 더 용이[65]하며, 대형상업은행 및 주식 제상업은행보다 더 낮은 지급준비율을 적용받는 등 감독관리 방면에서 도 우대를 받습니다. 예를 들어 '지급준비제도'라는 것이 있습니다. 이 는 중앙은행이 은행으로 하여금 예금 등과 같은 채무의 일정비율에 해 당하는 금액을 중앙은행에 예치하도록 하는 제도를 말합니다. 이때 은 행이 예금고객의 지급요구에 응하기 위해 미리 준비해 놓은 유동성 자 산을 지급준비금이라 하고, 적립대상 채무 대비 지급준비금의 비율을 지급준비율이라고 합니다.[66] 은행 입장에서는 이 비율이 높을수록 가 용할 수 있는 자금이 감소하게 되므로 경영상의 부담을 더 느끼게 될 겁 니다. 중국은 1984년에 이 지급준비금 제도를 도입하였는데요, 2008년 부터는 기관별로 차등적인 지급준비율을 적용하고 있습니다. 2024년 9월 현재 대형상업은행이 8.0%, 주식제상업은행 및 도시상업은행이 6.0%의 지급준비율을 준수해야 하는 의무를 지고 있습니다. 이에 반 해 농촌상업은행은 5.0%의 지급준비율을 적용받고 있습니다. 이는 그 만큼 영세한 동시에 영업이 쉽지 않은 농촌 지역의 실정을 배려한 조 치라고 하겠습니다.

그럼에도 불구하고 여전히 농촌상업은행의 경영 여건은 쉽지 않은 상황입니다. 인민은행은 2020년 4사분기 이후 분기별로 은행 리스크 평가를 진행하고 있는데요, 2022년 말까지 총 9차례의 평가에서 리스크 경고를 받은 은행 413곳 가운데 농촌상업은행이 98곳으로 24%에 달했습니다.[67] 또한 앞에서 도시상업은행이 대형상업은행이나 주식제상업은행에 비해 건전성이나 수익성 등에서 떨어진다고 말씀드렸는데요, 농촌상업은행은 더 미흡한 상황입니다. 예를 들어 2023년 말 기준의 부실채권비율을 볼까요? 중국 은행업 전체는 1.59%였습니다. 대형상업은행이나 주식제상업은행이 모두 1.26%였고 도시상업은행은 1.75%였던데 반해, 농촌상업은행은 3.34%에 달했습니다.

한편 눈썰미가 있는 독자들은 이미 눈치 채셨겠지만 행정구역상의 위치가 도시상업은행 및 농촌상업은행을 구분하는 기준은 아닙니다. 도시상업은행인 '상하이은행'과 농촌상업은행인 '상하이농촌상업은행'이 상하이에 모두 존재하는 것은 그러한 이유입니다. 어떤 기관을 모체로 하는가, 규모와 영업활동 지역의 범위가 어느 정도인가 등에 따른 구분이라 할 수 있겠습니다. 특히 대도시에 설립되어 있는 농촌상업은행의 경우는 도시상업은행과 감독기준 등에서 거의 차이가 없다고 볼 수 있습니다. 예를 들어 앞에서 농촌상업은행은 5%의 지급준비율을 적용받는다고 하였는데요, 엄밀히 말해서는 현(縣)지역 농촌상업은행에만 적용된다고 할 수 있습니다. 중국 행정구역계층은 대략 성(省) - 시(市) - 현(縣)으로 구성되는데요, 성이 34개, 시가 300여 개, 현이 3,000여 개 정도 됩니다. 현(縣) 이외의 도시지역에 설립된 농촌상업은행은 도시상업은행과 동일한 지급준비율인 6.0%를 적용받는다는 의미입니다.

베이징 농촌상업은행

> **베이징 농촌상업은행(北京农商银行)**
>
> 2005년 설립된 대표적인 농촌상업은행 중 하나입니다. 2023년 말 기준 총자산은 1.3조 위안으로 농촌상업은행 중 네 번째 규모였습니다. 2023년 'The Bankers'의 자기자본기준 글로벌 은행 순위에서는 162위였습니다. 2017년 상하이거래소에 상장되었습니다.

상하이 농촌상업은행

> **상하이 농촌상업은행(上海农村商业银行)**
>
> 2005년 설립된 대표적인 농촌상업은행 중 하나입니다. 2023년 'The Bankers'의 자기자본기준 글로벌 은행 순위에서 128위였습니다. 2023년 말 기준으로 총자산이 1.4조 위안에 달해 농촌상업은행 중 두 번째로 규모가 컸습니다. 2021년 상하이거래소에 상장되었습니다.

광저우 농촌상업은행

광저우 농촌상업은행(广州农村商业银行)

광저우의 광저우 농촌상업은행 본점입니다. 1952년 설립된 광저우농촌신용사(广州农村信用社)를 모체로 하며 2009년 농촌상업은행이 되었습니다. 2017년 홍콩거래소에 상장되었으며 2023년 말 기준 총자산 1.3조 위안으로 농촌상업은행 중세 번째로 큰 규모입니다. 전국 9개 성 · 시(省 · 市)에 총 605개의 지점이 있는 대형은행입니다.

매년 4월 23일은 '세계 책과 저작권의 날(World Book and Copyright Day)'입니다. 유네스코가 1995년에 제정한 기념일입니다. 세계 각국에서 독서 및 출판 관련 각종 행사가 펼쳐지지요. 다만, 아쉬운 것은 갈수록 책을 가까이 하는 인구가 줄어들고 있다는 사실입니다.

우리나라의 문화체육관광부에서 2024년 4월 발표한 '2023 국민 독서실태 조사'에 따르면 성인 중 한 해 동안 일반 도서를 한 권 이상 읽은 사람의 비율을 뜻하는 '연간종합 독서율[68]'은 43.0%였습니다. 평균적으로 읽은 책은 3.9권이었는데요, 종이책이 1.7권, 전자책 및 오디오북이 2.2권이었습니다. 10년 전인 2013년 연간종합 독서율이 72.2%였으니 우리가 얼마나 책을 덜 읽게 되었는지를 실감할 수 있는 수치

신화서점 1

신화서점 2

신화서점 아이친하이몰 지점(新华书店 爱琴海购物公园店)
상하이에서 가장 아름다운 서점 중 하나로 꼽히는 신화서점 아이친하이몰 지점입니다. 일본의 세계적인 건축가이가 프리츠커 건축상(Pritzker Architecture Prize) 수상자인 안도 다다오(Ando Tadao)가 건축에 참여하였습니다. 환상적인 공간을 연출하고 있습니다.

입니다.

그럼, 중국의 경우는 어떨까요? 중국신문출판연구원(中国新闻出版研究院)의 '전국국민독서실태조사(第21次全国国民阅读调查)[69]'에 따르면 2023년 성인의 연간종합 독서율이 59.8%였습니다. 평균적으로 읽은 책은 8.2권이었는데요, 종이책이 4.8권, 전자책 및 오디오북이 3.4권이었습니다. 우리나라보다는 확실히 더 많은 사람이 더 많이 읽고 있는 수준입니다. 그런데, 11년 전인 2012년 독서율은 54.9%, 평균 읽은 책은 6.8 권(종이책 4.4권, 전자책 등 2.4권)이었습니다. 우리와는 반대로 책을 더 읽고 있다는 의미입니다. 물론 그렇다고 해서 중국인들이 이전보다 스마트 폰을 덜 사용하는 것은 아닙니다. 2023년 중국인 하루 평균 스마트폰 사용 시간은 106.5분으로 2021년보다 5.4분이 증가하였습니다. 이는 우리나라와 큰 차이가 없는 수준입니다.[70] 그런데, 독서 시간 또한 2년 전보다 2.4분이 증가한 23.4분을 기록했습니다. 이는 SNS, 정보검색, 게임 등을 위해 스마트 기기를 더 사용하는 동시에 책을 읽는 데에도 시간을 더 쓰고 있다는 의미로 중국인들이 무언가를 하면서 더욱 바쁘게 살고 있다는 뜻이기도 합니다.

2023년 현재 중국의 오프라인 서점은 약 24만 개입니다.[71] 그중 가장 큰 서점은 전국에 1.6만여 개의 지점을 가진 신화서점(新华书店)입니다. 1937년 설립된 국유기업인 신화서점은 1970년대까지 중국 유일의 서점이기도 하였지요. 다음으로 지점이 많은 서점은 1993년 설립된 시시포서점(西西弗书店)입니다. 성공한 민영기업 중 하나로 전국에 400여 개 지점이 있는데요, 세련된 서점 공간 디자인 등을 통해 대도시의 문화예술 공간으로서 큰 인기를 끌고 있다는 평가도 받고 있습니다.

물론 온라인 시장의 확대와 함께 중국도 오프라인 서점의 매출은 하락세입니다. 2010년만 해도 도서시장 전체 매출 380억 위안 중 90% 이상을 담당하던 오프라인 서점 매출은 2023년의 경우 전체 매출 912 억 위안 중 12%에 불과한 109억 위안에 그쳤습니다.[72] 사실 이는 어찌 보면 당연한 결과이기도 합니다. 온라인 서점에서 도서를 구입할 때 평균 할인율이 39%에 이르기 때문입니다.

중국금융론

상하이슈청 1

상하이슈청(上海书城) 1

1998년 설립된 상하이 최대 서점입니다. 7층이며 내부에 다양한 문화공간과 커피숍, 식당, 기념품 가게 등이 있습니다. 코로나 19 기간이었던 2021~23년 중 폐점하고 대대적인 개보수 공사를 거쳤으며 2023년 10월 재개장하였습니다. 책을 좋아하는 사람이라면 상하이에서 꼭 한 번은 들러봐야 할 장소입니다.

상하이슈청 2

상하이슈청(上海书城) 2

중국도 우리나라와 마찬가지로 오프라인 서점이 점점 위축되고 있는 상황입니다. 지금 남아있는 대부분의 서점들은 그래서 자구책으로 굿즈(goods) 및 커피 판매, 문화공간 제공 등의 노력들을 기울이고 있습니다. 한편 상하이슈청의 특징 중 하나는 엄청나게 다양한 규모의 사전을 판매하고 있다는 점이었습니다. 온라인사전에만 거의 전적으로 의지하는 오늘날 이 사전들이 판매가 잘 될까 하는 의구심이 살짝 들었습니다.

독자 서점

상하이 '독자(讀者)' 서점

1981년부터 월 2회 발간되고 있는 종합문예지 독자(讀者)는 중국의 유명한 잡지 중 하나입니다. 이 잡지를 발행하고 있는 출판사(读者出版传媒股份有限公司)가 이 잡지를 중심으로 한 서점도 운영 중인데요, 사진은 2018년 상하이 와이탄에 설립된 '독자·와이탄 플래그숍(读者·外滩旗舰店)'의 모습입니다. 고급스럽고 아늑한 분위기입니다. 그러나, 오프라인 서점의 퇴조를 반영하듯 설립된 지 5년만인 2023년 9월 문을 닫았습니다.

결국 현재 중국의 오프라인 서점들은 단순히 책을 판매하는 것만으로는 경쟁력을 확보할 수 없다는 것을 잘 알고 있습니다. 책 이외에 굿즈, 음료수 등을 판매하거나 독서토론 등 사교모임의 장소 제공, 이벤트 행사 등 다양한 고객 유치를 위해 노력하는 이유입니다.

북페어 1   북페어 2

상하이도서전시회(上海书展)

2023년 8월에 개최된 제19회 상하이도서전시회 모습입니다. 코로나 19로 인해 4년 만에 개최된 전시회였습니다. 사전 예약을 해야 입장할 수 있었는데요, 350여 출판사에서 18만 종의 서적을 전시하고 할인해서 판매했습니다. 일주일간 개최된 행사의 입장객이 30만 명을 넘었습니다. 이렇게 보면 오프라인 서점의 생명력이 완전히 사그라들지는 않은 것 같다는 생각도 듭니다. 특히, 상하이 시민들의 연평균 독서량은 2023년 기준 12.4권에 달해[73] 전국 평균(8.2권)을 크게 뛰어 넘는 수준이었습니다.

06

사회주의 국가인 중국에 민영은행
(Private Banks)이 존재하나요?

중국의 은행업은 대형상업은행이나 주식제상업은행이 핵심적인 지위를 차지하고 있는데요, 이들 은행들은 주로 정부 소유이거나 혹은 정부가 대주주로서 절대적인 영향력을 행사합니다. 이런 상황에서 민간자본이 은행 주식 매입 등을 통해 은행업에 일부 진출하는 경우는 있었으나, 중국에서 100% 민간자본이 투자한 민영은행 설립은 매우 늦게 이루어졌습니다. 2014년 7월 설립된 위뱅크(微众銀行, Webank), 민상(民商)은행, 금성(金城)은행 등 세 개 은행이 시초입니다. 지금으로부터 불과 10년 밖에 되지 않으므로 엄청나게 늦은 것 같지만 사실 우리나라의 경우에도 1961년~1983년 중 모든 은행이 정부 소유였으며 1990년대 초반까지도 국유은행이 다수[74]였던 점을 감안하면 꼭 그렇지는 않다고도 할 수 있습니다. 제가 일반적으로 생각하는, 중국이 한국에 뒤처져 있다고 생각하는 기간인 20~30년 정도가 여기에도 들어맞습니다. 단순히 국제 스포츠 행사에 불과하다고는 하지만 올림픽을 개최한 시기를 봐도 그런데요, 우리나라가 1988년이고 중국이 2008년 이었습니다. 물론 중국이 우리보다 앞서 있는 부분도 당연히 있지요. 예를 들어 항공우주산업입니다. 다만, 지극히 주관적으로 볼 때, 사회제도나 국민들의 의식 수준 등 여러 부문에서 체감하는 중국의 발전 수준은 그 정

위뱅크 본부

위뱅크 본부

중국에서 100% 민간자본이 투자한 민영은행은 2014년에 최초로 설립되었습니다. IT 기업인 텐센트가 투자한 위뱅크(微众銀行, Webank)는 이때 설립된 3개 은행 중 하나입니다. 2023년 말 총자산이 5,356억 위안(약 99조 원)으로 중국에서 자산 규모가 가장 큰 민영은행입니다. 이는 우리나라 카카오뱅크의 약 1.8배 정도 되는 수준입니다.

중국금융론

도라고 느낀다는 말입니다. 당연히 선진국에서 우리나라를 볼 때는 또 비슷한 생각을 하겠지요.

민영은행은 과점화된 은행산업의 경쟁을 촉진하고 중소기업 및 자영업자의 자금난을 완화하기 위해 도입된 것입니다. 2014년 최초 설립 이후 민영은행은 서서히 증가하여 2024년 6월 기준으로 19개 은행이 영업 중입니다. 특히 절반정도인 8개가 오프라인 지점이 없는 인터넷 전문은행입니다. 민영은행 중 가장 규모가 큰 은행인 위뱅크는 IT 기업인 텐센트가 지배주주인 은행으로 우리나라의 카카오뱅크와 비슷하다고 보시면 됩니다. 2023년 말 기준으로 위뱅크의 총자산은 5,356억 위안(약 99조 원)으로 카카오뱅크(54조 원)의 두 배에 약간 못 미치는 규모였습니다. 위뱅크의 2018년 총자산 규모가 2,200억 위안(약 40조 원)이었던 점을 감안하면 불과 5년 만에 두 배 이상 급성장한 수치입니다. 한편 알리바바가 설립한 마이뱅크(网商銀行, Mybank)가 위뱅크에 이어 두 번째 규모를 지닌 민영은행인데요, 총자산은 2023년 말 기준으로 4,521억 위안(약 84조 원) 위안이었습니다.

2023년 말 기준으로 민영은행 중 위뱅크와 마이뱅크 이외에 세 개의 은행이 총자산 1천억 위안 이상을 기록했습니다.[75] 한편 민영은행 전체의 총자산도 2018년 0.6조 위안에서 2023년 1.9조 위안으로 세 배 이상 증가하였으며, 전체 상업은행에서 차지하는 비중도 0.3%에서 0.5%로 상승하였습니다. 이러한 수치들을 보면 민영은행들이 중국 전체 은행 산업에서 차지하는 비중이 아직은 미미하지만 꾸준히 성장하고 있는 상황이라고 할 수 있겠습니다.

마이뱅크

  그러나, 문제가 없는 것은 아닙니다. 특히 추가적인 증자 조건이 까다롭다는 점 등으로 인해 자기자본 비율이 지속적으로 하락하고 예대비율이 증가하는 것은 대표적인 문제점으로 지적되는 부분입니다. 민영은행 평균 자기자본비율은 2017년 3월 21.5%에서 2024년 3월 12.6%까지 하락한 상황입니다. 2024년 3월 중국 상업은행 전체 자기자본비율인 15.4%보다 크게 낮은 수준입니다. 또한 2023년 말 기준 상업은행 평균 예대비율이 78.7%인데 반해, 민영은행은 이 비율이 훨씬 높았으며 100%를 넘는 은행도 여러 개입니다. 위뱅크는 110.7%, 마이뱅크는 90.9%에 달했습니다.[76]

07

중국 은행업에서 눈여겨봐야 할
은행으로는 무엇을 들 수 있을까요?

중국에서 은행이라고 이름이 붙여진 금융기관만 4천 개가 넘는다는 것과 그중 대형상업은행과 주식제상업은행이 중추적인 위치를 차지한다고는 이미 말씀드렸습니다. 그렇다면 이 두 종류의 은행 이외에 중국 은행업에서 중요하고 핵심적인 역할을 하는 은행이라고 한다면 무엇을 들 수 있을까요?

여러 가지 기준으로 다양하게 꼽을 수 있을 것 같습니다. 우선 중국 은행업협회가 매년 발표하는 중국 100대 은행 명단을 보면 중국 은행업 현황을 개괄적으로 알 수 있습니다. 2024년 8월 발표된 '2024년 중국 100대 은행 명단[77]'을 보면 2023년도 자기자본을 기준으로 규모, 수익창출 능력, 효율성 등을 평가하여 순위를 정했는데요, 이 100대 은행은 중국 전체 상업은행 자기자본의 95.1%, 총자산의 89.9%, 순이익의 97.1%를 차지하였습니다. 사실상 이들 은행이 중국 은행업의 핵심을 차지하고 있다고 할 수 있습니다. 이들 100대 은행의 분포를 보면 각각 대형상업은행 6개, 주식제상업은행 12개, 도시상업은행 56개, 농촌상업은행 17개, 민영은행 2개, 외자은행 7개입니다. 짐작하셨다시피 국유상업은행과 주식제상업은행은 전부 이 명단에 포함되어 있는 것을 알 수 있습니다. 그리고, 도시상업은행은 50%, 농촌상업은행은 1%, 민영은행은 10%, 외자은행은 17% 정도가 각각 포함되어 있는 수준입니다.

두 번째 방법은 주식시장 상장 여부로 판단하는 것입니다. 상장되어 있다는 사실 자체가 이미 그 은행이 규모, 수익성, 건전성, 지배구조 등에서 어느 정도의 기준 이상이라는 의미를 내포하고 있기 때문입니다. 현재 중국에서 은행이 상장하기 위해서는 상업은행법(中华人民共和国商业银行法)에서 정하는 기준을 충족하여 일단 은행 설립이 되어야 합니다. 최저자본금 기준이 대표적입니다. 예를 들어 설립 시 최저자본금의 경우 주식제상업은행은 10억 위안, 도시상업은행은 1억 위안, 농촌상업은행은 5천만 위안 이상이라는 요건을 충족해야 합니다. 그리고, 은행이 상장하기 위해서는 다시 회사법(中华人民共和国公司法)상의 상장 요건들을 충족시켜야 합니다. 예를 들어 이 요건들에는 3천만 위안 이상의 주식을 발행해야 하며 이 중 25% 이상은 반드시 공모를 통해 발행할 것[78], 최근 3년간 중대한 위법행위가 없었을 것 등이 포함됩니다. 이러한 여러 가지 기준을 통과하여 2023년 말 현재 중국 상하이 및 선전 주식시장에 상장되어 있는 은행은 모두 42개입니다. 이를 은행 종류별로 보면 대형상업은행 6개, 주식제상업은행 9개, 도시상업은행 17개, 농촌상업은행 10개입니다. 다수는 상하이 주식시장에 상장되어 있는데요, 주식제상업은행 중 하나인 평안은행(平安銀行)이 션전 주식시장에 상장되어 있는 것은 대표적인 예외입니다. 평안은행은 다른 은행처럼 베이징이나 상하이가 아니라 션전에 본점을 두고 있기도 합니다. 한편 홍콩 주식시장에 상장되어 있는 은행은 32개인데요, 이 중 14개의 은행은 상하이·션전(A주)과 홍콩(H주) 시장에 모두 상장되어 있으니, 홍콩에만 상장되어 있는 은행은 18개입니다. 후자의 경우 도시상업은행들이 대부분을 차지하고 있으며, 발해은행(渤海銀行)은 주식제상업은행 중 유일하게 홍콩에만 상장되어 있는 은행입니다.

마지막 방법은 인민은행과 금융감독관리총국이 매년 상장은행 중 규모, 연관성, 대체가능성 및 복잡성 등의 기준으로 선정한 '시스템적으로 중요한 은행(系統重要性銀行)'의 명단을 보는 것입니다. 상장은행 중 특히 더 중요하다고 판단되어, 이들 은행들은 여타 은행보다 더 특별한 감독 기준을 충족해야 하는 의무가 있습니다. 문제가 발생했을 때 미치는 영향이 그만큼 더 크다는 의미이겠지요. 예를 들어 추가적인 자기자본적립 의무를 지게 됩니다. 총자본에서 보통주를 통해 조달되는 자본의 비율을 의미하는 '보통주자기자본 적립비율'의 경우 2023년 현재 7.5%가 기준인데요, 시스템적으로 중요한 은행들은 5개의 등급별로 0.25%~1.5%의 추가적인 자기자본을 적립해야 합니다. 2023년 9월 발표된 '시스템적으로 중요한 은행'에는 총 20개 은행이 선정되었는데요, 대형상업은행 6개, 주식제상업은행 9개, 도시상업은행 5개가 포함되었습니다. 대형상업은행 전부와 함께 주식제상업은행으로는 초상,

흥업, 중신, 포발, 광대, 민생, 평안, 화하, 광발 은행이 선정되었습니다. 그리고 도시상업은행으로는 닝보, 지앙수, 상하이, 난징, 베이징 은행이 포함되었습니다. 사실 이 명단은 글로벌 금융위기 이후 금융안정위원회(FSB)와 바젤은행감독위원회(BCBS)가 매년 글로벌 은행을 대상으로 선정하여 발표하는 '시스템적으로 중요한 글로벌 은행(G-SIBs; Global Systemically Important Banks)'의 중국판이라고 할 수 있습니다. G-SIBs는 규모가 크고 금융시스템 내 상호연계성이 높아 부실화 또는 도산 시 금융시스템에 광범위하고 중대한 영향을 미칠 수 있는 은행을 의미합니다. 2023년 11월에 발표된 G-SIBs 명단에는 29개 은행이 선정되었는데요, 이 중 중국계 은행으로는 중국, 공상, 농업, 건설, 교통 등 5개 대형상업은행이 포함된 바 있습니다.

동아은행

동아은행(東亞銀行, Bank of East Asia)

중국은행업협회가 발표한 '2023년 중국 100대 은행'에는 총 7개의 외자은행 현지법인이 포함되어 있는데요, 홍콩의 동아은행도 그중 하나입니다. 동아은행은 1920년대에 상하이에 진출하면서 처음 중국에 발을 들여놓았는데요, 2007년에 현지법인을 설립하였습니다. 2023년 말 현재 중국에 진출해 있는 외자은행 현지법인은 모두 41개인데요, 동아은행은 1,860억 위안의 총자산을 보유하여 외자은행 중 3번째로 규모가 큰 은행입니다. 사진은 1930년대 상하이의 동아은행 모습입니다.

발해은행

발해은행(渤海銀行)

2005년 설립된 발해은행은 주식제상업은행 중 유일하게 홍콩에만 상장되어 있다는 특징이 있습니다. 상장 시기도 비교적 늦은 2020년 이었습니다. 그리고, 금융기관으로는 드물게 천진(天津)에 본점이 있기도 하지요. 2023년 말 기준 1.7조 위안의 총자산을 운영 중이며 이는 주식제상업은행 12개 중 11번째 순위입니다.

CHAPTER

04

주식제도

01

중국에서 주식시장은 어떻게 성립
하고 발전하게 되었는지요?

  세계 최대의 증권거래소가 어디인지 아십니까? 아마 짐작하셨겠지
만 바로 미국 뉴욕증권거래소입니다. 1792년에 설립되었으니 역사가
이미 200년이 훨씬 넘는 이 거래소는 상장된 기업의 시가총액 면에서
도 압도적인 1위를 차지하고 있습니다. 그럼, 중국은 어떨까요? 상하이
증권거래소가 1990년, 선전증권거래소가 1991년에 출범하였으니 이
제 30년이 조금 넘었습니다. 1956년에 증권거래소가 생긴 우리나라보
다도 30년 이상 늦은 셈입니다. 그런데도 불구하고 상하이 및 선전 증
권거래소는 상장 기업의 시가총액 면에서 이미 글로벌 10위 안에 들어
갈 정도로 급성장하였습니다. 거래소 전체로는 미국에 이어 중국이 시
가총액 2위를 차지하고 있지요. 불과 20여 년 전인 2000년만 해도 중

국 주식시장 시가총액은 0.6조 달러로 글로벌 전체 주식시장 시가총액 (30.9조 달러)의 2%에 불과했습니다. 그러나 이후 급성장하면서 중국 주식시장 시가총액은 2014년 일본을 앞지르며 2위를 차지한 이후 줄곧 이 순위를 유지 중입니다. 2022년 기준으로는 11.4조 달러로 글로벌 전체(101.4조 달러)의 11%를 차지하고 있습니다.[79] 한편 2023년 기준으로는 10.9조 달러로 다소 감소하였는데요, 이는 미국(50.8조 달러)의 약 1/5 수준입니다. 중국이 총 경제규모에서는 미국의 60~70%까지 따라잡았음

상하이증권거래소

상하이증권거래소 앞의 황소 동상

상하이증권거래소

상하이증권거래소는 중국의 3대 증권거래소 중 가장 빠른 1990년에 출범하였습니다. 왼쪽 사진은 1997년~2020년 사용된 거래소의 모습입니다. 그리고, 오른쪽 사진은 2020년 이후 사용 중인 현재의 거래소 건물 앞에 세워져 있는 황소 동상입니다.

에도 불구하고, 금융화 수준이나 금융시장 규모 등에서는 아직 미국의 상대가 되지 않는 수준임을 알 수 있습니다.[80]

선전증권거래소

선전증권거래소 황소 동상
불 마켓(bull market)을 기원하며 선전증권거래소 앞에 세워져 있는 황소 동상입니다.

특히 주목해야 하는 것 중 하나는, 중국의 주식시장은 출발부터 다른 나라와는 사정이 달랐다는 점입니다. 주로 민간 기업이 자금을 조달하기 위한 목적으로 주식시장에 상장하는 일반적인 경우와는 달리 중국은 국유기업의 상장 및 민영화를 통한 시장경제체제 수립의 채널로 활용하기 위한 목적으로 주식시장이 출범하게 되었습니다. 즉, 1989년의 천안문 사태 이후로 잠시 주춤했던 중국경제의 개혁개방 정책이 다시 재개되었을 때 시장경제 요소를 폭넓게 도입하자는 취지에서 탄생한 것이 바로 주식시장입니다. 말하자면 자본주의의 꽃이라 할 수 있는 주식시장을 적극 활용하여 개혁개방 정책을 성공시키고자 하는 의도였습니다.

1993년 소위 '사회주의 시장경제' 헌법을 채택한 중국 정부는 우량 국유기업을 중심으로 증시 상장을 본격적으로 추진하였으며 이에 따라 주식시장 규모도 급증하기 시작하였습니다. 여기에서 사회주의 시장경제란 사회주의 국가인 중국이 시장경제 요소를 도입하기 위해 고안한 개념입니다. 한 마디로 말해 '계획'과 '시장'은 경제적 수단일 뿐으로 이것이 사회주의와 자본주의의 본질적 차이를 구분 짓는 요인은 아니라는 이야기입니다. 따라서 중국이 자본주의의 핵심 제도 중 하나이자 시장경제 성격이 강한 주식시장 제도를 도입하여 활용하는 것은 전혀 모순이 아니라는 의미이기도 했습니다.

그러나 이 과정에서 중국 정부로서는 한 가지 곤란한 문제에 부닥치게 됩니다. 시장경제 요소의 도입은 좋은데, 그 정도가 지나쳐서 사회주의 국가의 정체성을 뒤흔들 우려가 생긴 것입니다. 예를 들어 국유기업을 주식시장에 상장하는 것은 좋은 일이지만, 그 과정에서 국유기업의 주식이 분산화 되면 정부의 통제력이 약화될 수 있다는 의미입니다. 정부와 당의 주도권이 절대적인 사회주의 시장경제 내지 국가자본주의를 채택하고 있는 중국으로서는 용납할 수 없는 일이지요. 결국 국유기업 상장으로 초래될 수 있는 경영권의 사유화를 방지하기 위해 한 가지 특이한 제도가 등장하게 됩니다. 이것이 바로 유통주(Tradable shares)와 비유통주(Non-tradable shares)를 구분하여 발행하는 제도입니다. 유통주란 우리가 흔히 말하는 일반적인 주식을, 비유통주란 주주로서의 권리를 보유하지만 시장에서의 매매가 불가능한 주식을 의미합니다. 주식시장 설립 초기에 중국정부가 국유기업을 상장할 당시에는 발행주식의 30%를 유통주로 상장하고 나머지 70% 정도를 비유통주로 지정하였습니다. 그리고, 이 비유통주는 국가가 소유(국유주) 하거나 종업원에게 할당(종업원주) 하였으며, 그 거래도 제한하였지요. 당연히 이런 제도는 기형적인 주식제도라고 할 수 있습니다. 비유통주의 존재는 대주주에 의한 유통 소액주주의 권리 침해, 비유통주를 방출할 경우 주식의 공급과잉에 의한 주가급락 우려 등을 함유하고 있어 많은 비판을 받아왔습니다. 그래서 1999년과 2001년에 비유통주의 장외거래를 일부 허용하면서 유통주 전환을 시도하였으나 주식 과잉공급 우려에 따른 주가폭락으로 시행이 곧 중단된 바 있습니다. 이후 공급과잉 우려를 불식시키기 위한 조치를 보완[81]하면서 2005년부터는 비유통주의 거래를 주식거래소 내에서 가능토록 하는 제도가 본격적으로 시작됩니다. 시간이 흐르면서 거래 허용 비율이 높아짐에 따라 중국 주식시장에서의 비유통주 비율은 점차 하락하고 있습니다. 2006년에 72%에 달했던 비유통주 비율은 2024년 10월 9%[82]까지 내려왔습니다. 이처럼 비유통주의 유통주로의 개혁을 추진한 것은 주주를 분산시키고, 유동성을 확대하여 주식시장을 활성화 시키려는 목적이 컸습니다. 아무래도 비유통주의 비중이 큰 상황에서 주식 거래가 활성화되기는 어려운 것이었을테니까요. 그래도 여전히 중국 주식시장에서 비유통주 비중은 발행 주식 수나 시장가격 기준으로 평가할 때 10%대 초반을 유지하고 있는 상황입니다. 국유기업 주식의 상당 부분이 아직도 비유통주로 묶여 있기 때문입니다. 2022년 말 기준으로 5,000여 개의 상장 기업 주식 중 무려 903개 기업 주식의 유통주 비율이 40% 미만입니다. 유통되는 주식 비율이 20%에 못 미치는 상장기업도 211개에 달했습니다.[83] 2023년 말 GDP대비 전체 주식 시가총액 비중은 68%인데요, GDP대비 유통 주식 시가총액 비중은 53%입니다. 이 차이인 15%p, 즉 금액으로는 약 18.5조 위안(약 3,400조 원)의 주식이 여전히 비유통주였다는 의미입니다.

참고로 중국에서 최초로 발행된 주식은 1984년 7월의 베이징티엔치아오 백화점(北京市天桥百货股份有限公司) 주식입니다. 최초 발행액은 300만 위안이었습니다. 이 주식은 1993년 상하이거래소에 상장되었으나, 이후 기업경영이 부실해지면서 퇴출되어 지금은 거래되지 않습니다. 한편, 공개주식발행(IPO)을 통해 최초로 자금을 모집한 기업은 1984년 11월의 상하이페이위에 음향주식회사(上海飞乐音响股份有限公司)였습니다. 최초 발행 주식 수량은 1만주, 금액은 50만 위안이었습니다. 상하이거래소 설립 이전이었으므로 이 주식은 당시 중국공상은행 신탁업무부(中国工商银行上海静安信托业务部)를 통해 거래를 시작하였으며, 1990년 12월 상하이거래소가 설립되면서 동 거래소로 이전되었습니다. 이 기업이 유명해진 것은 1986년 11월 당시 중국 최고 지도자 덩샤오핑이 중국을 방문했던 페란(J.J. Phelan Jr.) 미국 뉴욕증권거래소 이사장에게 이 기업의 주식을 기념품으로 선물하면서였습니다. 이 사건 이후로 상하이페이위에 음향주식회사는 중국 주식제도 개혁의 상징이 되었습니다. 이 주식은 지금도 거래되고 있습니다.[84]

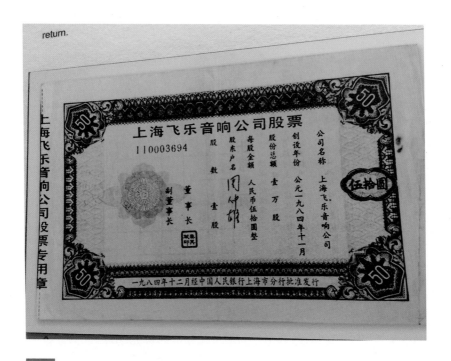

상하이페이위에 음향주식회사 주식

중국 최초로 공개주식발행(IPO)을 실시한 기업인 상하이페이위에 음향주식회사의 주식

1984년 공개주식발행을 실시하며 중국 주식제도 개혁의 상징이 된 상하이페이위에 음향주식회사의 주식 견본입니다(상하이 증권거래소 투자자교육센터).

중국인들에게 가장 널리 알려진 대표적인 청백리 인물이자 명판관이라면 흔히 두 명의 역사적 인물이 꼽힙니다. 바로 당(唐)의 디런지에(狄仁杰)와 송(宋)의 빠오정(包拯)입니다. 드라마로 유명한 포청천(包青天)은 바로 후자 빠오정의 별명입니다. 이들을 주인공으로 한 소설, 드라마, 영화, 전설 등이 많이 있습니다. 제가 처음 중국 생활을 할 때 즐겨 보았던 2004년 TV드라마 시리즈 명탐정 디런지에(神探狄仁杰)가 아직도 기억에 남아 있습니다. 그로부터 20년 후인 2024년 2월에는 디런지에를 주인공으로 한 새로운 드라마 시리즈로 다당디공안(大唐狄公案)이 다시 절찬리에 방영되었습니다. 이 드라마는 특히 네덜란드의 외교관으로 중국에 근무했던 로베르트 반 훌릭(Robert van Gulik)의 소설을 원작으로 하고 있습니다. 10여 개 이상의 외국어에 능통했던 그가 당나라의 디런지에를 주인공으로 쓴 일련의 추리소설들은 전 세계 29개 언어로 번역되어 38개 국가에서 출판되었습니다. 물론 우리나라에도 몇 권이 나와 있습니다.[85]

그런데, 디런지에나 빠오정이 지금까지도 사람들의 기억 속에 살아

빠오정

빠오정(包拯)을 형상화한 경극 주인공 모습
우리에게는 포청천(包青天)으로 잘 알려져 있는 송(宋)대의 명판관 빠오정을 경극(京劇)에서 형상화한 모습입니다. 참고로, 경극에서 검은색으로 표현되는 인물은 용맹과 지혜로움을 상징합니다.

중국금융론

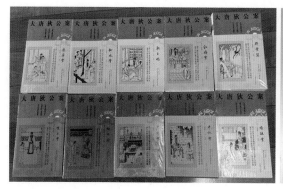

디런지에 소설 시리즈

디런지에 초상

디런지에(狄仁杰)를 주인공으로 한 소설 다당디공안(大唐狄公案)

대중적으로 가장 널리 알려진 중국의 대표적인 청백리 두 명을 꼽으라면 송(宋)의 빠오정(包拯)과 당(唐)의 디런지에(狄仁杰)를 들 수 있습니다. 디런지에를 주인공으로 한 소설과 드라마, 영화 등도 숱하게 많은데요, 사진은 네덜란드의 중국 주재 외교관으로 중국인과 결혼했던 로베르트 반 훌릭(Robert van Gulik)이 쓴 소설시리즈와 디런지에의 초상입니다.

숨 쉬고 있다는 것은 어찌 생각해 보면 이들처럼 생활하기가 쉽지 않다는 의미이기도 합니다. 특히 정부 관리가 공명정대한 청백리로 살아내기가 보통 일이 아니라는 말입니다. 고대 시대부터 중앙집권적인 정치제도를 유지해 온 중국에서는 정부의 영향력이 막강했고, 당연히 공권력을 행사하는 정부 관리의 권력이 지대했습니다. 소위 관존민비(官尊民卑)의 사상이지요. 이런 상황에서는 누구나 유혹을 받기 마련입니다. 공과 사를 구별하면서 공익을 철저하게 추구하기보다는 부패하기 쉬운 상황입니다.

소위 국가자본주의(state capitalism) 체제를 운영하고 있다는 평가를 받는 현재의 중국도 이런 상황에서 자유롭지 않습니다. 더구나 중국은 공산당 일당 독재를 70년 넘게 해오고 있는 국가입니다. 이는 공산당 자체의 자정 능력이 없다면, 선거에 의해 정권이 교체되는 다른 국가와는 달리 매우 급격하게 부패할 가능성이 크다는 의미입니다. 중국공산당도 당연히 이러한 사실을 잘 알고 있습니다. 시진핑 국가주석이 집권 후 내세운 반부패 정책 구호도 '호랑이든 파리든 때려잡겠다(打虎拍蝿)'였습니다. 여기에서 호랑이는 고위 관료를, 파리는 하층 관료를 의미하는 말입니다.

매년 중국의 감찰기관인 중앙기율위원회[86]에서는 전년도에 부정부패 등으로 처벌 받은 당원 및 공무원 현황을 발표하고 있습니다. 1년 동안 당 및 정무 기율을 위반하여 처벌 받은[87] 공산당원 및 공무원 수가 2013년 18만 명에서 2023년은 무려 61만 명으로 증가하였습니다. 이 중 장차관급만 해도 49명, 국장급은 3,144명에 달했습니다. 이는 부정부패 등과 관련된 감찰 기준이 그만큼 강화되었음을 의미합니다. 중국경제의 급성장에 따라 관련 부패의 범위와 정도가 늘어났으며 더 이상 이런 상황을 묵과할 경우 정치·사회적 안정을 해칠 정도에 이르렀다는 판단 하에 이루어진 조치로 생각됩니다. 심지어 2023년부터는 뇌물수수로 처벌을 받은 인원을 구체적으로 발표하기 시작하였습니다. 2023년은 1.7만 명이 뇌물수수로 처벌을 받았고, 수수금액이 과도하여 사법기관에 이송된 인원도 3,389명에 달했습니다. 한편 현재 중국에서는 공무원이나 국유기업 직원이 공금횡령을 했을 경우 매우 엄격한 법적처분을 받고 있습니다. 금액이 커서 끼친 손실이 크다고 판단될 경우 사형, 무기징역 및 재산몰수 등의 처분이 따릅니다. 통상 3백만 위안(약

5억 원) 이상이면 금액이 크다고 판단하는 것으로 알려져 있습니다. 예를 들어 2024년 5월 중국 법원은 담배전매국(烟草专卖局) 부국장 출신의 공무원에 대해 사형유예(判处死缓) 판결을 내린 사례가 있습니다. 여기에서 사형유예 판결은 일단 사형을 선고하되 2년간 수감 생활을 지켜본 뒤 무기징역으로 감형할 수 있는 중형입니다. 재직 중 그가 받은 뇌물 액수는 9.4억 위안(약 1,700억 원)으로 알려졌습니다. 2023년 12월에도 은행업감독관리위원회 부주석 출신의 한 인사가 4.1억 위안(약 760억 원)의 뇌물수수 혐의로 역시 사형유예 판결을 받았습니다. 문제는 이런 사례가 계속해서 나오고 있다는 겁니다. 쉽지 않은 문제입니다.

19세기 영국의 역사가이자 정치가인 액튼(J.E. E.Dalberg-Acton)경이 권력에 대해 남긴 유명한 말을 항상 유념해야 할 것 같습니다. "Power corrupts. Absolute power corrupts absolutely."(권력은 부패한다. 절대 권력은 절대적으로 부패한다.)

02

중국에서 주식시장 감독기관은
어디인가요?

중국에서 주식시장을 감독하는 기관은 1998년 설립된 '증권감독관리위원회(CSRC; China Securities Regulatory Commission)'입니다. 이 위원회는 현재 중국에서 주식 및 채권 등 증권 발행과 유통에 대한 최고 감독권을 가진 기관입니다.

1990년대 초까지는 중앙은행인 인민은행이 증권시장을 포함하여 모든 금융시장에 대해 감독권을 가지고 있었습니다. 그러다가 1992년에 증권시장 감독을 전문화해야 할 필요성이 제기되면서 인민은행의 관련 부문 감독권이 분리되었습니다. 이후 1992년에서 1997년까지는 과도기적인 시기였습니다. 즉, 당시의 증권 감독 체제는 국무원 소속의 '증권위원회'와 전문 증권감독 기구인 '증권감독위원회'로 구성되는 2원적 체제였습니다. 증권위원회는 증권감독 정책을 총괄하는 동시에 증권업에 대한 전반적인 관리를 담당하였습니다. 그리고 증권감독위원회는 증권위원회의 집행기구로서 전국의 증권시장을 감독 및 검사하고 증권시장의 질서 유지 및 운영을 담당하였습니다. 이는 마치 현재 우리나라의 금융위원회 및 금융감독원 체제와 비슷하다고 할 수 있습니다. 이후 증권시장이 급성장함에 따라 감독의 효율성을 위해 위의 두 기구가 통합되어 1998년 드디어 '증권감독관리위원회'가 설립되었으며 오늘날까지 이어지고 있습니다.

2024년 현재 중국의 금융감독 시스템은 일행일회일국(一行一會一局) 즉, 인민은행, 증권감독관리위원회, 국가금융감독관리총국으로 구성되어 있다는 점을 감안할 때 증권감독관리위원회의 역할과 비중은 작지 않습니다. 특히 2023년 3월의 금융감독기구 개편을 통해 증권감독관리위원회는 기존의 국무원 직속법인(사업체)에서 직속기구로 개편되었습니다. 직속기구는 독립된 행정기관으로서의 성격을 지니므로 대외적인 명령 및 지시 기능을 보유하게 됩니다. 즉, 기관의 위상이 강화되는 것이지요. 또한, 이 개편 이후 증권감독관리위원회는 모든 채권 발행 관련 업무를 전담하게 되었습니다. 이전에는 국유기업 회사채는 국가발전개혁위원회가, 민간기업 회사채는 증권감독관리위원회가, 지방정부채는 재정부가 각각 담당하는 구조였는데요, 이를 통합하여 모든 기능과 권한을 증권감독관리위원회로 몰아준 것입니다. 그만큼 더 강력한 권한과 책임을 보유하게 되었다고 할 수 있습니다.

한편 중앙은행인 인민은행에 비해 증권감독 관리 기관인 증권감독관리위원회는 정치적 외풍이나 여론의 압력 등을 더 많이 받는 경향이 있습니다. 수장의 임기만 봐도 그렇습니다. 2024년 현재 설립된 지 75년이 넘은 인민은행 역대 총재는 모두 13명이었습니다. 현재 총재가 2023년에 임명된 것을 감안하면 전임 12명 총재의 평균 임기는 6년이 넘는다는 말입니다. 반면 설립된 지 26년째인 증권감독관리위원회의 역대 주석은 8명이며 신임 주석이 2024년에 임명된 것을 감안할 때 평균 임기는 4년이 채 되지 않습니다. 중국의 장관급 직위 기본 임기가 5년이며 10년을 넘는 경우도 많다는 점을 생각해 보면 매우 짧다는 점을 알 수 있습니다.[88] 주식시장 부진이나 증권 관련 부정부패 사건 발생시 등에 증권감독관리위원회 주석이 책임을 지고 물러나는 경우가 많은 것이 주요 원인으로 지적되고 있습니다.

인민은행

증권감독관리위원회

국가금융감독관리총국

일행일회일국(一行一會一局)

2024년 현재 중국의 금융감독 시스템은 일행일회일국(一行一會一局) 즉 인민은행, 증권감독관리위원회 및 국가금융감독관리총국으로 구성되어 있습니다. 인민은행은 거시건전성 감독을, 증권감독관리위원회는 증권 관련 감독을, 국가금융감독관리총국은 은행 및 보험 등 기타 모든 금융 관련 감독을 수행하고 있다고 보면 됩니다.

03

중국의 주식거래소에 대해 알고 싶습니다.

1984년 최초로 기업 주식이 발행된 이후, 1990년 상하이증권거래소, 1991년 션전증권거래소가 설립되면서 중국의 주식시장은 본격적으로 발전하기 시작하였습니다. 특히 1990년 12월 상하이증권거래소 영업 개시 첫날 최초로 상장되어 거래된 8개의 주식을 '오래된 8개 주식(老八股)'이라고 부르기도 합니다.[89] 이 중 하나가 바로 앞에서 언급한 바 있으며, 최초로 IPO를 시행한 기업인 상하이페이위에 음향주식회사 주식입니다. 그리고 2021년에는 중국의 세 번째 증권거래소인 베이징증권거래소가 설립되었습니다.

이처럼 중국에는 2024년 현재 세 개의 증권거래소가 있으며 상하이와 선전 거래소에는 우리의 '코스피'와 '코스닥'에 해당하는 시장이 각각 있으니 전체적으로 보면 총 다섯 군데의 주식거래 시장이 있는 셈입니다. 즉, 상하이 메인보드(主板) 거래소, 상하이 과학혁신판(科創板) 거

중국 최초의 8개 주식

중국 최초의 8개 주식

1990년 12월 상하이증권거래소 영업 첫날 최초로 상장되어 거래된 8개의 주식을 흔히 '오래된 8개 주식(老八股)'이라고 부릅니다. 이 중 2023년 현재 4개 주식만 살아남아 거래 중입니다. 사진은 상하이 은행박물관에 전시 중인 이 8개 주식 실물입니다.

베이징증권거래소 1   베이징증권거래소 2

베이징증권거래소

베이징증권거래소는 중국의 3대 증권거래소 중 가장 늦은 2021년 설립되었습니다. 첨단기술이나 서비스 혁신형 중소기업의 자본시장 자금조달 지원이 목적입니다. 2023년 말 현재 239개 기업이 상장되어 있고 시가총액은 4,355억 위안이었습니다. 상장 기업 수나 시가총액 등에서 상하이거래소(2,263개, 45.9조 위안)의 약 1/10 수준입니다.

래소, 션전 메인보드(主板) 거래소, 션전 창업판(創業板) 거래소 및 베이징 거래소가 각각 이들입니다. 여기에서 과학혁신판과 창업판은 기술기업, 벤처기업, 중소 창업기업 등을 지원하기 위한 시장으로 중국판 '나스닥'이라고 보시면 됩니다. 우리나라 '코스닥'과도 비슷하지요. 상하이 과학혁신판과 션전 창업판은 개설된 거래소(상하이 vs 션전), 개설 시기

(2019년 vs 2009년), 거래 단위(200주 vs 100주), 투자자 최저조건(20일 거래일 일 평균 자산 50만 위안 이상 vs 10만 위안 이상) 등에서 차이가 있으나 기본 성격은 동일합니다. 참고로, 여기에서 메인보드 거래소의 경우와는 다르게 투자자에 대한 최저조건을 둔 것은 아무래도 신생 상장기업이 거래되다 보니 관련 리스크가 크므로 어느 정도 자본력을 갖춘 투자자들만 참여가 가능하도록 하기 위해서입니다. 2024년 10월 21일 기준으로 과학혁신판 상장기업은 576개, 시가총액은 6.2조 위안이었으며 창업판은 상장기업 1,355개, 시가총액은 12.6조 위안이었습니다. 아무래도 창업판이 더 역사가 오래되었고 투자자 최저조건도 더 낮다 보니 더 많은 기업들이 쉽게 상장하고 시가 총액도 큰 것으로 보입니다.

한편 2023년 1년 동안 중국의 증권거래소에 상장된 기업은 총 313개였는데요, 이 중 선전 창업판에 110개, 베이징 거래소에 77개, 상하이 과학혁신판에 67개, 상하이와 선전 메인보드 시장에 59개가 각각 상장되었습니다.[90]

위에서 언급한 다섯 군데의 거래소 중에서 상장 조건이 가장 용이한 거래소가 베이징 거래소입니다. 상장 조건에는 여러 가지가 있는데요, 그중 2023년 기준 순이익 조건 하나만을 예로 들어 볼까요? 상하이 및 선전 메인보드 시장의 순이익 최저 요건은 최근 3년 순이익 합계가 1.5억 위안 이상, 최근 1년 순이익은 0.6억 위안 이상입니다. 상하이 과학혁신판과 선전 창업판은 최근 2년 순이익 합계가 0.5억 위안 이상입니다. 반면 베이징 거래소는 최근 2년 순이익이 각각 0.15억 위안 이상이면 상장이 가능합니다.

베이징 거래소는 우리나라의 '코넥스'와 비슷한 성격을 지닌 거래소라 할 수 있는데요, 2021년 11월 개장한 신생시장입니다. 첨단기술이나 서비스 혁신형 중소기업의 자본시장 자금조달 지원이 목적인 거래소로 주가의 일일 상하한 제한폭도 ±30%로 가장 넓습니다. 반면 메인보드 시장의 주가 일일 상하한 제한폭은 ±10%, 과학혁신판과 창업판의 제한폭은 ±20%입니다. 베이징 거래소에서 기업을 성장시킨 후 션전 칭입판 거래소나 상하이 과학혁신판으로 옮겨서 상장시킬 수 있을 것이고, 이후 더 크게 성장하여 발전한다면 션전이나 상하이의 메인보드에도 상장할 수 있겠지요. 이처럼, 중국의 주식거래소 또한 다른 나라와 비슷하게 기업의 성장주기에 따라서 이동하며 상장할 수 있도록 계층화되어 있는 시장이라 할 수 있습니다.

최초 상하이증권거래소 건물-푸지앙호텔

두 번째 상하이증권거래소 건물　　　　　　세 번째 상하이 증권거래소 건물

상하이증권거래소

상하이증권거래소는 중국의 3대 증권거래소 중 가장 빠른 1990년에 개장하였습니다. 시가총액이나 상장된 기업의 면면 등에서도 중국의 가장 대표적인 증권거래소라고 할 수 있습니다. 2024년 10월 21일 기준으로 상하이증권거래소 상장주식 시가총액은 50.9조 위안이었습니다. 션전증권거래소가 32.5조 위안으로 약 60% 수준이며, 베이징증권거래소는 1% 내외인 0.5조 위안에 불과합니다.

한편 상하이증권거래소는 1990년 설립 이후 1997년 이전할 때까지 현재의 푸지앙호텔(浦江饭店) 건물을 사용했습니다. 2018년에는 이 호텔 건물 일부에 중국증권박물관(中国证券博物馆)을 설립하여 관련 유물 등을 전시 중이지요. 그리고, 1997년에서 2020년까지 업무를 수행한 두 번째 건물이 우리가 흔히 사진에서 많이 본 상하이증권거래소의 모습입니다. 한편 2020년에 세 번째 건물인 현재의 자리로 다시 이전하였는데요, 이곳에는 중국금융선물거래소(China Financial Futures Exchange), 중앙국채등기결산공사(China Central Depository & Clearing Co.,Ltd) 등 관련 기관들이 밀집해 있습니다.

참고로 2024년 9월 30일 기준으로 베이징 거래소 상장 기업의 평균 시가는 15.9억 위안입니다. 이는 션전 창업판 거래소(88.8억 위안)나 상하이 과학혁신판 거래소(99.8억 위안) 상장 기업의 약 1/6 수준입니다.

한편 상하이와 션전 거래소는 상장되어 있는 기업들의 성격이나 업종 등에서 차이가 납니다. 상하이거래소가 국유 대형기업 위주로 상장된 반면, 션전거래소는 중소형 민영기업 위주로 상장되어 있습니다. 업종 별로는 상하이거래소의 경우 금융, 에너지, 유틸리티 등의 비중이 높고 션전거래소는 IT, 소비재, 헬스케어 등의 비중이 높습니다. 각 시장의 시가총액을 보면 2024년 10월 21일 기준으로, 상하이거래소가 50.9조

션전증권거래소

션전증권거래소

션전증권거래소는 상하이증권거래소보다 1년 늦은 1991년에 개장하였습니다. 중소형 민영기업이 많이 상장되어 있어서 상장기업 수는 중국의 3대 증권거래소 중 가장 많습니다. 2024년 10월 21일 기준으로 션전증권거래소는 2,841개, 상하이 증권거래소는 2,270개, 베이징증권거래소는 254개 기업이 상장하고 있습니다.

위안, 션전거래소가 32.5조 위안입니다.[91] 상하이거래소가 시가 기준으로 약 1.6배 정도 더 큰 것을 알 수 있습니다. 또한 상장기업 수가 각각 2,270개와 2,841개인 점을 감안하면 상하이거래소에 얼마나 대형기업이 몰려 있는지를 유추할 수 있습니다. 베이징거래소의 경우는 254개 기업이 상장되어 있었으며 시가총액은 5,650억 위안이었습니다. 그런데, 유통주 시가는 3,337억 위안에 그쳐 절반 내외의 주식이 아직 비유통주 상태인 점을 알 수 있습니다. 반면 상하이와 션전 거래소는 비유통주 비율이 10% 내외 수준입니다.

04

중국 주식에 대해 이야기할 때, A주, B주, H주 등의 용어들이 나오던데요, 각각 무엇을 의미하나요?

중국은 주식시장이 개방되어 있지 않습니다. 즉, 외국인인 우리가 중국 주식을 마음대로 사거나 팔 수 없다는 말입니다. 아주 제한적으로만 가능하지요. 외국인의 경우 과거에는 오직 B주 만을 사고 팔 수 있었습니다. B주가 있다는 이야기는 A주도 있다는 이야기일 텐데요... 맞습니다. 중국 주식은 크게 A주와 B주 이렇게 두 가지 종류로 나눌 수 있는데요, A주는 내국인 거래 전용 주식을, B주는 외국인 거래 전용 주식을 각각 말합니다. A주 시장은 내국인을 대상으로 위안화를 이용하여 거래 및 결제가 이루어지는 시장입니다. 반면 B주 시장은 외국인을 대상으로 외국통화인 미달러와 홍콩달러[92]로 거래 및 결제가 이루어지는 시장입니다. 원래 B주 제도는 금융시장이 개방되어 있지 않은 상황에서

154

중국 정부가 외국인투자를 유치하기 위해 1992년 만든 제도입니다.[93] 즉, 외국인은 원칙적으로 B주 만을 사고 팔 수 있다는 의미인데요, 이 B주라는 것은 사실 형식적인 주식입니다. 규모나 상장기업 수 등이 극히 미미하기 때문입니다. 예를 들어 2024년 10월 21일 기준 상하이 주식시장의 경우 A주는 1,690개의 주식이 있으며 시가총액은 44.6조 위안, 하루 거래액은 6,374억 위안이었습니다. 반면 B주는 43개 주식에 시가총액은 992억 위안, 하루 거래액은 3억 위안에 불과했습니다. 시

1992 年 2 月 21 日，上海真空电子器件股份有限公司特种股票真空 B 股在上海证券交易所上市，该股票是新中国有史以来第一只面向境外投资者发行的股票，中国股市向着国际化的道路迈出了第一步。图为真空电子 B 股上市交易的股票。

─────
최초의 B주

최초의 B주인 상하이쩐콩전자주식회사(上海真空电子器件股份有限公司) 주식
1992년 1월 상하이쩐콩전자주식회사가 상하이증권거래소에서 발행한 1억 위안의 B주가 중국 주식제도 역사상 최초의 B주로 기록되어 있습니다(상하이증권거래소 투자자교육센터).

가총액은 전체 거래소의 0.2%, 거래액은 0.05%에 불과합니다.

자, 그렇다면 A주는 외국인이 전혀 사고 팔 수 없다는 의미일까요? 그렇지는 않습니다. 외국인이 A주를 매매하는 방법에는 현재 크게 두 가지가 있습니다. 바로 일정한 자격을 갖추어 중국 정부의 승인을 얻은 기관투자자를 통하는 방법과 홍콩 증권거래소를 통하는 방법이 바로 그것입니다. 이 부분은 뒤의 '중국 주식시장 특징은 무엇인가요? - (2) 주식시장의 비개방'에서 상세하게 말씀드리도록 하겠습니다.

한편 A주와 B주 이외에 중국 관련 주식으로 H주와 레드칩(Red chip)이라는 것이 있습니다. H주는 홍콩에 상장된 중국기업의 홍콩달러표시 주식을 의미합니다. H는 홍콩(Hongkong)을 뜻하지요. 중국자본으로 중국 본토에 설립된 기업이지만 홍콩 주식시장에 상장한 경우입니다. 주로 국유기업입니다. 1993년 7월 상장된 칭다오맥주(青島啤酒)가 최초의 H주입니다. 대표적인 H주로는 이외에도 중국공상은행, 중국건설은행, BYD 등이 있습니다. 예를 들어 중국공상은행은 상하이 주식시장과 홍콩 주식시장에 모두 상장되어 있습니다. 따라서 각 시장에서의 주식가격도 다릅니다. 2024년 10월 21일 종가를 찾아보니 상하이 거래소에서 거래되는 A주는 주당 6.16위안, 홍콩 거래소에서 거래되는 H주는 4.69홍콩달러입니다. 이날 기준환율(1홍콩달러=0.9136위안)을 적용해 보면 H주 가격은 약 4.28위안에 해당합니다. A주 가격이 H주 가격보다 약 44% 높은 수준임을 알 수 있습니다.

그렇다면 레드칩은 무엇일까요? 중국과 중국공산당을 상징하는 색이 붉은 색이라는 점은 다들 아실 겁니다. 에드거 스노(Edgar Snow)가 1937년 펴낸 유명 르포문학 책의 제목도 '중국의 붉은 별(Red Star Over

칭다오맥주

최초의 H주인 칭다오맥주
H주는 홍콩에 상장된 중국기업의 홍콩달러표시 주식을 의미하는데요, 1993년 상
장된 칭다오맥주가 그 시초입니다.

China)'이지요. 구체적으로 레드칩은, 중국 자본이 최대주주로 참여하
여 홍콩을 비롯해 중국 본토 이외의 지역에 설립한 중국 기업의 주식
을 의미합니다. 통신, 금융, 부동산 등 다양한 산업에 분포하고 있습니
다. 이 용어는 주식시장에서 재무구조가 탄탄한 대형우량주를 일컫는
블루칩에서 착안하여, 중국의 상징색인 레드를 써서 홍콩 주식시장의
주식 중 중국자본에 의한 주식을 일컫는 말로 탄생되었습니다. 대표적
인 레드칩으로는 차이나 모바일, CNOOC(중국해양석유총공사), CITIC(중
국중신그룹) 등이 있습니다. 참고로 말씀드리면, 홍콩증권거래소에서는

레드칩을 다시 협의의 레드칩과 중국본토민영기업으로 구분하고 있습니다. 전자는 국유자본에 의해 설립된 중국기업을, 후자는 민간자본에 의해 설립된 중국기업을 의미하는데요, 광의로는 모두 레드칩이라고 불립니다.

이들 H주와 레드칩은 2023년 말 기준으로, 홍콩 주식시장에 상장된 기업 수의 55%, 시가총액은 77%를 차지하고 있어 그 영향력도 절대적입니다. 총 1,447개가 존재하는데요, H주 339개, 협의의 레드칩 176개, 본토민영기업 932개입니다. 이는 2022년 말보다 38개가 증가한 수치입니다. 한편 이들의 시가총액은 23.7조 홍콩달러에 이릅니다.[94] 2023년 일평균 거래금액 기준으로는 홍콩 주식시장의 87%를 차지했지요.

한편 홍콩거래소에 상장되어 있는 중국 기업들은 앞에서 예로 든 중국공상은행처럼 중국 본토에도 상장되어 있는 경우가 대부분입니다. 다만, 일부는 홍콩거래소에만 상장되어 있기도 합니다. 대표적인 IT 기업인 텐센트(腾讯, Tencent)와 인터넷 쇼핑몰 업체인 메이투안(美团, Meituan) 등이 그 대표적인 예라고 할 수 있습니다. 뒤에서 다시 상세히 설명드리겠지만, 상하이 및 션전 거래소를 통한 홍콩 주식 거래를 강구통(港股通)이라고 부릅니다. 자본시장이 완전히 개방되어 있지 않은 중국의 주식투자자들에게 제한적으로 홍콩의 주식을 매매할 수 있는 기회를 제공해 주고 있는 통로인데요, 바로 이 강구통을 통한 홍콩 주식 투자에서 가장 큰 비중을 차지하고 있는 주식이 텐센트와 메이투안 주식입니다. 2023년 1년 동안 강구통을 통한 텐센트 주식 거래 금액만 6,441억 홍콩달러에 달했습니다. 이는 그 해 전체 강구통 거래 금액의 2.6%에 해당하는 수준입니다.

중국의 붉은 별

중국의 붉은 별(Red Star Over China)

에드거 스노가 1937년 펴낸, 중국 공산당에 대한 르포 문학의 고전입니다. 사진은 1961년 Grove Press에서 펴낸 판입니다.

쉬어가는 코너
- 음식배달 천국 중국

점심시간이 되면 상하이 푸동(浦东) 금융가 거리는 도시락 배달 오토
바이 기사들로 장관을 이룹니다. 오프라인 상점과 떨어진 공간에서 상
품을 제공하는 것을 중국어로는 와이마이(外卖, takeout)라고 하는데요,
대표적인 형태가 음식 배달입니다. 물론 이전에도 전화로 주문하고 배
달하는 방식이 있었지만 10여 년 전만 해도 중국인들은 배달을 그리 선
호하지 않았습니다. 그러나 스마트폰의 발달과 전문 애플리케이션의
등장, 그리고 생활방식의 변화 등으로 이제는 음식배달이 중국인들과
떼어 놓을 수 없는 관계가 되었습니다. 전체 외식 산업에서 배달 음식
매출이 차지하는 비중이 2015년만 해도 4.2%에 그쳤으나 2023년에는
29.3%까지 상승하였습니다.[95] 그리고, 중국 음식배달 시장의 양대 거
두가 바로 어러머(饿了么)와 메이투안(美團)입니다. 음식배달 시장 점유

율 측면에서 보면 2023년 현재 어러머가 약 15~20%, 메이투안이 약 60~65%를 점하고 있습니다.

어러머는 2008년 설립된 배달전문업체인데요, 2018년 알리바바에 인수되면서 지금은 알리바바 그룹의 일원입니다. 알리바바는 2023년 말 현재 6개 그룹으로 나뉘어져 있습니다. 타오바오·티몰(Taobao and Tmall), 클라우드(Cloud Intelligence), 디지털커머스(Alibaba International Digital Commerce), 물류(Cainiao Smart Logistics Network), 로컬서비스(Local Services) 및 미디어·엔터테인먼트(Digital Media and Entertainment) 그룹이 바로 이들입니다. 어러머는 이 중 로컬서비스 그룹에 포함되어 있는데요, 2023년 4/4분기 기준으로 해당 그룹의 매출은 152억 위안으로 알리바바 전체 매출의 약 5.4%였습니다. 참고로 어러머와 함께 이 로컬서비스 그룹에 포함되어 있는 대표적인 상품이 중국에서 길 찾기 애플리케이션앱으로 유명한 가오더디투(高德地圖, Amap)입니다.

2023년 기준으로 어러머 직원 수는 약 1.5만 명이며 중국 전국 670여 개 도시, 340만 개 음식점에 연계되어 있고 주문고객은 약 2.6억 명에 이릅니다. 등록된 배달원 수만 300만 명이 넘습니다. 특이사항 중 하나는 2021년 8월부터는 어러머 주문시의 결제 방법 중 하나로 디지털위안화(e-CNY)가 추가되었다는 점입니다.

한편 메이투안은 칭화대학(淸華大学) 공대 출신의 창업자이자 현재 CEO인 왕싱(王興)이 32세이던 2010년 3월 창업한 기업입니다. 이듬해인 2011년 배달앱인 메이투안(美团)을 발표하였고 알리바바 등에서 초기 투자를 받으면서 급성장하였습니다. 2018년에는 홍콩거래소에 상장되었습니다. 그리고, 2023년 5월에는 홍콩에서 현지 배달앱인 키타

(KeeTa)를 출시하였습니다. 키타는 출시된 지 1년도 되지 않아, 홍콩 배달 시장 점유율 30%를 기록하며 푸드판다(Foodpanda, 독일계), 디리버루 (Deliveroo, 영국계)와 함께 3강 체제를 형성하게 되었습니다.

2023년 총매출은 전년보다 무려 26% 급증한 2,767억 위안에 달했으며, 순이익도 139억 위안으로 전년의 67억 위안 적자에서 반전되었

배달 박스

배달 전용 박스

상하이 금융 중심가에 밀집해 있는 대형 건물들에는 거의 예외 없이 그림과 같은 배달 전용 박스가 있습니다. 주로 점심 배달에 많이 이용합니다. 대면 배달의 불편함을 없앨 수 있고, 배달원들은 시간을 절약할 수 있지요.

중국금융론

어러머 배달 오토바이

어러머(饿了么) 배달 오토바이

중국 음식배달 시장의 양대 거두가 바로 어러머(饿了么)와 메이투안(美團)입니다. 두 기업이 약 70~80%의 시장을 점유하고 있습니다. 2023년 현재 어러머에 등록된 배달원 수만 300만 명이 넘습니다.

습니다. 연간 배달 건수도 24% 증가한 219억 건이었으니 하루 평균 6천만 건을 배달한 셈입니다.

메이투안 배달 오토바이   메이투안 앱

메이투안(美團) 배달 오토바이 및 앱(App)

메이투안은 중국 음식배달 시장 점유율 1위 기업입니다. 2023년 총매출은 전년보다 26% 급증한 2,767억 위안(약 51조 원)에 달했습니다. 사진은 메이투안 앱의 모습입니다. 음식배달 이외에도 쇼핑 대행, 영화 예약, 기차표 및 숙박 예약 등 다양한 서비스를 제공하는 것을 알 수 있습니다.

메이투안 창업주 왕싱 (王兴)

1979년생인 왕싱은 칭화대학 공대 출신입니다. 32세가 되던 2010년 메이투안을 창업하여 오늘날 굴지의 기업으로 성장시켰습니다.

메이투안 창업주 왕싱

05

중국 주식시장 특징은 무엇인가요?
- [1] 국유기업 중심의 상장기업 구성

앞에서 이미 말씀드린 비유통주의 존재와 함께 대표적으로 꼽을 수 있는, 중국 주식시장의 가장 중요한 특징 중 하나로 국유기업 중심의 상장기업 구성을 들 수 있습니다.

중국경제가 급성장하게 되면서 수많은 민영기업들이 탄생하고 또 주식시장에 상장되었습니다. 그럼에도 불구하고 중국 주식시장에서 국유기업의 위상은 여전히 공고합니다. 시기별로 다소의 변화는 있지만 일반적으로 말해, 국유기업은 상장 기업 수로는 25~35%, 시가 총액은 40~50%, 순이익은 60~70%를 여전히 차지하고 있는 상황입니다. 예를 들어 2023년 말 기준으로 주식시장 상장 기업 중 민영기업 비중은 66%였습니다. 그런데 중국의 전체 기업 중 민영기업 비중은 92%입니다. 이는 다시 말해 전체 기업 수의 8%에 불과한 국유기업이 상장 기업 수의 34%를 점하고 있다는 의미입니다. 또 다른 예를 볼까요? 2023년도 상하이주식거래소 메인보드 시장의 경우 1,644개 상장기업의 전체 매출은 50.5조 위안, 순이익은 4.2조 위안이었습니다. 이 중 국유기업의 매출이 41.8조 위안, 순이익이 3.8조 위안으로 각각 83%와 90%의 절대적인 비중을 차지했습니다.[96] 배당 측면에서도 비슷한 수치가 나타납니다. 2023년 중국 전체 거래소의 상장기업 중 현금배당을 실시한 기업이 3,495개였는데요, 이들의 총배당규모는 2.03조 위안이었습니다. 이 중 민영기업 2,246개의 배당액은 3,781억 위안이었습니다. 기업 수로는 64%를 점했지만, 배당규모로는 19%에 불과한 수준입니다.[97]

한편 국유기업은 관리주체에 따라 크게 중앙기업과 지방기업으로 구분할 수 있는데요, 특히 중앙정부가 관리하는 중앙기업(央企)이 국유기업의 핵심입니다. 2023년 말 현재 총 130개가 있습니다. 이 중앙기업은 다시 크게 세 가지로 분류됩니다. 일반기업, 금융기업, 문화·기타기업이 바로 그것입니다. 일반기업이 우리가 흔히 말하는 좁은 의미의

국자위 로고

국유자산감독관리위원회(国有资产监督管理委员会)
국무원 산하의 국유자산감독관리위원회는 에너지, 통신, 항공 등 주요 기간산업의 핵심 국유기업을 감독 및 관리하는 정부기관입니다. 2023년 말 현재 97개의 주요 국유기업을 관리하고 있습니다.

중앙기업으로 국무원 산하의 국유자산감독관리위위원회(国有资产监督管理委员会)가 출자하여 관리하는 기업입니다. 에너지, 통신, 자동차, 기계, 항공, 철강 등 주요 기간산업의 핵심 기업들이 모두 망라되며 2023년 말 현재 97개입니다. 한편 금융기업은 재정부가 출자하여 관리하는 기업으로 정책은행 및 국유상업은행, 자산관리공사 등이 포함되어 있고 총 26개입니다. 그리고 문화 · 기타 기업은 국무원이 직접 출자하거나 교통운수부 및 공업정보화부 등이 출자하여 관리하는 기업으로 철도, 우편, 방송, 담배 등이 업무영역입니다. 우체국, 중국방송TV네트워크(中国广播电视网) 등 총 7개가 있습니다.

상하이 주식시장을 예로 들면 바로 이 중앙기업은 2023년 12월 기준으로 상장 기업 수로는 34%를, 시가총액은 76%를 점하고 있습니다. 절대적인 수준이라 할 수 있습니다.[98] 그리고, 2023년 8월 'Fortune' 선정 글로벌 500대 기업[99] 중 중국 기업은 142개가 포함되었는데요, 이 중 국유기업이 97개였습니다. 그리고, 그중 중앙기업이 57개에 달했습니다.

참고로 말씀드리면 2023년 말 기준으로 중국 상하이 및 션전 거래소에 상장되어 있는 시가총액 기준 상위 열 개 기업 중 아홉 개가 국유기업이었습니다. 우리가 한 번쯤은 들어봤을 법한 유명한 기업인 귀주마오타이, 중국공상은행, 중국이동통신 등이 이에 포함됩니다. 유일한 민영기업은 자동차 배터리 제조로 유명한 CATL(宁德时代)이었습니다.[100]

샤오미 전기차

샤오미(Xiaomi) 전기자동차 SU7

샤오미의 전기자동차 SU7이 2024년 3월에 시판을 시작하였습니다. 가격이 22만
~30만 위안으로 파격적이었습니다. 참고로 2023년에 중국에서 가장 많이 판매된
테슬라의 Model Y 가격이 25만~36만 위안이었습니다. 바로 이 샤오미 전기차에
배터리를 공급하는 곳이 2023년 상하이 · 션전 거래소 시가총액 상위 10개 기업
중 유일한 민영기업인 CATL(宁德时代)입니다.

06

중국 주식시장 특징은 무엇인가요? - (2) 주식시장의 비개방

중국 주식시장이 완전하게 개방되어 있지 않다는 말씀은 앞에서 이미 드렸는데요, 사실 일반 투자자 입장에서는 이것이 중국 주식시장의 가장 중요한 특징이라 할 수 있을 겁니다. 간단히 말해 외국인은 중국의 주식을 사고 팔 때의 제한이 매우 엄격합니다.

1990년대 주식거래소 설립 초창기에는 국제 투기자금 유출입에 따른 주식시장 교란을 방지한다는 명분으로 내국인 전용 주식인 A주와 외국인 전용 주식인 B주를 구분하였으며, 외국인은 B주만 살 수 있었습니다. 그러나 B주의 시가총액은 A주의 1% 내외에 불과하므로 사실상 중국 주식시장에 대한 외국인 투자는 금지된 것이나 마찬가지였지요. 이후 2000년대 들어 중국경제의 개혁개방 정책이 더욱 확대되면서 외국인이 중국 주식을 구입할 수 있는 통로가 열리게 됩니다. 즉, 일정한 허가를 받은 외국인은 살 수 있도록 허용된 것입니다.

우선, 2003년 5월부터는 자격을 갖춘 외국인 기관투자자들이 제한된 규모 내에서 주식 거래를 할 수 있도록 허용하는 제도가 시행됩니다. 이 제도가 바로 앞에서 말씀드린 QFII(적격외국인기관투자자) 제도입니다. 이들은 중국 금융당국이 요구하는 자격을 획득한 후 허가받은 금액 한도(쿼터) 내에서 중국 A주를 사고 팔 수 있었습니다. 그러나 자격 획득이 까다롭고 투자금액을 사전에 승인받아야 하는 등 규제는 엄격하였습니다. 더구나 전체 QFII가 투자할 수 있는 한도도 정해져 있었습니다.[101] 다행히 2019년 9월 금융시장 개방 조치의 일환으로 이전에 존재하던 투자금액 한도는 폐지되었습니다. 기관별 한도 및 전체 투자금액 한도가 모두 폐지된 것이지요. 한도가 폐지되기 직전 전체 QFII 기관의 평균 투자승인 금액은 3.8억 달러에 불과했으니, 사실 규모가 크지 않은 수준입니다. 참고로 2023년 9월 말 기준으로 전체 QFII 중 가장 많은 대중국 주식투자를 하고 있는 기관은 UBS였습니다. 총주식 수 269개, 총시가 127억 위안(약 18억 달러)의 주식을 보유하고 있는 것으로 나타났습니다.[102]

QFII의 자격 요건은 여전히 엄격하지만, 우리나라의 어지간한 투자회사의 경우 모두 이 자격을 얻고 있으니 이들을 통해 개인투자자들은 얼마든지 중국 주식을 사고 팔 수 있습니다. 2023년 말 기준으로 전체 QFII 수는 802개인데요, 이 중 우리나라 기관은 총 46개입니다. 2008년 최초로 자격을 취득한 미래에셋을 시작으로, 삼성자산운용(2008년), 한화자산운용(2009년), 산업은행(2009년), 우리은행(2009년), 한국투자신탁

미래에셋 빌딩 1   미래에셋 빌딩 2

상하이 미래에셋 빌딩(上海未来资产大厦)

상하이 푸동 지역의 대표적인 빌딩 중 하나로 꼽히는 상하이 미래에셋 빌딩은 미래에셋이 2006년에 구입한 건물입니다. 상하이 황푸강의 스카이라인을 형성하는 주요 건물이지요. 미래에셋은 2008년 국내 기관 최초로 중국에서 적격외국인기관투자자(QFII; Qualified Foreign Institutional Investor) 자격을 취득한 금융기관입니다.

(2009년), KB자산운용(2010년), 한국은행(2011년), KIC(2011년), 국민연금공단(2012년), 신한자산운용(2012년), 하나금융투자(2012년), 대신증권(2015년) 등이 이 자격을 얻었습니다.

다만, QFII의 투자한도 폐지에도 불구하고 자격심사를 유지하고 있어 아직 진입장벽이 높고 여러 제한이 존재한다는 점에서 한계는 여전하다는 평가가 많습니다.[103] 제도 시행 이후 20년간 QFII자격을 획득한 글로벌 투자기관은 연평균 37개에 불과했습니다. 그나마 투자금액 제한 등이 폐지된 이후인 2020년에서 2023년의 4년간 연평균은 86개로 크게 증가한 상황입니다.

한편 QFII와 함께 외국인이 중국 주식을 매매할 수 있는 또 하나의 방법은 바로 홍콩 거래소를 이용하는 것입니다. 이 제도가 바로 상하이와 홍콩 거래소 및 션전과 홍콩 거래소 간 상호 주식매매를 가능케 한 후강통(滬港通) 및 션강통(深港通) 제도입니다. 사실 2023년 현재 외국인의 주식 투자는 앞에서 말씀드린 QFII를 통한 투자보다는 바로 이 후강통 및 션강통을 통한 투자가 대세를 이룬다고 할 수 있습니다.

후강통(滬港通) 제도는 2014년 도입되었는데요, 바로 상하이와 홍콩 거래소 간 상호 상장주식을 직접 매매할 수 있도록 허용하는 제도입니다. 여기에서 후(滬)는 상하이를, 강(港)은 홍콩을 의미합니다. 후(滬)는 원래 물고기를 잡는 통발을 이르는데요, 개항 이전 조그마한 어촌 마을에 불과했던 상하이를 떠올리게 하는 명칭이라 할 수 있습니다. 강(港)은 항구, 항만이란 뜻으로 광둥어 발음인 홍콩의 중국식 표기가 바로 향기로운 항구란 뜻의 샹강(香港)입니다. 홍콩이 대륙의 향나무 중계무역으로 유명해지면서 이름 붙여진 것으로 전해집니다. 후강통을 다시 구분하여, 홍콩 거래소를 통해 상하이 주식을 거래할 경우는 후구통(滬股通), 상하이 거래소를 통해 홍콩 주식을 거래할 경우는 강구통(港股通)으로 부릅니다.

그리고 2016년에는 션전과 홍콩 거래소 간 상장주식의 직접매매를 허용하는 제도인 션강통(深港通) 제도가 시작되었습니다. 션강통의 경우에도 홍콩 거래소를 통한 션전 주식 거래인 션구통(深股通)과 션전 거래소를 통한 홍콩 주식 거래인 강구통(港股通)으로 나눌 수 있습니다. 후구통 및 션구통 거래 금액을 북향자금(Northbound), 강구통 거래 금액을 남향자금(Southbound)으로 구분합니다.

이상 말씀드린 후강통 및 선강통 제도를 통해 외국의 기관 및 개인 투자자는 QFII와 같은 별도의 라이센스 없이도 중국 주식시장 진입이 가능해졌습니다. 물론 중국 투자자들도 홍콩 주식시장 투자가 가능해졌습니다. 다만, 후자의 경우에는 기관투자자 및 주식계좌에 50만 위안 이상의 잔액이 남아 있는 개인투자자의 경우에만 투자가 가능하다는 제한이 존재합니다. 중국 정부는 중국 내부의 자금이 외부로 나가는 것에 대해 훨씬 더 엄격한 기준을 적용하고 있다는 점을 알 수 있습니다. 실제로 2023년 수치를 보면 홍콩거래소를 통해 매매한 상하이거래소 주식 일평균 거래 규모는 503억 위안이었으며, 션전거래소 주식의 경우 579억 위안이었습니다. 즉, 합계 1,082억 위안, 약 20조 원의 중국 주식 매매가 이루어졌습니다. 반면 상하이거래소를 통해 매매한 홍콩거래소 주식 일평균 거래 규모는 161억 홍콩달러, 션전거래소를 통한 거래 규모는 150억 홍콩달러였습니다.[104] 다시 말해 하루 311억 홍콩달러, 약 5.4조 원의 홍콩 주식 매매가 발생하였습니다. 이를 비교해 보면 전자가 후자의 약 네 배 규모입니다. 후강통 및 선강통 제도가 주로 외국인 투자자들의 중국 본토에 대한 주식투자를 용이하게 하기 위해 만들어진 제도임을 알 수 있는 수치라고 하겠습니다.

한편 후강통 및 선강통을 통한 투자의 경우에는 전체 투자자의 일일 투자금액 한도가 설정되어 있습니다. 2023년 8월 현재, 홍콩 거래소를 통해 상하이나 션전의 주식을 투자할 경우는 순매수 기준으로 하루에 520억 위안(약 9.4조 원)입니다. 상하이나 션전 거래소를 통해 홍콩의 주식에 투자할 경우는 420억 위안(약 7.6조 위안)입니다. 다만, 투자금액 한

홍콩거래소

홍콩거래소

2014년부터 개인투자자들도 홍콩거래소를 통해 중국의 주식을 사고 팔 수 있게 되었습니다. 바로 후강통(滬港通) 및 선강통(深港通) 제도가 시행되었기 때문입니다. 전자는 상하이거래소와 홍콩거래소 간, 후자는 선전거래소와 홍콩거래소 간 상호 주식을 매매하는 통로입니다.

도가 증액되어 온 과거 사례를 감안할 때 이 금액은 향후 더 증가할 가능성이 있습니다.

　그렇다면 후강통 및 선강통 제도를 통해 외국인은 중국의 모든 주식에 대해 투자할 수 있다는 의미일까요? 그게 또 그렇지는 않습니다. 앞에서 말씀드린 일일 투자 금액 제한에 더해 투자 종목에도 제한이 있습니다. 후강통을 통해 외국인이 살 수 있는 중국 주식은 "상하이 180지수 포함 주식, 상하이 380지수 포함 주식, A+H주"로 한정됩니다. 또한 선강통을 통해 살 수 있는 중국 주식은 "선전성분지수 포함 주식, 선전

중소창신지수 포함 주식, A+H주"로 한정됩니다.

각종 주가지수에 대해서는 이후에 상세히 설명드리구요, 여기에서 A+H주 라는 것은 앞에서도 잠깐 언급했던 중국공상은행처럼 상하이·선전 거래소와 홍콩 거래소에 동시에 상장되어 있는 기업의 주식을 말합니다. 2023년 현재 약 140여 개 정도입니다. H주가 주로 국유기업이라는 것은 이미 말씀드렸는데요, 따라서 A+H주는 대부분 은행, 에너지, 항공 산업 등에 속하는 주식들이 많습니다. 중국공상은행, 중국건설은행, 중국은행, 중국석유, 중국석화, 중국국제항공, 동방항공 등이 대표적입니다.

다만, 비록 투자종목에 제한이 있다고는 하지만 투자 가능한 주식들이 대부분 상하이 및 선전 거래소를 대표하는 주식들이라는 점에서 외국 투자자가 느끼는 불편함은 크지 않다는 평가가 많습니다. 한편 외국인이 보유할 수 있는 주식의 수량에 제한이 있다는 점은 유의해야 합니다. 2023년 말 현재, 어느 상장기업 주식이라도 외국인의 전체 보유량 한도는 30%, 외국인 1인의 보유량 한도는 10%로 설정되어 있습니다. 이는 외국 자본의 지배력 남용을 막기 위한 조치로 우리나라를 포함해 대부분 국가에도 비슷한 제한 규정이 있습니다.

참고로, 중국에서 주재원으로 근무하고 있거나 사업을 하는 외국인들의 경우 일정 조건을 충족할 경우 중국 금융기관에서 계좌를 만들어 직접 주식을 매매하거나 펀드 투자를 통해 간접적으로 주식시장에 참여할 수도 있습니다. 물론 거류증명서(居留证)가 있어야 하며 1년 이상 거주했어야 하는 등의 조건들이 충족되어야 한다는 전제가 있습니다.

또 한 가지 투자자 입장에서 유의할 점은 후강통이나 션강통을 통한 중국 주식 투자의 경우 국내 주식에 투자할 경우보다 수수료가 더 많이 든다는 점입니다. 이는 거치는 과정별로 수수료가 발생하기 때문입니다. 투자자가 한국의 증권사를 통해 중국 주식 거래 주문을 하면 증권사는 이를 홍콩거래소에 전달하고 홍콩거래소는 이를 다시 상하이거래소나 선전거래소에 전달하는 절차를 거치게 됩니다. 그리고 매 단계에서 각각 수수료가 발생하게 되므로 최종적인 수수료가 높아지게 되는 겁니다.

결국 여러 가지 형태로 중국 주식시장 개방이 확대되고는 있지만 여전히 매우 제한적이라는 점은 중국 정부가 주식시장 급변동에 따른 금융위기 발생 가능성 등에 대해 얼마나 우려하고 있는지를 시사하는 대목입니다. 중국 주식시장에서 외국인 투자자금 비중은 3~5% 내외에 그치는 상황입니다. 약 25~30%대인 우리나라와 큰 차이가 나는 수치입니다. 2023년 7월 기준으로 외국인이 보유하고 있는 중국 주식이 약 3.5조 위안 정도의 규모인데요, 이는 주식거래소 총시가의 3.8% 수준입니다.[105] 이중 QFII가 보유하고 있는 주식이 1조 위안, 후강통 및 선강통을 통해 외국인이 보유하고 있는 주식이 2.5조 위안 수준입니다.

07

중국 주식시장 특징은 무엇인가요?
- (3) 높은 개인투자자 비중과 미흡한
기관투자자의 역할

주식거래 측면에서의 중국 주식시장 특징을 대표적으로 하나 꼽으라고 하면 개인투자자 비중이 높다는 점을 들 수 있습니다. 중국 주식시장에서 개인투자자 수는 2014년의 7,200만 명에서 2018년 1.4억 명, 2023년 2.2억 명으로 증가하였습니다. 이는 전체 주식시장 투자자의 99.8%에 해당합니다. 이들은 또한 당연히 대부분 소액투자자입니다. 시가 10만 위안 이하 주식 보유자가 87.9%, 10만 위안에서 50만 위안 주식 보유자가 8.1%입니다.[106]

현재 중국 주식시장 시가총액의 약 30~40%를 개인투자자가 보유하고 있고, 거래 금액의 70~80% 내외가 개인 거래입니다. 이는 투기목적의 단기차익거래가 많이 이루어지고 있기 때문인 것으로 해석할 수 있습니다. 개인투자자들은 아무래도 각종 유언비어에 휘둘리기 쉽고 군집행동(herd behavior)을 보이는 경향이 있기 마련인데요, 이는 정보를 정확하게 파악하지 않고 타인의 행동에 동조하여 따라하는 행동을 하기 쉽다는 의미입니다. 그 결과 중국 주식시장에서는 개인투자자의 약 70%가 매입 후 6개월 이내에 보유주식을 처분하고 있는 것으로 나타나고 있습니다. 결국 중국 주식시장의 매매회전율(turnover rate)은 주요국 주식시장을 상당폭 상회하는 높은 수준입니다. 2020년 기준 매매회전율이 258.6%에 달했습니다.[107] 이는 100개의 주식이 상장되어 있다고 가정할 경우, 1년 동안 거래된 주식은 259개였다는 의미입니다. 그만큼 자주 주인이 바뀌었다는 말이지요. 이와 같은 수준은 일본(94.3%), 독일(79.4%), 인도(75.0%) 등은 물론이고, 비교적 매매회전율이 높은 우리나라(238.5%)도 뛰어 넘는 수치입니다.

이외에 중국 주식시장은 펀드사, 보험사, QFII, 사회보장기금 등 전문적인 능력을 지닌 기관투자자의 비중이 매우 낮다는 특징도 나타납니다. 기관투자자는 2022년 말 기준으로 중국 주식시장 시가의 약 22%를 보유하고 있으며, 총거래의 약 30%를 담당합니다.[108] 미국 주식시장의 경우 시가의 약 60%를 기관투자자가 보유하고 있는 것과 대조되는 부분입니다. 이처럼 기관투자자 비중이 낮은 반면 중국에서는 정부 및 국유기업 비중이 높은데요, 이들이 가장 많은 주식을 보유하고 있는 상황입니다. 국유기업 중심의 산업자본 및 정부가 약 38%의 주식을 보유하고 있습니다.[109] 국가자본주의(state capitalism)라는 말에 어울리는 주식 소유 구조라고 하겠습니다. 국가자본주의란 간단히 말해, 정부가 국가경제를 통제하면서 마치 하나의 거대한 기업과 같은

역할을 수행하는 체제를 말합니다. 때로는 '자본주의적 계획경제'라고
도 불립니다.

주식시장의 발전을 위해서는 기관투자자의 역할이 확대되어야 한다
는 비판이 중국에서도 나오고 있는 상황입니다. 왜냐하면 정보비대칭
성을 감안할 때 개인투자자의 역할과 기능에는 한계가 있고 또 주식시
장의 안정성에도 영향을 줄 수 있기 때문입니다.

**국가자본주의
(state capitalism)**

The Economist는 2012
년 1월 21일자 판에서
'The rise of state
capitalism'이라는 제
목으로, 중국 국가자본
주의의 부상과 특징을
상세하게 분석한 바 있
습니다.

국가자본주의

쉬어가는 코너
- 상인의 나라 중국

중국의 고대 왕조는 하(夏), 은(殷), 주(周), 진(秦), 한(汉) 등으로 이어집
니다. 이 중 유물 등으로 증명되지 않는 하(夏)를 제외한다면 중국 역사
에서 최초의 국가는 은(殷)이라는 것이 통설입니다. 대략 기원전 16세
기의 국가입니다. 이 은나라를 따로 부르는 명칭이 상(商)입니다. 그렇
습니다. 상인, 상업할 때의 바로 그 상입니다. 당시 주나라에 멸망당한
후 각지를 떠돌며 상업 활동에 종사한 상나라 사람들을 '상인(商人)'으로
불렀으며 이것이 상인의 어원에 관한 설 중 하나입니다. 이들은 상업
이외에 외교 및 타국과의 교류 활동에도 참여하면서 특수한 사회 · 경
제적 지위를 가지고 있었다고 합니다.

이러한 상인의 명맥은 현대의 화상(華商)으로 이어졌습니다. 중국 국

적의 해외 거주 중국인을 의미하는 화교(華僑)들은 현재 전 세계 170여 개국에 흩어져 살고 있는데요, 그 수가 약 6천만 명으로 추산되고 있습니다. 이 중 약 70%가 동남아를 중심으로 한 아시아에 살고 있습니다. 특히 동남아에서 화교 기업인들을 부르는 호칭인 화상(華商)들의 영향력은 이미 절대적인 것으로 알려져 있습니다. 또한 중국 상인은 유태인 상인 및 아랍 상인과 함께 세계 3대 상인으로 불리기도 합니다.

중국은 이처럼 오래된 상인의 전통을 가진 국가입니다. 현대 중국이 사회주의 국가로 출발하고 자본주의 요소의 도입이 늦어지면서 아직도 많은 사람들은 중국인들이 얼마나 자본주의적인지, 또한 돈에 철저한 장사꾼 기질이 있는지를 잘 모르는 경우가 많습니다. 그러나 사회주의 국가 시스템을 유지하고 있는데도 불구하고, 중국인들의 상인 내지 상업적 기질을 잘 보여주는 사례는 종종 있습니다.

우선, 음악당이나 운동장 등 대형 공공 건축물에 스폰서 기업의 이름을 붙인 경우가 많습니다. 상하이 콘서트홀의 이름은 '재규어 상하이 콘서트홀(Jaguar Shanghai Concert Hall)'입니다. 스포츠카로 유명하며 지금은 인도의 타타자동차에 인수된 영국의 재규어 자동차가 스폰서 기업입니다. 그리고 상하이 심포니홀의 이름은 '캐딜락 상하이 심포니홀(Cadillac Shanghai Symphony Hall)'입니다. 캐딜락은 미국 GM의 고급 자동차이지요. 당연히 이들 콘서트홀에서는 스폰서 기업의 제품인 자동차들을 로비 등에 떡하니 전시하고 있습니다. 우리나라로 치면 '현대 예술의 전당'이나 '삼성 세종문화회관'으로 명명된 건물 앞에 현대자동차나 삼성스마트폰을 화려하게 전시하는 모양이 될 겁니다. 대학교 일부 건물을 제외한다면 공공건물에 이런 식으로 대놓고 이름을 붙이는

상하이 콘서트홀　　　　　　　　　상하이 심포니홀

상인의 나라 중국

중국인들이 얼마나 철저하게 상업적인지는 일부 건물명을 보면 잘 알 수 있습니다. 글로벌 대기업들의 이름을 붙이는 조건으로 막대한 사용료 수익을 얻고 있는 경우가 많습니다. 사진은 '재규어 상하이 콘서트홀(Jaguar Shanghai Concert Hall)' 및 '캐딜락 상하이 심포니홀(Cadillac Shanghai Symphony Hall)'입니다. 우리나라로 치면 '현대 예술의 전당'이나 '삼성 세종문화회관' 정도가 되겠지요.

경우가 별로 없는 우리로서는 생경한 모습입니다.

　또 다른 예로 들 수 있는 것은, 장사할 수 있는 기회가 있으면 이를 최대한 이용한다는 점입니다. 2008년 8월 베이징 하계올림픽 개막식에서는 중국 고대의 북인 포우(缶) 2,008개를 연주하는 장면이 압권이었습니다. 그리고, 약 6개월 후인 2009년 3월 중국 정부는 이 중 1,500개를 경매를 통해 판매하였습니다. 경매는 1·2차를 통해 이루어졌는데요, 총경매액이 1.2억 위안(약 200억 원)에 달했습니다.[110] 경매 시작가격이 한 개당 1천 위안이었으며, 최종가격은 한 개당 10만 위안(약 1,800만 원)을 넘었습니다. 특히 일련번호에 따라 경매가격도 달라지면서 최고 낙찰가는 28.8만 위안(약 5천만 원)에 달했습니다. 이 포우 경매 이전에는 올림픽 성화가 경매에 부쳐졌었는데요, 최종 낙찰가는 29.1만 위안이었습니다. 이 외에도 다양한 개회식 관련 용품들이 경매를 통해 판매되었습니다. 적자가 발생하기 쉬운 국제 스포츠 행사의 비용을 보전한다는 차원에서는 적극적으로 고려해 볼 만한 방법이라는 생각이 듭니다.

경매의 사례는 일상생활에서도 쉽게 찾아볼 수 있습니다. 2024년 7월 기준으로 제가 상하이에서 살고 있던 아파트 단지에서는 지하주차장에 대한 경매가 있었습니다. 아파트를 사고 팔 듯이 지하주차장 주차구역을 사고 파는 경매였습니다. 자신이 구입한 주차장 구역에는 자신이 주차를 하거나 혹은 타인에게 임대를 줄 수도 있습니다. 그런데, 가격이 만만치 않습니다. 약 15m²의 주차 공간 경매 시작가격이 위치가 좋은 곳은 38만 위안(약 7,000만 원), 조금 후미진 곳은 31만 위안(약 5,700만 원) 이었습니다. 아마, 실제 낙찰 가격은 더 높았을 겁니다.

사실 경매로 유명한 곳은 미국입니다. 온갖 것을 다 경매하지요. 2024년 4월에도 1997년 글로벌 흥행 영화였던 '타이타닉(Titanic)'에서 주인공 레오나르도 디카프리오가 바다에 빠졌을 때 매달렸던 나무 문짝 하나가 72만 달러에 낙찰되었다는 뉴스가 나왔습니다. 또한 1964년도 영화 '마이 페어 레이디(My Fair Lady)'에서 오드리 헵번이 입었던 드레스가 2011년에 380만 달러에 낙찰된 사례도 있었지요. 돈에 대해 철저한 이런 점들을 보면 미국과 중국은 체제가 다르고 서로 으르렁대는 관계임에도 불구하고 참 비슷한 국가이구나 하는 생각이 듭니다.

이처럼 상인의 전통이 깊고 또 흥정에 능한 중국이다 보니 통상이나 외교 활동 등에서 타국과 협상할 때 상당히 노련한 것으로 알려져 있습니다. 협상 기술이 몸에 배어 있다는 말입니다. 단기간에 가시적인 성과를 내기 위해 조바심을 내는 경우 중국인들과의 협상에서 판판이 깨질 수밖에 없다는 말이 나오는 이유입니다. 중국인들의 모습으로 흔히 묘사되는 만만디(慢慢地)라는 것은 어쩌면 고도의 협상 전략이 외재화된 한 형태가 아닐까 하는 생각도 듭니다.

레오나르도 디카프리오

레오나르도 디카프리오
(Leonardo DiCaprio)

2024년 4월, 블록버스터 '타이타닉(Titanic, 1997년)'에서 주인공 레오나르도 디카프리오가 바다에 빠졌을 때 매달렸던 나무 문짝 하나가 72만 달러에 낙찰되었다는 뉴스가 전해졌습니다. 중국도 경매를 통해 2008년 베이징 올림픽 때의 성화, 공연 물품 등을 엄청나게 팔아치운 경험이 있습니다. 이념과 체제가 매우 다름에도 불구하고 미국과 중국은 돈 버는 것에 관련한 지독하게 철저하다는 점에서 매우 닮아 있는 국가들입니다.

_08

중국의 주요 주가지수에 대해 알고
싶습니다. (1) - 상하이 거래소

상하이종합주가지수(上海證券交易所综合股价指数)

우선, 상하이 거래소 관련 지수인데요, 가장 중요하고 대표적인
지수가 '상하이종합주가지수(上海證券交易所综合股价指数, Shanghai Stock
Exchange Composite Index)'입니다. 앞에서 중국에는 세부적으로 총 다
섯 개의 주식거래 시장이 있다고 한 것을 기억하실 겁니다. 우리가 중
국 주식시장을 종합적으로 파악하려고 할 때 일반적으로 보는 것이 바
로 이 다섯 개 시장 중 가장 중요하다고 여겨지는 상하이 메인보드 시
장의 상황을 나타내는 이 지수입니다. 이 지수는 '상하이지수' 내지는
'상증지수(上證指数)'로 줄여 부르기도 합니다. 모든 종목을 대상으로 시
가총액을 산정하여 산출된다는 점에서 우리나라의 코스피(KOSPI)와 비

숫한 지수라고 생각하시면 됩니다. 다만, 상장 즉시 그 주식이 지수에 포함되는 것은 아닙니다. 일반적으로는 상장 1년 후, 일평균 시가총액이 상위 10위 안의 주식일 경우는 상장 3개월 이후 지수에 포함됩니다.

상하이 메인보드 시장은 중대형 국유기업 및 기간산업의 주요 기업들이 다수 상장해 있는 시장입니다. 2021년 기준으로 이 시장에 상장된 기업들의 총매출은 47조 위안에 달하여 GDP의 40%를 넘는 수준이었습니다. 또한 '2023년 Fortune 글로벌 500'에 포함된 중국 기업 145개 중 68개가 이 시장에 상장되어 있습니다. 결국 상하이 메인보드 시장은 중국의 주요 기업들이 모여 있는 시장인데요, 상하이종합주가지수는 이 시장의 움직임을 그대로 반영하는 지표라 할 수 있습니다. 이 지수는 중국 주식시장 현황을 하나의 숫자로 파악하고 싶을 때 꼭 봐야 할 가장 대표적인 지수입니다. 한편 2024년 9월 기준으로 이 지수에 포함된 종목들을 산업별로 구분해 보면 금융(25.1%), 제조(18.9%), IT(9.2%), 원자재(8.4%), 에너지(8.2%), 소비재(8.1%) 등의 비중이 높은 것을 알 수 있습니다. 구체적으로 비중이 높은 주식을 보면 귀주마오타이(24.9월 기준 비중 4.26%), 공상은행(3.23%), 농업은행(2.97%), 중국석유(2.83%), 중국은행(2.04%) 등의 순입니다.

상하이종합주가지수는 1990년 12월 19일 종가를 100포인트로 정하고 산출되기 시작하였습니다. 공식 발표는 1991년 7월 15일부터였습니다. 참고로 역대 최고치는 2007년 10월 16일의 6,124포인트였습니다. 2024년 9월 30일 기준으로는 3,337포인트입니다. 약 절반 수준으로 떨어진 상황임을 알 수 있습니다.

상하이 50 지수(上證50指數), 상하이 180 지수(上證180指數), 상하이 380 지수(上證380指數)

한편 상하이 메인보드 시장의 우량주 50개로 구성되는 '상하이 50지수(SSE 50 Index, 上證50)'가 있습니다. 이들 50개 기업의 시가 총액은 전체 상하이 거래소 상장 기업의 40% 내외를 차지할 정도로 알짜배기 기업의 집합체라고 할 수 있습니다. 매출이나 순이익도 각각 40% 내외, 55% 내외를 차지하지요. '초거대블루칩지수(超級大藍籌指數)'라는 별칭을 가지고 있습니다. 이 상하이 50지수는 바로 다음에 소개할 상하이 180지수 구성 종목 중 기업 규모가 크고 유동성 및 수익성 등이 좋은 대표 기업 50개를 다시 추려서 만든 지수입니다. 대표적인 종목으로는 귀주마오타이(貴州茅台), 초상은행(招商銀行), 교통은행(交通銀行), 중궈핑안(中国平安) 등이 있습니다.

이 지수는 2003년 12월 31일 종가를 1000포인트로 정하고 산출하기 시작하였으며, 매년 6월과 12월에 구성 종목의 변화가 있습니다. 2024년 9월 30일 기준으로는 2,755포인트였습니다.

그리고 상하이 메인보드 시장의 우량주 180개로 구성되는 '상하이 180지수(SSE 180 Index, 上證 180)'가 있습니다. 상하이 50지수에는 포함되지 않지만 상하이 180지수에 포함된 대표적인 종목으로는 포발은행(浦發銀行), 동인당(同仁堂), 동평치처(东风汽车) 등이 있습니다. 2024년 9월 기준으로 이 지수를 구성하는 비중이 높은 주식은 귀주마오타이(8.44%), 중궈핑안(4.72%), 초상은행(3.58%) 등입니다.

이 지수는 2002년 6월 28일 종가를 3299.06포인트로 정하고 산출하기 시작하였으며 역시 매년 6월과 12월에 구성 종목의 변화가 있습니

교통은행 1915년 지폐

다. 2024년 9월 30일 기준으로는 8,753포인트였습니다.

한편, 중소형주 380개로 구성되는 '상하이 380지수(SSE 380 Index, 上證 380)'가 있습니다. 이는 상하이 180지수에 포함된 종목들을 제외한 나머지 상하이거래소의 시장을 포괄적으로 보여주는 지표입니다. 당연히 상하이 180지수와 상하이 380지수의 종목들은 중복되지 않습니다. 이 지수에 포함된 대표적인 종목으로는 상하이은행(上海銀行), 화씨아은행(華夏銀行) 등이 있습니다.

이 지수는 2003년 12월 31일 종가를 1000포인트로 정하고 산출하기 시작하였으며 역시 매년 6월과 12월에 구성 종목의 변화가 있습니다. 2024년 9월 30일 기준으로는 5,464포인트였습니다.

동인당

동인당(同仁堂)

우리에게도 널리 알려진 중국의 대표적인 한약방인 동인당은 청(淸)시기인 1669
년에 설립되었으며 200여 년간 황실에 약품을 공급하였습니다. 신중국 성립 이후
여러 번의 변화를 겪었는데요, 2001년에는 국유기업이 되었습니다. 1997년에 상
하이 거래소에 상장되었으며, 현재 동인당 주식은 상하이 180 지수에 포함되어 있
는 대표적인 주식입니다.

   참고로, 앞에서 후강통을 통해 투자가 가능한 상하이 거래소 주식은
바로 이 상하이 180지수와 상하이 380지수 구성 항목으로 제한된다는
점을 기억하실 겁니다. 즉, 외국인은 2024년 9월 현재 상하이 거래소에
상장되어 있는 2,300여 개의 주식 중 약 1/4인 560개 주식에만 투자할
수 있다는 의미입니다. 이런 조치는 언뜻 보면 투자자의 선택을 엄청나
게 제약하는 조치인 것 같이 보입니다. 하지만, 사실 이 두 지수에 포함
된 주식들이 중국 주식시장에서 그나마 믿고 투자해 볼 만한 우량 주식
이라는 점에서 그리 문제되는 상황은 아닌 것 같습니다. 다른 주식들은
고위험 종목이라는 의미이지요.

__09__ 중국의 주요 주가지수에 대해 알고 싶습니다. (2) - 션전 거래소

션전성분지수(深圳成分指数)

앞에서 말씀 드린 상하이종합주가지수 이외에 중국 주식시장을 대표하는 또 하나의 지수가 바로 '션전성분지수(深圳成分指数, Shenzhen Stock Exchange Component Index)'입니다. 이 지수는 종합지수가 아니라 션전 주식시장에 상장되어 있는 주식 중 대표적인 우량주 500개를 뽑아 이들 주식들의 개별 주가를 가중평균하여 산출하는 지수입니다. 상하이종합주가지수와의 차이점 중 하나라면, 상하이종합주가지수가 상하이 메인보드 거래소의 주식들만을 대상으로 하는데 반해 션전성분지수는 션전 메인보드뿐만 아니라 창업판 거래소의 주식들도 포함하고 있다는 점입니다. 2024년 3월 현재 메인보드와 창업판 주식의 비율은 약 70%:30%입니다. 한편 2024년 3월 기준으로 이 지수에 포함된 종목들을 산업별로 구분해 보면 정보통신(22.8%), 제조(20.0%), 소비재(11.7%), 원자재(11.2%), 의약(10.9%) 등의 비중이 높은 것을 알 수 있습니다. 구성 종목들은 시가총액 등을 감안하여 6개월에 한 번 조정됩니다.

한편 션전성분지수가 이렇게 전체 주식이 아니라 일부만 선별하여 지수를 산출하는 이유는 션전 거래소에 상장된 주식들의 종류와 성격이 매우 다양하고 편차가 심하여 시장 상황을 좀 더 보편적으로 나타낼 수 있도록 하기 위해서입니다. 션전 거래소에는 중소기업, 창업기업 등 규모와 성격이 다양한 기업들이 상하이 거래소보다 더 많이 상장되어 있습니다. 2024년 10월 21일 현재 션전 거래소에는 2,841개의 기업이 18,740개의 주식을 상장하고 있습니다. 시가총액은 32.5조 위안이었지요. 반면 상하이 거래소에는 2,270개의 기업이 2,309개의 주식을 상장하고 있으며 시가총액은 50.9조 위안입니다. 션전 거래소 시가 총액은 상하이 거래소의 64% 정도이지만, 상장된 주식 수는 8.1배에 달합니다. 션전 거래소 주식시장이 얼마나 많은 기업의 다양한 주식으로 이루어져 있는지를 알 수 있는 수치입니다.

이 지수에 속한 대표적인 종목으로는 CATL(宁德时代), 우량예(五粮液), 핑안은행(平安银行), 광파증권(广发证券), 거리전기(格力电器), 메이디(美的集团) 등이 있습니다. 그렇다면 션전 거래소에는 상하이종합주가지수처럼 상장 기업 전체 주식들을 대상으로 하는 지수는 없냐는 생각이 드실 겁니다. 물론 있습니다. 션전종합주가지수(深证综合指数, The Shenzhen Composite Index)가 바로 그것입니다. 그러나, 앞에서 말씀드린 션전 거래소 시장의 특징 때문에 이 션전종합주가지수는 투자자들이 그리 많이 참고하는 지표는 아닙니다.

선전성분지수는 1994년 7월 20일 종가를 1000포인트로 정하고 산출되며, 1995년 1월 23일부터 공식 발표되기 시작하였습니다. 상하이종합주가지수보다 약 4년 늦게 탄생한 셈입니다. 역대 최고치는 2007년 10월 10일의 19,600포인트였습니다. 2024년 9월 30일 기준으로는 10,530포인트입니다. 역시 약 절반 가까이 떨어진 상황입니다. 참고로 홍콩의 주요 주가지수인 항셍지수(Hang Seng Index)도 선전성분지수와 마찬가지로 종합주가지수가 아닙니다. 즉, 이 지수는 홍콩 증권 거래소에 상장된 주식들 중 대표적인 64개의 우량주식으로 구성되는 지수입니다.

광파증권 본부
선전성분지수(深圳成分指数)는 선전 주식시장에 상장되어 있는 주식 중 대표적인 우량주 500개를 뽑아 이들 주식들의 개별 주가를 가중평균하여 산출됩니다. 이 지수에 포함되어 있는 대표적인 금융기관이 광파증권인데요, 사진은 광동성 광저우시에 있는 광파증권 본부의 모습입니다.

광파증권 본부

선전중소창신지수(深証中小创新指数)

선전중소창신지수(深証中小创新指数, SZSE Small/Mid Cap Innovation Index)는 선전거래소의 메인보드 및 창업판 시장에 상장되어 있는 대표적인 혁신기업 100개를 선정하여 이들 기업 주가를 가중평균하여 산출되는 지수입니다. 메인보드와 창업판 주식의 비중은 2024년 3월 기준으로 56%:44% 정도입니다. 션전성분지수에 비해 창업판 주식의 비율이 높음을 알 수 있습니다. 역시 구성 종목은 6개월에 한 번 조정됩니다.

2011년 12월 30일 종가를 1000포인트로 정하고 산출되며, 2015년 3월 24일부터 공식 발표되기 시작하였습니다. 2024년 9월 30일 기준으로는 2,151포인트입니다. 고속철도로 유명한 션저우가오티에(神州高铁), 부동산개발업체인 워아이워지아(我爱我家) 등이 이 지수에 속하는 대표적인 기업들입니다.

외국인 투자자가 션강통을 통해 투자가 가능한 션전 거래소 주식은 바로 위에서 소개한 션전성분지수와 션전중소창신지수 구성 항목으로

션저우가오티에

션저우가오티에

션저우가오티에는 철도 관련 운영 및 유지 보수 등을 수행하는 국유기업으로 1997년 설립되었으며 2015년 상장되었습니다. 이 기업 주식은, 션전거래소에 상장되어 있는 대표적인 혁신기업 100개를 선정하여 이들 주가를 가중평균하여 산출되는 션전중소창신지수(深证中小创新指数)의 주요 구성 종목입니다.

중국금융론

제한됩니다. 즉, 외국인은 2024년 9월 현재 선전 거래소에 상장되어 있는 17,000여 개의 주식 중 4%에 불과한 600개 주식에만 투자할 수 있다는 의미입니다.

후선 300지수(沪深300指数)

한편 상하이와 선전 두 거래소의 시장 상황을 종합해서 판단하는 지수들도 많은데요, 대표적인 것이 '후선 300지수(沪深300指数)'입니다. 이는 두 거래소의 상장 주식 중 기업규모가 크고 유동성이 좋아 대표성이 있는 주식 300개로 구성되는 지수입니다. 2005년 4월 8일부터 발표되기 시작하였는데요, 2004년 12월 31일 종가를 1000포인트로 정하고 산출되며, 2024년 9월 30일 기준으로는 4,018포인트입니다. 이 지수에 포함된 기업의 시가는 2023년 12월 기준으로 상하이와 선전 두 거래소 총시가의 50.1%에 달합니다. 한편 상하이와 선전 거래소 주식의 구성 비중은 2024년 3월 기준으로 각각 65%와 35%입니다.

여기에 포함되는 주식 중 비중이 큰 대표적인 종목으로는 귀주마오타이(2024년 9월 기준 5.33%), CATL(3.23%), 중궈핑안(2.98%), 초상은행(2.26%), 메이디(1.80%), 우량예(1.53%), BYD(1.35%) 등이 있습니다. 한편 2024년 9월 기준으로 이 지수에 포함된 종목들을 산업별로 구분해 보면 금융(23.3%), 제조(18.8%), IT(12.1%), 소비재(12.0%), 원자재(7.5%) 등의 순으로 비중이 높습니다. 역시 6개월에 한 번 구성 종목이 조정됩니다. 참고로 이 지수를 발표하는 기관은 상하이와 선전 거래소가 공동으로 출자하여 2005년 설립한 금융시장 지수 제공 전문업체인 중정지수유한공사(中证指数有限公司, www.csindex.com.cn)입니다.

10

상하이·션전·베이징 증권거래소 이외에 주요 금융거래소로는 무엇이 있나요?

선물거래소

선물거래(futures)란 미래 일정 시점에 미리 정한 가격으로 매매할 것을 현재 시점에서 약정하는 거래를 말합니다. 무엇을 사고 팔 것이냐는 계약 당사자 간 합의만 이루어진다면 무엇이든 가능한데요, 흔히 농산물이나 귀금속, 원자재, 파생금융상품 등이 주로 거래됩니다. 중국에는 2023년 현재 5개의 선물거래소가 있는데요, 설립 순서별로 개괄하면 다음과 같습니다.

① 정저우(鄭州)상품거래소
(郑州商品交易所, Zhengzhou Commodity Exchange)

중국 중부 지역인 허난(河南)성의 주요 도시 정저우에 1990년 10월 설립된 중국 최초의 선물거래소입니다. 2023년 현재 밀, 쌀, 면화, 설탕, 유리, 메탄올 등 23개 선물 상품과 설탕, 면화, 땅콩 등 8개 옵션 상품을 거래하고 있습니다. 2023년 거래량은 35.33억 계약으로 중국 전체 상품선물 시장의 41.6%를 차지하였으며, 거래 금액은 128조 위안에 달했습니다.

정저우 상품거래소
1990년 설립된 중국 최초의 선물거래소입니다.

정저우 상품거래소

② 상하이(上海)선물거래소
(上海期货交易所, Shanghai Futures Exchange)

상하이에 1991년 5월 설립되었습니다. 2023년 현재 구리, 알루미늄, 금, 원유 등 22개 선물 상품과 금, 원유 등 9개 옵션 상품을 거래 중입니다. 2023년 거래량은 20.61억 계약, 거래금액은 151조 위안에 달했습니다.[111] 거래량과 거래금액 모두 선물 거래 비중이 압도적입니다.[112]

특히 2013년 자회사로 설립된 상하이국제에너지거래센터(上海国际能源交易中心, Shanghai International Energy Exchange)의 역할이 중요합니다. 바로 이 곳에서 2018년 3월부터 위안화를 이용한 원유 선물거래가 시작되었습니다. 이 부분은 뒤에서 위안화 국제화를 이야기할 때 조금 더 자세히 말씀드리도록 하겠습니다.

상하이 선물거래소
2023년 현재 구리, 알루미늄, 금, 원유 등 22개 선물 상품과 금, 원유 등 9개 옵션 상품을 거래하고 있는 선물거래소입니다

상하이 선물거래소

③ 다리엔(大連)상품거래소
(大连商品交易所, Dalian Commodity Exchange)

중국 북부 랴오닝(辽宁)성의 다리엔에 1993년 2월 설립되었습니다.

2023년 현재 옥수수, 달걀, LNG, 폴리에틸렌, 코크스 등 21개 선물 상품과 옥수수, 철광석 등 13개 옵션 상품을 거래 중입니다. 2023년 거래량은 25.08억 계약, 거래금액은 114조 위안에 달했습니다. 역시 대부분이 선물거래입니다.

다리엔 상품거래소

> **다리엔 상품거래소**
> 농산물 및 광물 등의 상품을 거래하고 있는 상품거래소입니다.

④ 중국금융선물거래소
(中國金融期貨交易所, China Financial Futures Exchange)

상하이에 2006년 9월 설립된 선물거래소입니다. 금융선물거래를 전문으로 하는데요, 주가지수선물 및 옵션 등 다양한 금융파생상품이 이 거래소에 상장됩니다. 4년여 준비 기간을 거쳐 2010년 4월 '후선 300 지수 선물(沪深300指数期货)'상품을 출시하면서 본격적으로 중국 금융선물거래 시장이 시작되었다고 할 수 있습니다. 2023년 현재 주가지수 선물상품 4개 및 옵션상품 3개, 국채선물상품 4개 등 총 11개 상품이 거래되고 있습니다. 2023년 거래량은 1.68억 계약, 거래금액은 133조

위안에 달했습니다.[113]

중국 금융선물거래소

> **중국 금융선물거래소**
>
> 중국의 금융선물거래 시장은 중국 금융선물거래소에서 2010년 '후선 300지수 선물(沪深300指数期货)'상품을 출시하면서 시작된 것으로 보고 있습니다.

⑤ 광저우(廣州)선물거래소
(广州期货交易所, Guangzhou Futures Exchange)

중국에서 다섯 번째이자 가장 마지막인 2021년 4월 설립된 선물거래소입니다. 2023년 현재는 탄산리튬과 공업용 실리콘 선물 및 옵션 상품만이 거래되고 있어 아직은 거래가 활발하지 않습니다. 다만 향후 탄소배출권, 백금, 인디카쌀 등 16개 상품을 출시한다는 계획을 발표한 상황입니다.

광저우 선물거래소

상하이(上海)황금거래소
(上海黃金交易所, Shanghai Gold Exchange)

상하이 황금거래소는 선물거래소 이외의 기타 주요 금융거래소 중 대표적인 거래소입니다. 인민은행 직속기관이지요. 상하이에 2002년 10월 설립된 기관으로 금, 은, 백금 등 귀금속 전문 거래소입니다. 2016년 4월에는 위안화로 표시 및 결제되는 금 선물 상품도 출시하였습니다. 2020년 기준으로 금의 거래량 및 결제량이 글로벌 거래소 중 1위였습니다. 황금을 무척이나 좋아하는 중국인들의 특성으로 인해 급성장하고 있는 거래소라고 하겠습니다. 2023년 거래액은 약 19.5조 위안이었으며 이 중 약 95%인 18.6조 위안이 금의 거래액이었습니다.

상하이 황금거래소

상하이 황금거래소

금, 은 등 귀금속을 전문적으로 거래하기 위해 상하이에 2002년 설립된 거래소입니다.

청두의 귀금속 소매상

청두(成都)의 귀금속 소매상

사천성의 성회(省会)인 청두 시내에 있는 귀금속 소매상 모습입니다. 황금을 좋아하는 중국인들의 모습을 반영하듯 평일인데도 고객이 많았습니다.

중국금융론

광저우(广州)상품거래소
(广州商品交易所, Guangzhou Commodity Exchange)

중국 남부 광둥(广东)성의 성회(省会, 우리나라의 도청 소재지에 해당)인 광저우시에 2010년 6월 설립되었습니다. 선물거래는 하지 않고 현물거래만을 취급합니다. 커피 원두(Arabica 및 Robusta)가 주로 거래되고 있습니다.

광저우 상품거래소

> **광저우 상품거래소**
> 2023년 현재 커피 현물거래가 이루어지고 있는 상품거래소입니다.

쉬어가는 코너
- 커피의 도시 상하이

세계 최대의 프랜차이즈 커피 전문 기업인 '스타벅스(Starbucks)'가 중국에 처음 진출한 것은 1999년 1월이었습니다. 베이징이었지요. 스타벅스가 서울에 최초 등장한 것이 1999년 7월이었으니 우리보다 약 6개월 이른 셈입니다. 당시만 해도 중국인들에게 커피는 낯선 음료였습니다. 중국은 원래 '차(茶)'의 나라였으니까요. 제가 2006년~11년에 베이징에서 생활할 때의 기억을 떠올려 봐도 커피는 중국인들이 그리 흔하게 마시는 음료가 아니었습니다. 젊은이들도 마찬가지였습니다. 그러나 중국 경제가 글로벌 경제에 본격적으로 편입되고 또 해외유학을 마치고 귀국하는 중국인 학생들이 증가하는 등 다양한 요인으로 인해 중국인들의 커피 수요가 급증하기 시작합니다. 특히 젊은 층의 커피 선호가 폭발적으로 증가하였습니다.

　중국의 배달전문업체 어러머(饿了么) 조사에 의하면[114] 중국 커피시장 규모는 2017년의 284억 위안(5.2조 원)에서 2022년 1,191억 위안(22조 원)까지 급증한 것으로 나타납니다. 연간 성장률이 30%에 이르는 엄청난 성장세이지요. 이런 추세라면 2024년은 1,900억 위안을 돌파할 것으로 예상됩니다. 또한 중국의 커피원두 수입량은 2017년의 6.5만 톤에

스타벅스 1　　　　　　　　　　　스타벅스 2

베이징 치엔먼(前門)과 청두 콴자이샹즈(宽窄巷子)의 스타벅스 매장

중국은 2023년 현재 세계 6~7위의 커피소비시장이 되었습니다. 스타벅스 매장 수도 미국에 이어 두 번째로 많은 나라이지요. 사진은 베이징 치엔먼과 청두 콴자이샹즈의 스타벅스 매장입니다. 옛 건물을 리모델링하여 고풍스러운 분위기를 풍기고 있다는 공통점이 있습니다.

서 2022년 12.5만 톤으로 불과 5년 만에 두 배가 증가하였습니다. 같은 기간 커피원두를 포함한 커피 제품 수입액도 4.5억 달러에서 11억 달러로 역시 두 배 이상 증가하였습니다. 그 결과 중국은 세계 6~7위의 커피소비 시장이 되었습니다.[115] 2023년 현재 중국보다 커피소비 시장이 큰 나라는 미국, 일본, 브라질, 캐나다, 독일 등 5개국에 불과하며 우리나라와는 비슷한 수준입니다.

이런 중국 커피시장의 변화는 스타벅스의 급성장이 대변하고 있습니다. 중국은 2014년 이후 미국에 이어 스타벅스 제2의 시장으로 부상하게 됩니다. 2023년 말 기준으로 스타벅스의 글로벌 매장 수는 38,587개인데요, 미국이 16,466개이고 중국이 6,975개입니다. 중국의 250여개 도시에 분포되어 있습니다.[116] 2024년 상반기에도 331개의 매장이 증가하여 2023년 6월 말 기준 중국의 스타벅스 매장 수는 7,306개에 달하는 상황입니다. 특히 상하이는 2022년 9월 세계 최초로 스타벅스 매장 수가 천 개를 돌파한 도시가 되었습니다. 또한 상하이에는 스타벅스 이외에도 다양한 형태의 커피전문점이 많습니다. 2023년 6월 기준으로 약 8,500여 개에 달한다고 합니다. 가장 많은 것이 스타벅스로 1,063개, 루이씽(luckin)이 749개, 토종 중국 커피 전문점인 MANNER가 419개 등의 순이었습니다. 상하이 다음으로 커피전문점이 많은 도시인 베이징이나 광저우가 4~5천 개 수준인 점을 보면 상하이가 얼마나 커피에 열심인 도시인지를 알 수 있습니다. 실제 중국 커피 전문점의 약 18%가 상하이에 몰려 있는 것으로 조사되었습니다.[117] 특히 스페셜티 전문 커피브랜드인 블루보틀커피(Blue Bottle Coffee)의 경우 2024년 8월 현재 중국에 있는 총 8개의 매장 중 7개가 상하이에 있습니다.

또한 세계적인 식품기업 네슬레(Nestle)가 운영하는 고급 커피브랜드인 로스텔리어(ROASTELIER)가 2023년에 중국에서 처음 매장을 낸 곳도 상하이였습니다.

참고로 중국 전체적으로 가장 많은 매장을 보유한 커피 브랜드는 루이씽(luckin)으로 2024년 6월 말 기준 19,924개가 있습니다.

현재 상하이는 중국 전체 커피 소비의 1/10을 차지하는 것으로 알려

상하이 구시가지

상하이의 다양한 모습
중국에서 가장 발전된 도시라고 하는 상하이지만 아직 옛날 모습을 유지하고 있는 곳도 많습니다. 70~80년대에 지어진 낮은 단층집들 너머로 고층 빌딩이 대비되고 있는 모습이 이색적입니다.

져 있습니다.[118] 중국인들의 연간 1인당 커피 소비량이 10~12잔인데 반해, 상하이는 25~31잔에 이르는 것으로 나타납니다.[119] 가히 커피의 도시라고 할 수 있지요. 물론 1인당 커피 소비량이 연간 300잔이 넘는 우리나라에 비한다면 아직은 갈 길이 멀다고(?) 할 수 있을 것 같지만요...

커피 축제 1

커피 축제 2

상하이 커피문화주간 축제

2023년 5월에 개최된 상하이 커피문화주간 축제 모습입니다. 비슷한 종류의 커피 관련 축제가 일년에 여러 차례 있을 정도로 상하이는 커피에 관한 한 중국 최첨단의 도시라고 할 수 있습니다. 세계 각국의 내로라하는 커피 관련 기업들이 부스를 차리고 홍보를 하였는데요, 우리나라 기업을 찾아볼 수 없었다는 점은 아쉬운 부분입니다.

중국금융론

스타벅스 리저브 로스터리

스타벅스 리저브 로스터리(Starbucks reserve roastery)

상하이 최고 번화가인 난징시루(南京西路)에 있는 스타벅스 리저브 로스터리입니다. 스타벅스 매장 중, 최고급 원두를 직접 갈고 최고의 커피머신을 이용해서 판매하는 특별한 매장이라고 하네요. 전 세계에 시애틀, 뉴욕, 시카고, 상하이, 도쿄, 밀라노 등 단 6곳에만 있다고 합니다. 상하이 매장은 시애틀(2014년)에 이어 세계에서 두 번째인 2017년에 설립되었습니다. 동시 수용 인원이 500명 정도 된다고 하는데도 불구하고, 입장하기 위해서는 언제나 긴 줄을 서야 합니다. 특별한 메뉴가 많은데요, 가격은 역시나 비쌉니다.

11

중국 주식시장에서는 기업의 주식 발행 절차가 복잡하며 어렵다고 하던데요?

중국은 기본적으로 금융시장이 개방되어 있지 않은 동시에, 금융시장이나 금융제도의 발전 정도도 선진국에 비하면 아직 많이 미흡하다고 할 수 있습니다. 특히 정부의 간여가 많습니다. 금융 규제도 심해서 많은 비판을 받아왔는데요, 주식 발행 및 상장 절차가 복잡하고 시간이 많이 걸린다는 비판이 대표적이었습니다.

기존에는 중국 주식시장에서 주식을 발행해 거래소에 상장시키기 위해서는 '증권감독관리위원회'의 '허가(核准)'를 받아야 했습니다. 기업이 수많은 자료를 갖추어 신청한다고 해도 최종 상장까지는 다시 수년이 소요되었지요.. 이러한 '주식발행 허가제(核准制)'를 '주식발행 등록제(注册制, registration-based IPO regime)'로 바꾸어야 한다는 여론은 2010

년대 중반부터 나왔는데요, 번번이 무산되었습니다. 그러다가 2018년 11월에야 중국 정부는 비로소 이 제도를 도입할 것임을 천명하게 됩니다. 여기서 말하는 등록제는 서류 적격 여부만 증권거래소에서 검증받으면 관련 절차를 거쳐 바로 상장할 수 있도록 한 제도를 말합니다. 즉, 주식발행 등록의 적정성 여부에 대한 심사 역할이 기존의 증권감독관리위원회에서 각 증권거래소로 이전하게 된 것입니다. 그리고 2019년 7월 상하이증권거래소 과학혁신판(科創板) 시장 출범과 함께 주식발행등록제가 최초로 시범 도입되었습니다. 이어서 2020년 6월 선전증권거래소 창업판(創業板) 시장, 2021년 11월 베이징증권거래소에 차례로 도입되었습니다. 이후 2022년 말까지 1,075개 기업이 등록제를 통해 상장한 것으로 나타났습니다. IPO 규모는 1.2조 위안에 달했구요.

한편 마지막까지 허가제를 고수하던 상하이 및 션전의 메인보드 시장도 2023년에 드디어 등록제로 전환이 되었습니다. 2023년 4월 열개 기업이 상하이 및 션전 메인보드 시장에 각각 다섯 개씩 최초로 등록하며 중국 주식시장에서 전면적인 주식발행 등록제 시대가 열린 것입니다.

그러면 기존의 허가제가 등록제로 바뀌었다고 해서 실제로 주식발행이 더 쉬워졌느냐 하면 이게 꼭 그렇지만은 않습니다. 사회주의 시장경제 체제를 택하고 있는 중국은 어디까지나 국가자본주의적 성격이 짙습니다. 국가 그리고 공산당의 역할이 여전히 결정적이라는 이야기입니다. 예를 들어 1990년 설립된 상하이증권거래소의 경우 자율적인 회원제 법인 기구라고 하지만 실질적으로는 증권감독관리위원회의 감독과 관리를 철저하게 받는 기구입니다. 2024년 5월 현재 상하이증권거래소 이사장을 포함한 주요 경영층이 대부분 증권감독관리위원회 출신들인 점은 이를 잘 보여줍니다.[120] 결국 관련 서류 부담이 조금 줄어들었을지언정 상장과 관련된 중국 정부의 영향력과 지도 방향은 여전히 절대적인 역할을 하고 있다고 판단할 수 있습니다. 이는 금융시장의 자율성을 확대해 효율성을 높인다는 과제가 단순히 제도를 일부 수정한다고 해서 쉽게 이룰 수 있는 것은 아님을 시사하는 부분이라고 하겠습니다.

덴케어

> **덴케어(Dencare, 登康口腔)**
> 충칭(重庆)의 구강관리 전문기업 덴케어는 2023년 4월 션전 메인보드 시장에 상장하였습니다. 기존의 주식발행 허가제가 아닌 등록제(注册制, registration-based IPO regime)를 통해 메인보드 시장에 상장한 최초의 10개 기업 중 하나였습니다.

중국금융론

또 하나 고려할 것은 2022년 이후 중국 주식시장의 부진이 지속됨에 따라 중국 당국이 주식발행 등록 절차를 매우 신중하게 처리하고 있다는 점입니다. 상하이종합주가지수의 경우 2022년에 전년 대비 15.1% 하락한데 이어, 2023년에도 3.7% 하락하였습니다. 중국 경제의 미래에 대한 회의감이 늘어나는 가운데 주식시장 투자 자금이 제한되어 있는 상황에서 신규 발행 주식 증가는 물량 부담을 초래하게 됩니다. 이는 주식시장 활황을 원하는 정부로서는 달갑지 않은 일일 겁니다. 더구나 등록제라는 미명하에 자격이 안 되는 기업들의 주식발행을 쉽게 허용해 준다면 중장기적으로 중국 주식시장의 건전한 발전에 피해를 주게 될 것도 쉽게 예상할 수 있습니다. 이런 배경으로 인해 중국의 주식발행 제도는 기존의 허가제에서 등록제로 바뀌었음에도 불구하고 그 심사는 오히려 더 까다로워졌다고 할 수 있습니다. IPO 성사 건수가 2021년 522건으로 사상 최고치를 기록한 이후 2022년 424건, 2023년 313건으로 점차 감소하고 있는 것은 바로 이러한 이유 때문입니다. 예를 들면 IPO 신청 시 기업현장 실사 비율은 종전의 5%에서 2024년 5월 현재 20%로 상승한 상황입니다.[121] 심지어 2024년의 경우 1~7월 중 IPO에 성공한 기업은 48개에 불과했으며, 신청을 철회한 기업이 339개에 달했습니다.

12

중국 주식시장에서는 상장폐지
(delisting) 되는 경우가 거의 없다고
들었습니다. 실제상황은 어떤가요?

중국에서 상장폐지 제도가 제도화되어 정식으로 시작된 것은 2001년입니다. 상하이거래소가 설립된 것이 1990년임을 감안하면 매우 늦은 시기이지요. 그나마 중국 주식거래소의 2001년~2018년 연평균 상장폐지 비율은 0.38%에 불과했습니다. 이는 미국 뉴욕거래소(6%)나 홍콩거래소(1%)를 크게 하회하는 수준입니다.[122] 2019년 이전에 중국 주식거래소에서 20여 년간 퇴출되어 상장폐지된 기업 수는 90개가 되지 않았습니다. 참고로, 중국 주식거래소에서 최초로 상장폐지된 기업은 가전기기 제조업체이던 'PT수선(水仙)'이었습니다. 2001년 4월이었지요. 당시 4년 연속 적자가 나면서 결국 상장폐지 절차를 밟게 되었습니다.

물론 상장폐지 비율이 낮았다고 해서 중국 주식거래소에 상장된 기

중국 최초 상장폐지 기업 PT 수선(PT Narcissus)

중국 주식거래소에서 최초로 상장폐지된 기업은 가전기기 제조업체PT수선(PT Narcissus) 이었습니다. 사진은 상장폐지 사실을 공시해 놓은 당시의 모습입니다(상하이 증권거래소 투자자교육센터).

2001 年 4 月 24 日，PT 水仙正式退市，成为退市制度正式实施后，第一家因连年亏损而依法退市的上市公司。

On April 24, 2001, Pt Narcissus was officially delisted, which became the first company after the implementation of delisting rules to withdraw from the market due to losses in successive years in accordance with the law in China' s stock market.

중국 최초 상장폐지 기업

업들이 대부분 건전한 기업이라거나 실적이 양호했다는 의미는 절대 아닙니다. 단지, 상장폐지 기준이 미흡하거나 너무 관대해서 옥석을 제대로 가리지 못했다는 의미입니다. 2012년 이전만 해도 상장폐지 기준은 순이익 단 하나였습니다. 3년 연속 적자가 나는 경우가 이에 해당되었지요. 이후 순자산, 영업이익 등 퇴출과 관련된 재무기준이 다양화되었으며 중요 공시사항 위반이나 공공안전 위협 등의 조건들도 추가되면서 다양한 상황에서의 상장폐지가 가능해졌습니다.

　주식발행등록제가 시행된 2019년 이후 상장폐지되는 기업 수는 점차 증가하고 있는 추세입니다. 2019년 12개, 2020년 17개, 2021년 20개, 2022년 49개 등입니다. 그리고 2023년에도 46개의 기업이 상장폐지되었습니다.[123] 상장폐지 비율도 2022년 기준 0.94%까지 올라갔지요. 이와 같은 변화는 중국 정부가 주식발행 등록제를 시행하면서 주식발행을 쉽게 허용해 주는 동시에, 기준에 미달하는 기업은 적절하게 시장에서 퇴출시키겠다는 의미로 해석됩니다. 상장폐지의 상시화를 통해 투자자의 합법적인 이익을 보장하고 자본시장의 건전한 발전에 기여하는 측면도 있을 것입니다. 또한, 투명하지 못하고 공시가 부실하다는 비판을 받고 있는 중국 주식시장의 오명을 희석시키는 한 가지 방법이기도 하다는 생각이 듭니다.

한편 2023년 현재 중국 주식거래소에서 상장폐지되는 조건은, 20거래일 연속 주가가 1위안 미만인 경우, 시가총액이 3억 위안 미만일 경우[124], 최근 2년간 감사의견이 부정적이거나 의견거절일 경우, 공시된 정보가 위법일 경우 등으로 다양합니다. 우리나라 유가증권시장의 상장폐지 기준과 비교해 보면 주가 기준이 있다는 점이 특징입니다. 특히 2020년에 신설된 주가 기준으로 상장폐지된 기업은 2022년 1개에 불과했으나 2023년은 13개에 달했습니다.[125]

참고로 우리나라의 상장폐지 기준은 최근 사업연도 감사보고서상 감사의견이 부적정 또는 의견거절인 경우, 최근 사업연도 말 자본금 전액 잠식, 2반기 연속 반기 월평균거래량이 유동주식수의 1% 미만 등입니다.

상하이 과학혁신판 시장

상하이 과학혁신판 시장(SSE STAR Market)

상하이 증권거래소는 크게 메인보드 시장과 과학혁신판 시장(科創板, The Science and Technology Innovation Board)으로 나뉩니다. 과학혁신판 시장은 기술 및 벤처기업 상장을 지원하는 시장으로 중국판 '나스닥'으로 보시면 되며, 2019년 개설되었습니다. 2024년 10월 21일 기준으로 과학혁신판 상장기업은 576개, 시가총액은 6.2조 위안이었습니다. 이를 메인보드 시장과 비교한다면 기업 수로는 약 1/3, 시가총액으로는 약 1/8 수준입니다.

13

중국 주식시장에서의 거래 시간과
비용을 알고 싶습니다.

우선, 주식거래 시간의 경우 2023년 현재 중국은 4시간(9시 30분~11시 30분, 13시~15시)입니다. 주요국 거래소에 비해 짧습니다. 런던(8시간 30분), 프랑크푸르트(8시간 30분), 싱가포르(8시간) 등에 비해서는 절반 밖에 되지 않는 시간입니다. 또한 뉴욕 및 나스닥(6시간 30분), 한국(6시간 30분), 홍콩(5시간 30분), 동경(5시간), 대만(4시간 30분) 등에 비해서도 짧지요. 이렇게 짧은 이유 중 하나는 중간에 한 시간 반의 점심시간이 있기 때문입니다. 주요 거래소 중 중국처럼 점심시간이 있는 곳인 동경의 경우는 점심시간이 한 시간입니다.[126]

한편 거래비용의 경우 다소 복잡한데요, 2023년 말 현재 크게 다음의 다섯 가지 항목으로 구성되어 있습니다.

① 주식거래 수수료(交易经手费)

이는 주식거래 매매 쌍방에서 징수하는 비용으로 해당 거래소에 납부하는 비용입니다. 상하이 및 션전 거래소의 경우는 거래금액의 0.00341%이고 베이징 거래소는 거래금액의 0.0125%입니다.[127]

② 명의변경 수수료(过户费)

역시 매매 쌍방에서 징수하며 거래소에 납부하는데요, 거래금액의 0.001%입니다.

우리나라에서는 위 ①과 ②에 해당하는 것이 한국거래소와 예탁결제원에 납부하는 '유관기관비용'이라고 부르는 비용입니다. 증권사별로 다른데 대략 거래금액의 0.004% 내외입니다.

③ 증권사 거래 수수료(交易佣金)

매매 쌍방에서 징수하며, 거래하는 증권사에 지불하는 비용입니다. 당연히 증권사별로 상이합니다. 0.01%~0.3% 정도가 되는데요, 2023년 말 현재 중국 대부분 증권사에서 0.03%를 징수하고 있습니다. 우리나라의 경우 증권사별로 혹은 온·오프라인 거래별로 다양한 수수료가 존재하는데요, 대략 0.015%에서 0.5% 사이로 천차만별입니다.

④ 증권감독 수수료(证管费)

증권감독관리위원회가 매매 쌍방으로부터 징수하는 비용으로 거래금액의 0.002%입니다. 이는 우리나라에는 존재하지 않는 비용입니다.

⑤ 주식거래 인지세(印花稅, stamp tax)

증권거래세라고도 부르는데요, 세무당국에 납부하는 세금입니다. 부과 대상 및 세율이 그동안 많은 변화를 겪어 왔습니다. 1990년 6월 최초 도입되었을 때에는 매도자에게만 거래금액의 0.6% 세율로 부과했다가 그 해 11월 매매 쌍방으로부터 각 0.6%를 징수하는 것으로 변경되었습니다. 이후 수차례 세율조정을 겪었으며 2008년 9월부터는 다시 매도자에게만 0.1%를 징수하는 것으로 바뀌었지요. 그리고 15년 만인 2023년 8월 세율이 다시 0.05%로 인하되었습니다. 주식시장 부진을 완화하기 위한 조치의 하나였습니다.

우리나라의 경우는 매도할 때 증권거래세를 납부해야 하는데요, 2024년 현재 코스피는 증권거래세 0.03%와 농어촌특별세 0.15%를, 코스닥은 증권거래세 0.18%를 납부합니다. 결국 둘 모두 0.18%가 부과되는 셈입니다. 정부는 단계적으로 이를 인하하여 2025년부터는 코스피의 경우 증권거래세를 없애고 농어촌특별세만 남기는 동시에 코스닥 증권거래세는 0.15%로 인하할 예정입니다.

한편 증권거래세가 중국 전체 조세수입에서 차지하는 비중은 2020년 1.15%, 2021년 1.43%, 2022년 1.66%였습니다. 우리나라의 경우는 2022년 기준으로 약 1.3%였으니[128] 양국이 비슷한 수준인 셈입니다.

상하이 건축물 1

상하이 건축물 2

금융중심 도시 상하이의 스카이라인

상하이에는 상하이증권거래소를 포함해 주요 금융기관들이 밀집해 있습니다. 돈
과 화려함이 넘쳐나는 곳이지요.

14

중국 주식투자와 관련하여 유의해야 할 사항에는 무엇이 있나요?

중국 주식에 투자하는 기본적인 방법과 절차에 대해서는 앞에서 설명드렸는데요, 이때 유의해야 할 사항들을 특히 우리나라 제도와 다른 점을 중심으로 몇 가지 말씀드리겠습니다.

우선, 중국 A주는 기본 거래 단위가 100주입니다. 중국에서는 100주를 1수(手)라고 부릅니다. 부담이 크다고 생각할 수 있지만 주당 가격이 우리나라 주식보다 낮은 경우가 많아서 그렇게 큰 부담은 아닙니다. 2022년 말 종가를 기준으로 A주 주식 중 한 주 가격이 5위안(약 900원) 미만인 주식 비중이 16%, 5위안에서 10위안(약 1,800원) 사이인 주식 비중도 27%에 달하는 상황입니다.[129] 예를 들어 보겠습니다. 2024년 6월 4일 종가 기준으로, 우리나라의 대표적인 시중은행인 신한지주의 주가는 45,400원이었고 중국 최대 은행인 중국공상은행 주가는 5.47위안(약 1,000원)이었습니다. 약 45배 정도의 차이가 있으니 신한지주 주식 1주를 사기 위해 필요한 금액으로 중국공상은행 주식 45주를 살 수 있는 셈입니다. 참고로 주당 가격이 가장 높은 주식은 '귀주마오타이'로 1,654위안(약 31만원, 24.6.4일 종가)에 달했습니다.

둘째, 거래시간을 중국 거래소 시간에 맞춰야 한다는 점입니다. 앞에서 중국 증권거래소 개장시간이 4시간에 불과하다고 이미 말씀드렸는데요, 개장시간은 오전 9시 30분에서 오후 3시까지입니다. 우리나라는 시차가 중국보다 1시간 빠르니 우리 시간으로는 오전 10시 30분에서 오후 4시까지인 셈입니다. 특히 중국 시간으로 오전 11시 30분에서 오후 1시까지 1시간 30분의 점심시간이 있다는 점도 잊지 말아야 합니다.

셋째, 우리나라는 주식가격의 일일 상하한 제한폭을 ±30%로 정하고 있는 데 반해 중국은 ±10%로 그 폭이 더 좁습니다. 이는 그만큼 중국 정부가 주가 급변동에 따른 시장불안에 더 민감하다는 이야기입니다. 다만, 신주가 상장되고 첫 번째 거래일의 경우 ±44%로 폭을 확대해 놓았습니다. 한편 3거래일의 누적 상승·하락 폭이 ±20%에 달할 경우에는 해당 종목의 거래를 1시간 동안 정지시키는 제도도 있습니다.

마지막으로, 배당소득세율과 관련해서도 유의할 점이 있습니다. 우리나라는 배당소득 원천징수세율이 14%입니다. 그런데, 중국은 10%로 더 낮아서 이 차이인 4%를 다시 우리나라 과세당국에서 징수해 갑니다. 엄밀히 말한다면 지방소득세를 더해 4.4%를 추가 징수한다고 할 수 있겠네요.

마오타이   중국공상은행   중국농업은행

2023년 말 기준 상하이 증권거래소 시가총액 상위 3개 기업

1위는 마오타이(2.2조 위안, 전체 시가의 5.4%), 2위는 중국공상은행(1.3조 위안, 3.2%), 3위는 중국농업은행(1.2조 위안, 2.9%) 이었습니다.

15

중국 주식시장에 상장된 주요 기업에 대해 알고 싶습니다. [1] - 총괄

우리가 중국 주식에 직접 투자하던 혹은 중국 주식으로 구성된 펀드에 투자하던 기본적으로 알아야 할 최소한의 정보 중 하나가 거래소에 상장된 중국 기업들의 면면일 것입니다. 2023년 말 현재 중국 전체 상장 기업 수는 5,200개가 넘고, 외국인이 투자할 수 있는 상장 기업 수도 1,100개가 넘는 상황에서 이들 기업 전체를 다 알 수는 없고 또 알 필요도 없습니다.

여기에서는 중국 주식에 투자하고 있는 글로벌 펀드의 구성 종목 중 2023년 기준으로 비중이 높은 9개 주요 기업을 살펴보도록 하겠습니다.[130] 산업별로 보면 백주(白酒) 기업 3개, 금융기업 3개, IT · 제조기업 3개입니다. 중국의 국민 술로 수요가 안정적인 소비재 상품인 백주 산업의 대표 기업, 수익성이 높은 선진 금융 기업, 미래 성장 가능성이 높아 급속히 성장 중인 IT · 제조기업을 아우르는 구성입니다. 구체적으로는 백주 기업의 경우 귀주마오타이(貴州茅台), 우량예(五粮液), 루저우라오지아오(泸州老窖)가, 금융기업으로는 초상은행(招商银行), 중궈핑안(中国平安), 흥업은행(兴业银行)이, IT · 제조기업으로는 CATL(宁德时代), BYD(比亚迪), 메이디(Midea)가 포함되어 있습니다.

이들 9개 기업의 주식을 다시 구분해 보면 상하이 거래소에 4개, 션전 거래소에 5개가 상장되어 있습니다. 귀주마오타이(貴州茅台), 초상은행(招商银行), 중궈핑안(中国平安), 흥업은행(兴业银行)이 상하이 거래소에 있

메이디 제품

중국 가전제품 시장 1위 기업 메이디의 압력밥솥 제품들

외국인들이 가장 많이 투자하고 있는 중국 기업 중 하나인 메이디는 중국 가전제품 시장 1위 기업입니다. TV를 제외하고 냉장고, 세탁기, 에어컨, 전자레인지, 압력밥솥 등 주요 가전제품 시장점유율이 1위 아니면 2위입니다.

중국금융론

습니다. 앞에서 상하이 메인보드 시장의 우량주 50개로 구성되는 '상하이 50지수'라는 것이 있다는 이야기를 했었는데요, 당연하게 이들 4개 기업 주식은 모두 이 지수에 포함되어 있습니다. 한편 션전 주식시장에 상장되어 있는 주식 중 대표적인 우량주 500개를 뽑아 이들 주식들의 개별 주가를 가중평균하여 산출하는 지수가 바로 '션전성분지수'였다는 점을 기억하실 겁니다. 션전 거래소에 상장되어 있는 5개의 주식인 우량예(五粮液), 루저우라오지아오(泸州老窖), CATL(宁德时代), BYD(比亚迪) 및 메이디(Midea)는 모두 이 지수에 포함되어 있습니다.

16

중국 주식시장에 상장된 주요 기업에 대해 알고 싶습니다. (2) - 백주(白酒) 기업

귀주마오타이(貴州茅台, Kweichow Moutai Co.,Ltd.)

귀주마오타이(貴州茅台)는 외국인 투자자들이 가장 많이 투자하는 중국 주식입니다. 바로 술을 좋아하는 주당(酒黨)들에게 중국 최고의 명주로 꼽히는 술인 마오타이주(茅台酒)를 만드는 기업이지요. 1972년 미국 닉슨 대통령과 저우언라이 중국 총리가 역사적인 회견을 하면서 건배한 술도 바로 이 마오타이주였습니다. 귀주마오타이는 시가총액 기준으로 중국 최대 소비재 기업일 뿐만 아니라 전체 기업 중에서도 항상 1~2위를 차지합니다. 귀주마오타이는 국유기업인데요, 주식시장에 상장된 국유기업 중 소비재 기업이 적다는 점에서 이는 매우 드문 사례라고 할 수 있습니다.

귀주마오타이는 2001년에 상하이 거래소에 상장되었으며, 시가총액이 2024년 3월 7일 기준으로 2.1조 위안(약 390조 원)에 달했습니다. 엄청난 규모입니다.[131] 중국 전체 상장기업 중 1위였습니다.[132] 기업 규모나 매출 등이 상대적으로 크지 않은데도 불구하고 주가가 높은 것은 엄청난 순이익과 이에 따른 풍부한 현금보유 능력, 그리고 막대한 현금배당 때문입니다. 2023년 매출은 1,477억 위안(약 27조 원)이었으며, 순이익은 무려 747억 위안(약 14조 원)에 달했습니다. 매출과 순이익 모두 백주 업계의 월등한 1위입니다. 이 규모를 우리나라 최대 기업인 삼성전자와 비교해 볼까요? 2023년 삼성전자 매출은 259조 원, 순이익은 16조 원이었습니다. 마오타이의 매출은 삼성전자의 10%, 순이익은 삼성전자의 78%에 해당하는 규모입니다. 마오타이의 순이익은 중국 최대 은행인 중국공상은행(3,651억 위안)의 20% 수준에 달하고 있기도 합니다. 총자산은 0.7% 수준에 불과했는데도 말입니다. 마오타이는 2023년 기준으로 중국 주식거래소에 상장되어 있는 5,300여 개의 기업 중 열세 번째로 많은 순이익을 벌어들인 기업이었습니다. 특히 순이익 상위 20개 기업 중 대다수가 금융 및 에너지 부문 기업들이었던데 반해 유일하게 소비재 기업이기도 했지요. 사실 이렇게 마오타이의 순이익이 많은 주된 요인 중 하나는 시장의 지배력을 바탕으로 꾸준하게 그리고 빈번히 가격을 올리고 있기 때문입니다. 지난 20여 년간 9차례 가격을 올렸는데요, 한 번 올릴 때의 상승 폭이 9.9%~32.3%에 이릅니다. 연평균 상승률로 계산하면 7.9%입니다.[133]

물론 마오타이는 이와 같은 거대한 순이익을 바탕으로 매년 현금배당을 많이 하는 기업으로도 유명합니다. 2023년 중국 주식시장 상장기업 중 현금배당을 실시한 기업은 3,500여 개였는데요, 이 중 100억 위안 이상을 배당한 기업은 30개에 불과했습니다. 이 중 하나가 바로 마오타이입니다. 마오타이의 2023년 현금배당액은 566억 위안에 달했습니다.[134] 그리고, 2024년 현금배당액도 388억 위안으로 현금배당 상위 10개 기업에 포함되었으며 특히 100주(手)당 배당액은 3,088위안에 달해 상장기업 중 가장 높은 비율을 기록했습니다.[135] 2위인 CATL이 100주당 503위안을 배당했으니 마오타이가 얼마나 많은 현금배당을 했는지를 알 수 있습니다. 사실 마오타이의 이런 행보는 여전히 현금배당을 하는 기업 비율이 높지 않은 중국 주식시장에서 눈에 띄는 특징 중 하나라고 할 수 있습니다.

또한 마오타이 주식은 말 그대로 황제주입니다. 2024년 6월 4일 기준으로 마오타이 주식 한 주 가격은 1,654위안 즉, 약 31만 원 정도 합니다. 참고로 시가총액 2위를 차지한 중국공상은행의 1주당 가격은 5.47위안으로 약 1,000원이었습니다.

외국인 투자자들이 보유하고 있는 중국의 주식 중 가장 시가총액이 큰 주식도 바로 이 마오타이 주식입니다. 외국인 투자자들이 홍콩거래소를 통해 상하이 및 션전의 주식을 구입할 수 있는 방법인 후구통 및 션구통 제도가 있다는 것을 앞에서 설명 드린 바 있습니다. 2024년 9월 말 기준으로 이 제도를 통해 외국인이 보유하고 있는 중국의 주식 총 3,341개의 시가 총액은 2.41조 위안이었습니다. 이 중 마오타이 주식 시가 총액이 1,518억 위안으로 압도적인 1위를 차지하고 있습니다.[136]

마오타이 본사는 구이저우성 마오타이전(贵州省 茅台镇)에 있습니다. 사실 현재 국유기업인 마오타이는 각기 다른 이름으로 마오타이주를 만들던 세 개의 민영기업을 1951년 중국 정부가 몰수 및 인수 방식으로 합병하여 탄생한 기업입니다.[137] 기존 기업 입장에서는 통탄할 일이지만, 사회주의 국가의 탄생으로 기업 국유화 조치가 이뤄지면서 발생하게 된 불가피한 측면이 있었다고 할 수 있습니다.

참고로, 중국의 백주(白酒)는 흔히 향으로 분류하는 것이 일반적입니다. 장향(醬香), 청향(清香), 농향(浓香) 등이 그것입니다. 이 중 마오타이는 장향(醬香)의 대표적인 술로 알려져 있습니다. 여기서의 장(醬)은 된장이나 청국장을 이를 때 쓰는 바로 그 장입니다. 향이 독특하지요. 한국인들은 된장은 좋아하지만 일반적으로 장향의 백주는 그리 좋아하지 않

마오타이주 1

마오타이주 2

마오타이주

중국 술 중 가장 유명한 마오타이주는 사실 한국인들이 그리 선호하는 술은 아닙니다. 장향(醬香)으로 불리는 그 독특한 향을 별로 좋아하지 않는 사람이 많기 때문입니다.

습니다. 좀 더 깔끔한 맛이 나는 청향이나 농향의 백주를 더 좋아하는 것 같습니다. 그 유명세 때문에 마오타이를 선물용으로는 사지만, 직접 마시는 용도로는 그리 선호하지 않는 이유도 바로 여기에 있습니다. 한편 일부 호사가들은 마오타이를 프랑스의 꼬냑, 영국의 위스키와 더불어 세계 3대 증류주라고도 하는데요, 다소 과장된 표현이고 특별한 근거도 없는 의견이라고 생각합니다. 소주, 보드카, 와인, 데킬라 등을 좋아하는 사람이 들으면 흥분할 일입니다. 세상에 얼마나 많은 술이 있고 또 얼마나 다양한 사람들의 기호가 있는데요...

우량예(五粮液, Wuliangye)

우량예는 중국 백주업계에서 마오타이에 이어 제2의 지위를 차지하고 있는 기업입니다. 2023년 매출은 833억 위안, 순이익은 302억 위안으로 두 부문 모두 마오타이 다음이었습니다.

2022년 주식시장 시가총액은 7,014억 위안으로 전체 상장기업 중 14위였으며, Fortune이 2023년 매출을 기준으로 산출한 중국 500대 기업 순위 중[138] 151위를 차지했습니다. 본사는 쓰촨성 이빈시(四川省 宜賓市)에 있습니다. 그리고 보면 쓰촨처럼 유명한 백주가 많은 지역도 없습니다. 우량예, 그리고 바로 다음에 소개할 루저우취주(泸州曲酒) 이외에도 수정방(水井坊), 검남춘(剑南春), 금육복(金六福), 랑주(郎酒) 등이 모두 쓰촨의 명주들입니다.

우량예라는 이름은 다섯 가지 곡식인 수수(高粱), 쌀(大米), 찹쌀(糯米), 밀(小麦), 옥수수(玉米)를 전통 방식으로 발효시켜 만든다는 데에서 유래하였습니다. 앞에서 소개해 드린 농향형(浓香型) 백주의 대표입니다. 진한 향기가 특징이지요. 참고로 우리가 한국의 중국 음식점에서 백주를 흔히 고량주라고 부르는 이유는 중국 백주가 대부분 수수(高粱, 고량)를 원료로 하여 만들어지기 때문입니다. 참고로 현재 우량예는 일반적인 백주의 도수인 52°이외에도 최저 39°를 시작으로 최고 72°에 이르는 일곱 가지 도수의 백주를 생산 중입니다.[139]

우량예 역시 역사가 깊은 기업입니다. 1950년에 8개 전통 양조장이 연합하여 기업(联营社)을 만들었으며 1959년에 우량예공장(五粮液酒厂)으로 이름을 변경하였습니다. 우량예는 1963년 전국 주류품평회에서 국가경공업부(国家轻工业部)가 선정한 '오래된 8대 명주(老八大名酒)'의 하나로 선정되면서 전국적으로 유명해지게 되었습니다. 이때 선정된 8대 명주는 우량예 이외에 마오타이주(茅台酒), 펀주(汾酒), 루저우취주(泸州曲酒), 시펑주(西凤酒), 구징공주(古井贡酒), 취엔씽다취주(全兴大曲酒), 동주(董酒)입니다. 한편 우량예는 1998년에 주식회사가 되었으며 같은 해에 션전거래소에 상장되었습니다.

많은 백주 기업이 그런 것처럼 우량예도 지방정부가 대주주인 지방 국유기업입니다. 본사가 있는 이빈시(宜宾市)와 쓰촨성(四川省) 정부가 합해서 50% 이상의 지분을 소유하고 있습니다.

우량예(五粮液)

우량예는 중국 백주(白酒) 중 마오타이에 이어 제2의 지위를 차지하고 있는 술입니다. 왼쪽은 1966년~1998년까지 사용된 디자인의 병이고, 오른쪽은 2003년~2019년에 사용된 디자인의 병입니다.

우량예

우량예 1

우량예 2

한정판 우량예(五粮液)

청두(成都)의 우량예 홍보관에 있는 한정판 우량예입니다. 고급 도자기 병으로 50리터들이 한 병 가격이 각각 59만 위안(약 1억 원)이었습니다.

루저우라오지아오(泸州老窖)

상대적으로 우리나라에는 앞의 마오타이나 우량예에 비해 덜 알려져 있지만 역시 중요한 백주인 루저우취주(泸州曲酒)를 생산하는 기업입니다. 2022년 주식시장 시가총액이 3,301억 위안으로 전체 상장기업 중 27위였으며, '2024 Fortune 중국 500' 중 457위입니다. 2023년 매출은 302억 위안, 순이익은 132억 위안이었는데요, 특히 순이익은 마오타이와 우량예에 이어 백주 기업 중 3위의 순위를 차지했습니다.

본사는 쓰촨성 루저우시(四川省 泸州市)에 있습니다. 이 기업은 명청(明淸) 시대부터 이어져 내려온 36개 백주 양조장이 연합하여 만들어진 국유기업입니다. 1994년 주식회사가 되었으며 같은 해 션전거래소에 상장되었습니다. 우량예처럼 농향형(浓香型) 백주입니다. 이 백주는 1952년 제1회 전국주류품평회에서 중국 4대 명주로 선정되면서 유명해졌습니다. 참고로 이때 4대 명주는 루저우취주(泸州曲酒) 이외에 마오타이주(茅台酒), 펀주(山西汾酒) 및 시펑주(西凤酒) 였습니다. 앞에서 말씀드린 8대 명주는 이 4대 명주에 우량예 등 4개가 추가되면서 구성된 것임을 알 수 있습니다.

현재 중국에서 저렴한 백주의 소비가 지속적으로 감소하고 있는 상황을 반영하듯 이 기업 역시 매출의 대부분이 고가(150위안 이상) 백주에서 창출되고 있습니다. 전체 매출의 80% 이상이 고가 백주 매출이었습니다.

현재 중국 전체 백주 시장이 위축되고 있다고는 하지만 고가 백주를 중심으로 일부 우량 선도 기업은 지속적인 성장세를 보이는 상황입니다. 더구나 충성스러운 고객층들의 소비는 가격에도 매우 비탄력적인

루저우라오지아오

속성을 보입니다. 심지어는 가격이 거의 매년 오르는 상황에서, 오래될수록 가치가 상승하는 백주의 속성상 오히려 고가의 백주는 투자대상으로서의 매력도 지니고 있다는 평가입니다. 마오타이, 우량예, 루저우라오지아오 이 세 개 백주 기업이 비교적 안정적인 투자처로 인정받는 이유가 바로 이러한 점들에 있습니다.

주당(酒黨)들이 좋아할 만한 중국의 대표적인 술인 백주(白酒) 이야기
입니다.

　중국에 백주 기업은 몇 개나 있을까요? 생각보다 많습니다. 2023년
기준으로 일정 규모 이상의 백주 기업만 983개입니다. 여기에서 일
정 규모 이상은 연간 매출이 2천만 위안(약 35억 원) 이상인 기업을 말합
니다. 이들 기업의 그 해 총매출은 7,563억 위안(약 140조 원), 순이익은
2,328억 위안(약 43조 원)이었습니다. 매출은 전년 대비 10%, 순이익은
8% 증가한 규모입니다. 참고로 2022년 우리나라 소주 시장 총매출이
약 2.2조 원이었으니 백주 시장이 약 60배 정도 크다는 의미입니다. 우
리가 가장 잘 알고 있는 백주 기업인 마오타이는 전체 백주 기업 매출의

237

20%, 순이익의 32%를 차지했습니다. 그야말로 절대적인 위치를 차지하고 있는 상황임을 알 수 있습니다. 여담으로 한 마디 덧붙인다면, 우리나라 사람들에게 가장 널리 알려져 있는 백주인 수정방(水井坊)의 업계에서의 위치는 어느 정도일까요? 2023년 매출이 49억 위안(약 9,000억 원)으로 전체 기업 중 11위였습니다. 그러나, 이는 마오타이의 1/30 수준에 불과합니다. 중국인들에게 수정방은 그저 수많은 백주 중의 하나로 그리 특별할 사랑을 받고 있지는 않은 것 같습니다.

이처럼 매출 등을 보면 백주가 여전히 많은 중국인들의 사랑을 받고 있는 것 같지만 사실 그렇지가 않습니다. 우선 백주 기업 수가 지속적으로 감소 중입니다. 정점이었던 2017년에 일정 규모 이상 백주 기업은 1,593개였는데요, 현재는 이미 50% 이상이 줄어들어 1,000개 이하입니다. 또한 백주 기업 전체의 2023년 생산량은 629만 킬로리터[140]로 전년보다 5.1%가 감소하였습니다. 이는 7년 연속 생산량이 감소한 것으로서 최대치였던 2016년의 1,358만 킬로리터의 절반에도 못 미치는 수준입니다. 소득 증대, 음주 횟수 및 주량 감소, 선호층 감소 등의 요인으로 인해 중국에서 백주의 인기가 줄고 있음을 보여주는 수치입니다. 특히 100위안 이하의 저가 백주 생산량이 지속적으로 감소 중입니다. 예를 들어 30대 이하 젊은이들의 경우 소비하는 주종을 보면 맥주가 52%에 달하는 데 반해, 백주는 8%에 그치는 상황입니다.[141] 결국 마오타이를 필두로 하는 고가 백주의 지속적인 가격 상승과 기존 소비자였던 중장년층의 선호 유지 등으로 매출은 증가하고 있지만 실제적인 소비는 줄고 있다는 것이 중국 백주 업계의 현실입니다.

이러한 상황에서 젊은이들에게 백주를 알리고 소비를 촉진하기 위해 백주 기업들이 취하는 방법 중 하나가 다른 기업 상품과의 협업을 추진해서 관련 상품을 출시하는 것입니다. 마오타이는 2022년 5월 유제품 기업 멍니우(蒙牛)와 함께 마오타이아이스크림(茅台冰淇淋)을, 2023년 9월 커피전문점 루이씽(瑞幸咖啡)과 함께 마오타이주가 일부 포함된 라떼커피인 장향라떼(酱香拿铁)를 출시하였습니다. 장향라떼의 경우 출시 당일이었던 9월 4일 전국적으로 542만 잔이 판매되고, 판매액도 1억 위안을 돌파하며 큰 흥행몰이를 한 바 있습니다. 한편 9월 16일에는 초콜릿 기업 도브(Dove)와 협업하여 마오타이초콜릿(茅台巧克力)도 출시하였습니다.[142]

마오타이아이스크림

마오타이아이스크림(茅台冰淇淋)
마오타이주(茅台酒)로 유명한 기업 귀주마오타이(贵州茅台)가 2022년 5월 유제품 기업 멍니우(蒙牛)와 함께 출시한 마오타이아이스크림입니다. 2023년 말 현재 가격은 75g짜리 가격이 동일한 크기의 일반 아이스크림보다 두 배 이상 비싼 66위안(약 12,000원)에 달합니다.

그럼, 맛은 어떨까요? 마오타이아이스크림의 경우 거의 마오타이 맛이 나지 않습니다. 1%가 포함되어 있다고 하니까요... 반면 2023년 말 현재 75g짜리 마오타이아이스크림 가격은 동일한 크기의 일반 아이스크림보다 두 배 이상 비싼 66위안(약 12,000원)이었습니다. 장향라떼의 경우는 한 잔 가격이 38위안(약 7,000원)인데, 다른 브랜드의 라떼커피 제품에 비해 그리 비싼 것은 아닙니다. 마오타이 향이 조금 납니다. 마오타이의 풍취를 조금 더 느껴 보고 싶은 소비자라면, 마오타이아이스크림보다는 이 장향라떼 제품을 추천하고 싶습니다. 사실 다른 소비자들도 비슷했는지, 이 장향라떼는 알리바바의 쇼핑 플랫폼인 타오바오(淘宝)가 선정한 2023년 중국 10대 인기상품에 선정되기도 하였습니다.[143] 사실 이런 관련 상품들이 마오타이의 전체 매출이나 순이익 등에 미치는 직접적인 영향은 그리 크지 않습니다. 마오타이아이스크림, 장향라떼 및 마오타이초콜릿을 합한 2023년 매출은 약 4.3억 위안으로 마오타이 전체 매출의 0.3%에 불과합니다.[144] 그렇지만 MZ세대를 중심으로 하는 젊은이들에게 마오타이를 알리고 친근감을 가지게 하여 이후의 잠재적인 충성 고객으로 만들 가능성이 있다는 점에서 그 중요성은 작지 않다고 하겠습니다.

역시 중국에서 유명한 백주기업인 루저우라오지아오(泸州老窖)의 경우에도 마오타이처럼 젊은이들에게 다가가기 위해 많은 노력을 기울이고 있습니다. 사실 마오타이보다 먼저 이러한 점을 인식한 루저우라오지아오는 2016년 이후 향수, 초콜릿, 아이스크림, 우유차(奶茶) 등의 협업상품을 다양하게 출시하고 있습니다. 특히 향수 제품이 폭발적인 인기를 끌었습니다. 다만, 아직까지는 이러한 협업상품은 마오타이와 같이 전체 기업 차원에서는 부차적인 수익원에 불과합니다. 2022년의 경우 관련 부문 매출이 3.6억 위안으로 전체 매출의 1.4%에 그쳤습니다.

마오타이아이스크림 매장

마오타이아이스크림(茅台冰淇淋) 매장

젊은이 취향으로 아기자기하게 꾸며져 있으며 넓고 쾌적합니다. 사진 속 매장은 상하이의 대표적 관광지 중 하나인 쓰난공관(思南公館)에 위치하고 있는 매장입니다. 쓰난공관은 근대식 서양 건축물 50여 채가 잘 보존되어 있어 이국적인 정취를 한껏 느낄 수 있는 장소입니다.

장향라떼

마오타이 커피 장향라떼(醬香拿铁)

마오타이가 2023년 9월 커피전문점 루이씽(瑞幸咖啡)과 협력하여 마오타이주가 일부 포함된 라떼커피인 장향라떼(醬香拿铁)를 출시하였습니다. 2023년 말 현재 한 잔 가격이 38위안(약 7,000원)으로 다른 커피와 큰 차이는 없습니다. 이 제품은 알리바바의 쇼핑 플랫폼인 타오바오(淘宝)가 선정한 2023년 중국 10대 인기상품에 선정되는 등 큰 인기를 끌었습니다.

17

중국 주식시장에 상장된 주요 기업에
대해 알고 싶습니다. (3) - 금융기업

초상은행(招商银行, China Merchants Bank)

중국인들이 약간은 농담조로 하는 말 중에 '아들은 건설은행, 딸은 초상은행(儿子建设银行, 女儿招商银行)'이라는 말이 있습니다. 이는 우리가 속된 말로 하는 '딸 둘은 금메달, 딸 하나 아들 하나는 은메달, 아들 둘은 목메달'과 거의 같은 표현입니다. 딸은 결혼할 때 예물을 받고, 부모가 집을 사줘야 하는 부담이 없으며, 결혼 후에도 종종 부모에게 용돈을 준다는 것입니다. 늘 투자를 받는 입장인 초상은행이 딸과 같은 입장이라는 이야기입니다. 반면 아들은 결혼할 때 집을 장만해야 하는 부담이 있으며 신부에게 예물을 준비해야 함은 물론이고 자녀를 낳으면 아들 부모는 분윳값 등을 손자에게 줘야 한다는 겁니다. 외부에 투자를 하는 입장인 건설은행이 꼭 그렇다는 의미입니다. 국유상업은행으로서 건설은행이 외부 자금지원에 집중하는 데 반해, 초상은행은 선도적인 상업은행으로서 매력적인 투자처라는 점을 비유한 표현이라 하겠습니다.

초상은행은 중국의 대표적인 주식제상업은행 중 하나입니다. 사실 규모로만 따지면 6개의 국유상업은행이 훨씬 큽니다. 그렇지만 초상은행은 내실 있는 경영과 선진적인 관리기법 등으로 중국 상업은행 중 가장 앞서간다는 평가를 받고 있습니다. 예를 한 번 들어 볼까요? 2023년 기준 중국공상은행과 중국농업은행 총자산은 각각 44.7조 위안과 39.9조 위안이었습니다. 중국의 은행 중 1, 2위입니다. 이들의 순이익은 각각 3,640억 위안 및 2,694억 위안이었습니다. 이에 반해 초상은행 총자산은 11.0조 위안입니다. 두 은행의 25~30% 수준이지요. 반면 순이익은 1,466억 위안으로 두 은행의 40~55% 수준입니다. 얼마나 튼실하게 수익을 창출하고 있는지를 알 수 있는 수치입니다. 2023년 기준으로 초상은행의 ROA는 1.39%, ROE는 16.2%로 모두 중국 중대형은행에서 1위였습니다. 이와 같은 수익력을 기반으로 초상은행은 2023년 497억 위안의 현금배당을 실시했습니다. 중국 전체 은행 중 다섯 번째의 순위입니다.

초상은행이 이렇게 높은 수익을 창출하는 것은 단순히 예대마진에만 의존하지 않는 영업전략 때문입니다. 소매업무 부분의 예를 들어 보겠습니다. 대형국유상업은행의 경우 관리자산 대부분이 고객의 예금으로, 총관리자산(AUM; Asset Under Management) 중 개인예금이 차지하는 비중이 70~80%에 이릅니다.[145] 반면 초상은행은 이 비중이 26%에 불과합니다. 이는 주요 수익이 개인자산관리, 펀드, 보험 등 다양한 부문에서 창출되고 있다는 의미입니다. 여타 주식제상업은행인 흥업은행(28%), 민생은행(44%) 등보다도 낮은 수준입니다.

건전성 면에서도 초상은행은 양호한 수치를 보여주고 있습니다. 2024년 6월 말 기준으로 은행 전체 부실채권비율은 1.56%, 주식제상업은행 부실채권비율은 1.25%였습니다. 반면 초상은행은 0.94%에 그쳤습니다. 상장 은행 중에서 거의 최저수준이지요.

2023년 8월 칭화대에서 자기자본을 기준으로 발표한 '2023년 200대 중국 은행 순위'[146]에서 초상은행은 7,993억 위안의 자기자본으로 6위를 차지한 바 있습니다.

초상은행은 1987년 선전에서 설립되었으며 상하이(2002년) 및 홍콩(2006년) 거래소에 모두 상장되어 있습니다. '2024 Fortune 중국 500' 중 52위입니다. 2022년 주식시장 시가총액은 9,397억 위안으로 전체 상장 기업 중 8위였습니다. 기업 규모에 비해 시가총액이 월등히 높은 수준입니다. 이 역시 주식시장에서 투자자들이 초상은행에 대해 어떻게 평가하고 있는지를 추정해 볼 수 있는 지표라 하겠습니다. 한편 영국의 'The Bankers'가 자기자본 기준으로 발표한 '2022년 글로벌 1000대 은행' 순위에서는 1,305억 달러의 자기자본으로 11위를 차지했습니다. 2023년 6월 말 기준으로 개인고객은 1.9억 명, 기업고객은 265만 곳에 이릅니다. 신용카드 거래 규모도 은행 중 1위였습니다.

한편 초상은행은 2023년 기준 직원 1인당 보수수준이 58.3만 위안(약 1.1억 원)에 달해 중국의 42개 상장은행 중 세 번째로 높은 은행이기도 했습니다.[147] 이는 상장은행 전체 평균(39만 위안, 약 7천만 원)의 1.4배에 달하는 수준입니다.

초상은행

초상은행(招商银行)

1987년 션전(深圳)에서 최초로 설립된 주식제상업은행입니다. 상하이 및 홍콩 거래소에 모두 상장되어 있습니다. 2024년 'Fortune 선정 글로벌 500기업' 중 179위였으며, 'The Bankers' 선정 글로벌 1000대 은행 중 11위였습니다. 2023년 말 기준 총자산이 11.0조 위안으로 주식제상업은행 중 1위였습니다. 국내은행 중 대형상업은행 6개를 제외하면 가장 규모가 큰 은행이지요. 국내 130여 개 도시에 1,771개 지점이 있고 직원 수는 약 11만 명입니다. 초상은행은 2023년 기준으로 중국 주식거래소에 상장되어 있는 5,300여 개의 기업 중 여섯 번째로 많은 순이익을 벌어들인 기업이었습니다.

중궈핑안(中国平安, PING AN INSURANCE (GROUP) COMPANY OF CHINA, LTD)

중궈핑안은 중국 최초의 주식회사 보험사로 1988년 3월 션전에서 설립되었습니다. 지금은 보험 업무를 중심으로 하면서 은행, 증권, 신탁, 자산관리 등의 업무를 다양하게 수행하는 수십 개의 자회사를 거느린 중국 3대 종합금융그룹의 하나입니다. 2023년 말 기준 전체 직원 수만 28.9만 명에 이르며 이 중 52%인 15.1만 명이 보험 업무에 종사 중입니다. 2023년 영업이익을 기준으로 할 때 그룹의 구성은 보험 부문이 51%, 은행 부문이 27%, 자산관리 등 기타 부문이 22%입니다.[148] 참고로 중국의 3대 종합금융그룹은 이 중궈핑안 그룹 이외에 중궈중신 (中国中信)과 중궈광다(中国光大) 그룹입니다.

핑안그룹의 핑안빌딩

중국 3대 금융그룹의 하나인 핑안그룹의 빌딩 중 베이징의 금융가(金融街)에 있는 건물 모습입니다. 금융가(金融街)는 베이징 최대의 금융거리라고 할 수 있습니다. 금융과 관련된 거의 모든 기업들이 밀집해 있고 증권감독관리위원회 및 베이징증권거래소 등 정부기구들도 대부분 이 곳에 자리 잡고 있습니다.

핑안그룹

중궈핑안은 2022년에는 총자산이 11조 위안(약 2,000조 원)을 돌파하였으며(2023년 말 기준 11.6조 위안), 중국 아니 글로벌 최대 규모의 보험사입니다. 중국 보험업 전체 자산이 29조 위안 수준이니 1/3이 넘는 엄청난 자산 규모입니다. 보험 가입 고객만 2023년 말 기준으로 2.32억 명이었습니다. 참고로 우리나라 최대 보험사인 삼성생명보험의 2023년 말 기준 총자산이 315조 원이었으니, 중궈핑안이 약 7배 정도의 규모인 셈입니다. 중궈핑안은 '2024 Fortune 글로벌 500' 중 53위, '2024 Fortune 중국 500' 중에서는 14위의 순위를 기록했습니다. 2022년 매출은 8,804억 위안, 순이익은 1,110억 위안이었으며 2023년 매출은 9,138억 위안, 순이익은 857억 위안이었습니다. 그런데, 2020년 매출이 1.2조 위안, 순이익이 1,431억 위안이었으니 코로나 19 사태를 겪으며 경영 실적이 악화되고 있는 것을 알 수 있습니다. 2023년에도 실적이 좋지는 않았습니다만 그럼에도 여타 기관에 비해서는 선방하고 있는 추세입니다. 2023년 기준으로 중국 A주 시장에 상장된 보험사는 총 5개가 있는데요[149], 이들 5개 보험사 순이익의 절반 이상이 중궈핑안 순이익이었습니다. 이와 같은 배경에서 중궈핑안은 현금배당에서도 다른 보험사를 압도하고 있습니다. 2023년 현금배당을 실시한 3,495개 상장기업 중 100억 위안 이상을 배당한 기업은 30개에 불과했는데요, 중궈핑안이 이 중 하나입니다. 2023년 순이익(857억 위안) 중 30%인 259억 위안을 배당했습니다. 당연하게도 직원 평균 임금도 상장 보험사 중 가장 높은 수준입니다. 2023년 연평균 임금은 30.0만 위안으로 2위를 기록한 중궈런바오(中國人保, 28.1만 위안)보다 약 7%, 5개사 평균(26.4만 위안)보다 약 14% 높았습니다.[150]

한편 중궈핑안은 현재 상하이와 홍콩 주식시장에 모두 상장되어 있습니다. 2023년 말 기준 상하이 주식시장 시가총액은 6,723억 위안으로 전체 상장기업 중 14위였습니다. 중궈핑안은 최대의 보험그룹답게 외국인의 투자도 활발한 기업입니다. 2023년 말 기준으로 UBS가 6.8%, J.P.Morgan이 3.3%, Citi가 2.4%의 지분을 보유중입니다.

중궈핑안(中国平安保险集团股份有限公司)

1988년 션전에서 설립되었으며, 중국 최초의 주식회사 형태 보험사입니다. 2023년 말 기준 총자산이 11.6조 위안에 달하는 중국 제1의 보험사이지요. 2022년 기준 Forbes선정 글로벌 2000대 상장기업 중 16위, 2024 Fortune 선정 글로벌 500대 기업 중 53위를 차지하였습니다. 사진은 상하이 푸동 신구에 있는, 복고적인 형태를 띤 중궈핑안그룹 건물입니다.

중궈핑안

흥업은행(兴业银行, INDUSTRIAL BANK CO.,LTD.)

흥업은행은 1988년 8월 설립된 주식제상업은행으로, 푸지엔성 푸저우시(福建省 福州市)에 본점이 있습니다. 2023년 매출은 2,108억 위안, 순이익은 843억 위안이었으며 2023년 말 기준 총자산은 10.2조 위안이었습니다. 2021년 말 총자산이 8.6조 위안이었던 점을 감안하면 불과 2년 만에 18%나 증가한 것이니 흥업은행이 얼마나 빠르게 성장 중인

지를 잘 알 수 있습니다.

2023년 8월 칭화대에서 자기자본을 기준으로 발표한 '2023년 중국 은행업 200대 순위'에서 흥업은행은 6,617억 위안의 자기자본을 보유하여 8위를 차지한 바 있습니다. 6대 국유상업은행을 제외한다면 초상은행에 이어 두 번째 규모입니다. 총자산이나 순이익 등의 지표에서도 비슷합니다. 직원 수는 2023년 말 기준 약 6.7만 명이며 전국에 2,093개의 지점이 있습니다. 한편 2023년 현금배당액이 216억 위안에 달해 중국 전체 은행 중 8번째 순위를 차지했습니다.

한 마디로 말해 흥업은행은 어느 지표로 평가해 본다고 해도, 중국의 10대 은행에 속한다고 볼 수 있는 대형은행이라고 하겠습니다. 2023년 말 기준 푸지엔성 정부가 최대 주주로서 22%의 지분을 보유하고 있는 국유은행입니다. 상위 10대 주주 중 정부 및 국유기업이 절대 다수인 90%를 차지하고 있습니다.

영국의 'The Bankers'가 자기자본을 기준으로 발표한 '2022년 글로벌 1000대 은행' 순위에서는 1,075억 달러의 자기자본으로 16위였습니다. 또한 '2024 Fortune 글로벌 500' 중에서는 232위였습니다. 한편 흥업은행은 2007년 2월 상하이 거래소에 상장되었는데요, 2023년 말 기준 주식시장 시가총액은 3,368억 위안으로 전체 상장기업 중 32위였습니다.

한 가지 흥미로운 점은 흥업은행의 영문명칭이 Industrial Bank라는 점입니다. 우리나라 기업은행(Industrial Bank of Korea)과 유사합니다. 흥업(興业, 중국어 발음 씽예(xīng yè))이라는 표현은 사기(史记)에 처음 등장하는데요, 원래 의미는 '학문이나 사업 등을 부흥시키다'입니다.

중국금융론

흥업은행

흥업은행(兴业银行)

12개 주식제상업은행 중 하나로 1988년 푸지엔성 푸저우시(福建省 福州市)에서 설립되었습니다. 2007년 상하이 거래소에 상장되었습니다. 2023년 말 기준 총 자산이 10.2조 위안으로 주식제상업은행 중 초상은행에 이어 2위입니다. 2,093개의 지점에서 약 6.7만여 명의 직원이 1억 명의 고객에게 서비스를 제공하고 있습니다.

_18

중국 주식시장에 상장된 주요 기업에 대해 알고 싶습니다. [4] - IT·제조기업

CATL(宁德时代新能源科技股份有限公司, Contemporary Amperex Technology Co. Ltd)

CATL(宁德时代)은 2023년 현재 소위 가장 잘 나가는 중국 기업 중 하나입니다. 동시에 귀주마오타이(贵州茅台)와 함께 외국인들이 가장 선호하는 중국 주식투자 종목이기도 하지요. 이 기업은 2011년에 설립된 배터리 제조기업으로 특히 차량용 배터리를 전문으로 생산하고 있습니다. 2023년 기준으로, 전기자동차용 배터리 시장점유율 약 33%를 차지하고 있는 세계 1위 차량용 배터리 제조 기업입니다. 2017년 이후 7년 연속 1위 자리를 차지하고 있지요. 참고로 글로벌 시장점유율 2위가 LG에너지솔루션(20%)[151], 3위가 파나소닉(12%)이었습니다.

현재 CATL 본부는 푸지엔성 닝더시(福建省 宁德市)에 있습니다. 그리고 중국에 네 곳, 독일에 한 곳의 연구개발센터가 있으며 중국에 11개, 독일에 1개, 헝가리에 1개 등 총 13개의 생산공장이 있습니다. CATL은 2018년 션전 거래소에 상장되었으며, 2023년 말 기준 주식시장 시가총액은 7,182억 위안으로 전체 상장기업 중 11위였습니다. 벤처기업 전용 증권시장인 션전 창업판에 상장되어 있습니다. 창립자인 정위췬(曾毓群)이 자회사를 통해 23.3%의 지분을 보유하면서 이 기업을 실질

CATL 독일 공장

CATL 독일 공장
CATL이 독일 튀링겐(Thueringen)주의 도시 아른슈타트(Arnstadt)에 2022년 완공한 생산공장입니다. 아른슈타트는 바로 음악의 아버지로 일컬어지는 바흐(J.S.Bach)와도 인연이 있습니다. 1703년 당시 불과 18세이던 바흐가 이 도시의 New Church(지금은 Bach Church)의 오르가니스트로 음악 인생을 출발한 도시이기 때문입니다.

적으로 지배하고 있는 중입니다. 국유기업이 주를 이루는 중국 산업계에서 보기 드문 대표적인 민영기업이라 하겠습니다.

2023년 말 현재 총자산은 7,172억 위안이며 2023년 총매출은 4,009억 위안, 순이익은 441억 위안이었습니다. 2023년 매출은 전년보다 22%, 순이익은 44% 상승한 수준입니다. 사실 CATL은 2023년 기준으로 중국 주식거래소에 상장되어 있는 5,300여 개의 기업 중 열아홉 번째로 많은 순이익을 벌어들인 기업이었습니다. CATL의 성장세는 무서울 정도입니다. 불과 3, 4년 사이에 기업 규모나 수익성 등의 면에서 약 5~8배가 뛰었습니다. 2020년 말 총자산이 1,566억 위안이었으며 그해 총매출이 503억 위안, 순이익이 56억 위안이었던 점을 감안하면 이 기업이 얼마나 급성장하고 있는지를 잘 알 수 있습니다. 그리고, 2023년도 현금배당액도 221억 위안에 이르면서 가장 배당 실적이 우수한 기업 중 하나였습니다. 션전거래소 상장 기업 중 가장 많은 배당을 실시한 기업이었지요. 이와 같은 성장세는 주가 변화에서도 극명하게 나타나고 있습니다. 약 5년 전인 2018년 말 주당 39위안이었던 주가는 2024년 10월 21일 기준 주당 253위안까지 상승한 상황입니다. 역시 약 5~6배 뛴 수준입니다.

CATL의 매출 규모는 국내 배터리 3사인 LG에너지솔루션, SK온, 삼성SDI를 모두 합한 규모에 해당합니다. 더구나 R&D 비용은 이들 3사의 R&D 비용을 다 합친 금액보다 많은 것으로 알려져 있습니다. 2023년 R&D에 투자한 금액이 184억 위안(약 3.4조 원) 이었습니다. 특히 2023년 말 현재 R&D 인력은 전체 직원의 14%가 넘는 20,604명[152]에 달하는 것으로 알려져 있습니다.

그러나 CATL도 고민은 있습니다. 중국 배터리 산업의 경우 과잉투자·재고 문제로 인해 산업의 구조조정이 필요하다는 지적이 지속적으로 제기되고 있는 상황입니다. 더구나 자동차 기업들도 자체적으로 배터리 생산력을 갖추기 시작하고 있지요. 또한 글로벌 경제성장세가 둔화되면서 주요 전방산업인 전기차 산업이 영향을 받을 수밖에 없어 전기차용 배터리 수요도 주춤할 가능성이 있습니다. 더구나 미국과 중국간 무역갈등에 따라 중국기업에 대한 견제가 지속되고 있어 CATL이 지금까지와 같은 고성장을 지속할 수 있을지에 대한 의구심이 존재합니다. 중국 자동차 배터리 시장에서 CATL의 시장점유율이 2021년 52.1%, 2022년 48.2%, 2023년 43.1%로 감소하고 있는 것은 이와 같은 우려가 단순한 기우만은 아닐지도 모른다는 생각이 들게 하는 수치입니다.

BYD(比亚迪, BYD Company Limited)

BYD는 원래 배터리 제작으로 유명한 기업이었으나 최근에는 전기자동차 생산 및 판매에서 발군의 실력을 보이고 있습니다. 초기에는 내연기관 차량과 친환경 차량[153]을 동시에 생산하였습니다. 2021년만 해도 전체 판매차량 74만대 중 약 18%인 13.6만대가 내연기관 자동차였으나 2022년에는 약 5%인 8.8만대로 줄어들었습니다. 내연기관 자동차 부문에서 경쟁력이 떨어진다고 판단한 BYD는 결국 이 부문에서 철수하면서 2023년부터는 친환경자동차만 생산하고 있습니다.

BYD는 현재 중국 친환경자동차 시장에서 압도적인 1위의 자리를 차지하고 있습니다. 2023년 중국 친환경자동차 판매량 기준으로 1위인 BYD는 2위인 테슬라를 크게 앞섰는데요, 전체 친환경 자동차 판매의 약 1/3이 BYD 차량이었습니다. 현재 BYD는 전 세계 친환경 자동차 시장의 약 27%를 점유하고 있습니다. 2023년 판매량은 302만대에 달했고, 이 중 순수전기자동차가 157만 대였습니다. 이는 전 세계 전기자동차 판매 1위 업체인 테슬라(181만 대)의 87%에 달하는 수준입니다.

이 기업은 1995년 2월 설립되었으며 현재 광둥성 션전시(广东省 深圳市)에 본부가 있습니다. 창립자는 안후이성(安徽省) 출신의 1966년생 왕취엔푸(王传福)입니다. 자동차산업에는 2003년 뛰어들었지요. 현재 BYD는 '2024 Fortune 중국 500' 중 40위, '2024 Forune 글로벌 500' 중 143위를 차지할 정도로 성장하였습니다. 2002년 7월 홍콩 주식시장에, 2011년 6월 션전 주식시장에 각각 상장되었으며, 2023년 말 기준 션전 주식시장 시가총액은 5,723억 위안으로 중국 상장기업 중 19위였습니다.

BYD 역시 R&D의 중요성을 잘 인식하고 있는데요, 2022년 전체 매출의 약 4.8%인 202억 위안을, 2023년에는 6.6%인 396억 위안(약 7.3조 원)을 이 부문에 투자하였습니다. 이는 중국 전체 R&D 금액의 1.2%에 해당하는 어마어마한 규모입니다.[154] 관련 연구 인력도 전체 인원의 12.3%인 7만여 명에 이릅니다. R&D 투자의 급증은 장기적인 수익성 제고를 위해서는 스마트 기술 개발의 필요성이 절실하다는 점을 BYD도 잘 인식하고 있음을 시사하는 대목입니다.

2023년 현재 BYD는 총 57만 명의 직원을 고용 중이며, 이는 중국 전체 민영기업 중 가장 많은 규모입니다.[155]

한편 2023년 매출액은 6,023억 위안으로 상하이자동차(7,447억 위안)

에 이어 중국 자동차업계 2위를, 2023년 순이익은 300억 위안으로 처음으로 업계 1위를 차지했습니다. BYD는 2023년 기준으로 중국 주식거래소에 상장되어 있는 5,300여 개의 기업 중 열여덟 번째로 높은 매출액을 기록한 기업이었습니다. 2024년 상반기 기준으로는 열네 번째였으며 특히 션전거래소에 상장된 기업 중에서는 1위를 기록했습니다.

2023년 전체 자동차 판매량에서는 상하이자동차(上汽集團, 502만 대) 및 제일자동차(一汽集團, 337만 대)에 이어 3위(302만 대)를 기록했지요.[156] 배터리 기업에서 자동차 기업으로의 변신에 완전히 성공한 셈입니다. 실제로 2023년 기준 BYD의 총매출 중 자동차 및 관련 부품 비중은 80.3%에 달하여 2021년의 59.7%를 크게 상회하였습니다. 상대적으로 스마트폰 부품이나 기타 전자장비 비중은 하락하였습니다. 또한, BYD의 급성장은 전기자동차에서 배터리의 중요성을 다시 한 번 각인시키는 계기가 되기도 하였다는 평가입니다. 전기자동차에서 원가의 약 40%를 차지하는 부품이 배터리라는 점을 감안할 때, 얼마나 낮은 비용으로 얼마나 우수한 배터리를 생산하느냐가 전기자동차의 경쟁력을 좌우하는 핵심 요소라는 점이 더욱 부각되었다는 의미입니다.

한편 BYD는 한국 시장 진출에도 적극적인데요, 2023년 국내에서 판매된 전장 9m 이상의 중대형 전기버스 시장에서 현대자동차(868대)에 이어 2위(438대)를 차지할 정도로 성장했습니다.[157] BYD의 전기버스 가격은 보조금 포함 1.5억~2억 원대로 동급 국산버스보다 약 1억 원 저렴한 수준이라고 합니다. 더구나 2025년부터는 우리나라 전기승용차 시장에도 진출할 계획입니다. BYD의 대표차 atto3의 국내판매 가격은 2,200만 원으로 기아차의 절반 수준이 될 거라는 예상입니다. 2023년

BYD의 해외 전기차 수출이 약 24만 대였는데요, 2024년은 50만 대를 목표로 하고 있습니다. 다만, 미국이나 유럽 등에서 중국산 전기차에 대한 무역장벽을 높이고 있는 추세를 감안하면 BYD의 계획이 얼마나 순조롭게 진행될지는 지켜봐야 할 것 같습니다. 또한 최근 배터리 화재 사고 등 전기차의 안전성에 대한 우려가 높아지고 있는 한국의 시장을 보면 관련 불확실성도 높아지고 있는 상황입니다.

BYD(比亚迪)

1995년 배터리 제작 기업으로 처음 출발한 BYD는 지금은 전기차 생산 및 판매로 유명합니다. 2023년에 중국에서 판매된 친환경자동차가 모두 950만 대에 달했는데요, 이 중 약 1/3인 302만 대가 BYD 제품이었습니다. 압도적인 1위이지요. 2002년 홍콩 거래소, 2011년 션전 거래소에 각각 상장되었습니다. 션전 거래소 기준 1주당 주가가 2012년 말 18위안에서 2023년 말 198위안, 2024년 10월 21일 기준 306위안까지 급상승하였습니다.

BYD

메이디(美的, Midea Group Co., Ltd.)

메이디는 광둥성 포산시(广东省 佛山市)에서 창립한 가전제품 기업으로 오랜 역사를 자랑합니다. 1942년생인 창립자 허씨앙지엔(何享健)이 1968년에 설립한 플라스틱 제조공장을 모태로 하는데요, 메이디라는 명칭의 회사가 설립된 것은 1992년입니다. 냉장고, 에어컨, 세탁기, 건조기, 전자레인지 등 다양한 제품을 생산합니다. 2023년에 생산 및 판매한 가전제품이 약 6억 대에 달합니다.

메이디는 현재 중국의 온라인과 오프라인 모두에서 주요 가전제품 시장점유율이 1위 아니면 2위를 차지할 정도로 절대적인 위치를 차지하고 있습니다. 예를 들어 2023년도 온라인 판매 기준으로 에어컨(시장점유율 34.5%), 전자레인지(51.6%), 건조기(40.5%), 선풍기(22.8%) 등이 1위를, 세탁기(38.1%), 냉장고(19.0%) 및 압력밥솥(38.9%) 등은 2위를 차지하고 있습니다.[158] 참고로 2023년 중국 가전제품 시장은 온라인 시장이 약 60%를 차지하며 오프라인 시장과의 격차가 점차 확대되고 있는 상황입니다.

메이디는 2023년 현재 전 세계 200여 개의 자회사와, 35개의 연구센터, 35개의 공장이 있으며 고용 인원이 19.9만 명에 달합니다. 이 중 해외 고용 인원만 3만 명입니다. 전체 인원의 약 77%인 15.4만 명이 생산 활동에 종사하고 있습니다. R&D 관련 인원은 전체 직원의 11.7%인 2.3만 명이었으며 전체 매출의 3.9%인 146억 위안을 투자하였습니다. 한편 2023년 매출은 3,737억 위안, 순이익은 337억 위안입니다. 특히 전체 매출의 약 40%가 해외 지역에서의 매출입니다. 2023년 말 총자산은 4,860억 위안입니다.

메이디는 '2024 Fortune 중국 500' 중 73위, '2024 Fortune 글로벌 500' 중 277위를 차지했습니다. 또한 이 기업은 선전거래소에 상장되어 있는데요, 2023년 말 기준 주식시장 시가총액은 3,838억 위안으로 전체 상장 기업 중 27위였습니다. 한편 메이디는 2024년 9월에는 홍콩

거래소에도 상장되었습니다. 당시 모집자금이 306억 위안에 달하면서 2021년 2월의 콰이쇼우(快手, 스트리밍 플랫폼 기업) 이후 3년 만에 홍콩거래소 상장 기업 중 최대 규모의 IPO를 기록했었지요.

중국의 대형기업 대부분이 국유기업이거나 정부 지분 비율이 높은 데 반해, 메이디는 창립자인 허씨앙지엔이 지배하고 있는 민영기업입니다. 허씨앙지엔은 메이디의 지분 0.45%를 직접 소유하고 있을 뿐만 아니라, 메이디 지분 30.87%를 소유하여 메이디를 지배하고 있는 지주회사를 소유(94.55%의 지분 보유)하고 있어 완전히 기업을 장악하고 있습니다.

메이디 그룹 본부

메이디 그룹 본부

광둥성 포산시(广东省 佛山市)에 있는 메이디 그룹 본부의 모습입니다. 포산은 우리에게 익숙한 도시는 아닙니다만 상주인구가 950만 명에 이르는 대도시입니다. 2023년 극심한 경영난으로 부동산발 위기를 불러 일으켰던 중국의 대형부동산 개발업체 비구이위안(碧桂園, country garden)도 바로 이 포산시의 기업입니다.

중국금융론

특히 메이디는 현금배당을 많이 하는 대표적인 기업으로 널리 알려져 있습니다. 2022년도 현금배당금이 172억 위안에 달했는데요, 이는 순이익의 58%에 달하는 수준입니다. 2022년도 중국 상장기업 중 현금배당을 실시한 기업의 평균 현금배당액이 6억 위안[159]이었던 점을 감안하면 메이디의 현금배당액 규모가 얼마나 큰 지를 잘 알 수 있습니다. 2023년도 현금배당액도 순이익의 60%가 넘는 208억 위안이었습니다. 이는 션전거래소 상장 기업 중 두 번째로 많은 규모였습니다. 2013년 이후 11년간의 현금배당 총액도 1,075억 위안에 달합니다. 다만, 이렇게 현금배당 수준이 높다는 이야기는 R&D 등에 재투자해야 할 기업의 잉여가 외부로 너무 많이 유출된다는 점에서 그렇게 바람직한 측면만 있는 것은 아닙니다. 특히 메이디의 기업지배 구조상 창업자가 절대적인 위치를 점하고 있는 점을 감안하면 더욱 그러합니다. 참고로 창업주인 허씨앙지엔 가족은 2023년 기준 2,350억 위안(약 45조 원)의 재산을 보유하여 중국에서 다섯 번째의 부호인 것으로 나타났습니다(2024 胡潤百富榜).

쉬어가는 코너
- 친환경 자동차정책의 도시 상하이

환경 보호 및 교통체증 예방을 위해 상하이는 강력한 친환경 자동차 정책을 실시하고 있습니다. 소위 '자동차구매제한정책(汽车限购政策)'입니다. 자동차를 구입하는 것을 직접 금지할 수는 없으니 다른 방법으로 규제하고 있는데요, 바로 자동차 번호판 경매제도를 통해서 연간 자동차 등록 대수를 통제하는 것입니다.

우리나라의 경우 자동차 구입 후 번호판을 부착하는 데에는 수만 원의 비용이면 족합니다. 특별한 제한도 없지요. 그러나 중국의 경우에는 그렇지 않습니다. 특히 대도시의 경우는 과도한 자동차 운행을 제한하기 위해 연간 발급하는 번호판 수량을 엄격히 통제하고 있습니다. 2022년 6월 기준으로 상하이처럼 자동차구매 제한정책을 실시하는 중국 도시는 일곱 개가 더 있습니다. 베이징(北京), 광저우(广州), 구이양(贵阳), 스지아장(石家庄), 티엔진(天津), 항저우(杭州) 및 션전(深圳)입니다. 그리고 그 한정된 번호판 배분은 철저히 시장원리에 의해 이루어집니다. 바로 경매제도를 통해서이지요. 가장 높은 낙찰금액을 쓴 사람 순으로 번호판을 부여받고 자동차를 그 지역에서 등록한 이후에 운행할 수 있게 됩니다.

상하이가 바로 이 자동차 번호판 경매제도를 시행하는 대표적인 지역입니다. 2021년 상하이에서 개인의 비영업용 자동차 번호판 경매 대수는 월 평균 약 11,000대로 연간으로는 약 13만 대에 불과했습니다. 평균 경매가격도 9.2만 위안(약 1,600만 원)에 달했지요. 2021년 중국에서 판매된 승용차 평균 가격이 16.6만 위안(약 3,000만 원)이었으니 자동차 값의 절반이 넘는 수준입니다. 여기에 취득세(구입가격의 10%)를 감안하면 결국 상하이에서 3,000만 원짜리 자동차를 운행하기 위해서는 실질적으로는 약 5,000만 원을 지출해야 한다는 이야기입니다. 큰 부담이 되는 수준입니다. 당연히 자동차 소비는 억제되겠지요. 2022년 중 코로나 19에 따른 상하이 지역 장기봉쇄(3월 28일~5월 31일)로 경기부진이 심해지자 지역경제 회복방안 50개 조치 중의 하나로 자동차 번호판 경매 수량을 추가 확대하는 조치가 나온 배경이 바로 여기에 있습니다. 당시 상하이 정부는 연간 경매량의 약 30%에 해당하는 4만 개의 추가 번호판 경매를 실시하였습니다. 자동차 소비 촉진 정책의 일환이었지요. 코로나 19에 따른 봉쇄조치 등으로 경기가 부진해짐에 따라 상하이처럼 번호판 경매 수량 확대 조치를 실시한 도시는 또 있었습니다. 광저우(3만), 션전(2만), 항저우(4만), 티엔진(3.5만) 등이 경기대응정책의 일환으로 2만~4만 개의 추가 번호판 경매 조치를 실시한 바 있습니다.

그런데, 친환경자동차의 경우에는 이런 제한을 받지 않습니다. 일반 차량의 경우 번호판 색깔이 청색입니다. 앞에서 말씀드린 경매 제도를 통해 번호판을 구입해야 하는 번호판입니다. 그런데, 친환경 차량의 경우 번호판이 녹색입니다. 이 번호판은 무료입니다. 평균 경매가격에 해당하는 약 1,600만 원을 절약할 수 있다는 의미입니다. 더구나 친환경 차량 구입시에는 보조금도 지급하였습니다.[160] 소비자 입장에서는 당연히 일반 내연기관 자동차보다는 친환경자동차를 구입할 강력한 유인이 있는 것입니다. 상하이의 예를 들면, 이전의 자동차번호판 경매 시 낙찰률이 5% 내외에 불과하였으나 2024년 5월 16%까지 상승[161]한 것은 이러한 배경 하에 나온 결과입니다.

이처럼 적극적인 친환경 자동차정책의 실시로 인해 상하이는 2023년 신규등록 자동차 65.6만 대 중 친환경자동차가 35.4만 대로 전체의 54%에 달해 전국 최고 수준입니다.[162] 전국적으로는 이 비중이 약 30% 내외입니다. 또한 2023년 말 기준으로 상하이 자동차 보유량은 543만 대인데요, 이 중 친환경자동차는 130만 대로 이미 24%에 달하고 있습니다.

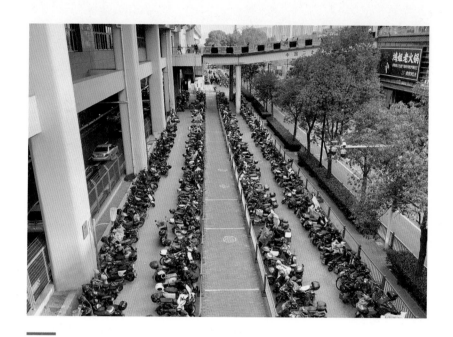

오토바이 행렬

주차되어 있는 거대한 오토바이 행렬

상하이의 한 지하철역 주변에 주차되어 있는 오토바이 행렬이 장관입니다. 그러나, 2022년 말 기준으로 상하이에 등록되어 있는 오토바이 수는 22만 대로 전국 (8,072만 대)의 0.3%에 불과합니다. 2021년보다도 2만 대나 줄어든 수치입니다. 이는 소득수준 상승에 따라 점점 자동차를 구입하는 인구가 증가하고 있기 때문입니다. 2023년 기준 상하이 자동차 등록 대수는 543만 대였는데요, 이는 전국 자동차 등록 대수(3.36억 대)의 1.6% 수준입니다.

테슬라 model Y

2023년에 중국에서 가장 많이 판매된 승용차인 Tesla Model Y

2023년 중국에서 가장 많이 판매된 승용차는 테슬라(Tesla)의 전기차 Model Y 였습니다. 45.6만 대가 팔렸습니다. 물론 이 차는 2023년 글로벌 판매 1위 전기차이기도 했습니다. 총 121.2만 대가 팔렸지요. Model Y 판매 중 중국시장에서의 판매 비중이 38%였으니 압도적인 비율입니다. 사실 테슬라의 글로벌 공장 중 연간 생산 능력이 가장 큰 공장(연 95만 대)이 바로 상하이에 있습니다.

한편 2023년 중국 자동차 판매량 상위 1~10위 차량 중 전기차가 6대를 차지한 것을 보면, 중국에서 친환경 차량 판매가 얼마나 급증하고 있는지를 알 수 있습니다. 특이한 점은 테슬라를 제외한 나머지 5대가 모두 BYD 차량이었다는 점입니다. 중국 전기차 시장에서 BYD의 위상을 짐작케 하는 부분입니다.

1. 중국의 환율제도에 대해 알고 싶습니다.

2. 외화자금의 조달 통제를 통한 위안화 환율 조정 제도란 무엇인지요?

3. 위안화의 국제화 수준은 어느 정도인가요?

4. 디지털 위안화란 무엇이며 얼마나 널리 사용되고 있는지요?

5. 중국 금융시장에서 눈 여겨 봐야 할 금리에는 무엇이 있을까요?
   (1) – Shibor

6. 중국 금융시장에서 눈 여겨 봐야 할 금리에는 무엇이 있을까요?
   (2) – LPR

7. 통화량(M2)이나 대출규모 이외에 중국에서만 사용되는 유동성 지표가 있던데요?

8. 중국에서는 금리보다 지급준비율 조정을 통해 시중 유동성을 조절하는 사례가 많다고 들었는데요, 어떤 상황입니까?

9. 판다본드(Panda bond)와 딤섬본드(Dimsum bond)의 차이점은 무엇인지요?

CHAPTER

05

금융관련 지표 및 용어

01

중국의 환율제도에 대해 알고 싶습니다.

우리가 일상생활에서 환율을 크게 신경 쓰는 경우는 거의 없습니다. 해외로 유학이나 여행을 가거나, 혹은 주재원으로 근무하는 경우 등을 제외한다면 말입니다. 그러나 수출입 기업 및 외환 관련 상품을 거래하는 금융기관 등의 경우에는 그렇지 않습니다. 극단적으로 말한다면 환율보다 더 큰 영향을 미치는 경제적인 지표는 거의 없다고도 말할 수 있습니다. 예를 들어 수출기업 실적이 좋아 연간 영업수익률이 몇 십 퍼센트에 이른다고 해도 단 며칠만의 환율 변동만으로 그 수익을 모두 까먹을 수 있는 것이 현실입니다.

이렇게 중요한 환율이라는 경제변수는 어떻게 결정되는 것일까요? 각 국가별로 다양한 환율제도가 있습니다. IMF의 분류에 따르면 현

상하이 여행의 필수 코스 - 예원(豫园)

상하이의 대표적인 여행지인 예원(豫园) 입구의 야경 모습입니다. 현재 상하이 시내 중심가에 위치해 있는 예원은 명나라 때 처음 만들어져서 이미 역사가 400년이 넘은 중국 강남지역의 대표적인 정원입니다. 베이징과 같은 고대 유물이나 유적지가 거의 없는 상하이의 경우 여행객들이 거의 필수적으로 들르는 장소라고 할 수 있습니다.

예원

재 전 세계 환율제도는 크게 9가지로 나뉩니다.[163] 다만, 이를 단순화해서 말한다면 고정환율제도와 변동환율제도로 나뉠 수 있습니다. 전자는 일정한 외국통화에 연동되어서 환율이 변동하거나 정부가 인위적인 간섭을 통해 변화시키는 등 환율이 경직적인 경우를 가리킨다면, 후자는 시장의 수급 상황에 따라 환율이 자유롭게 움직이는 경우를 의미합니다.

중국의 환율제도는 1949년 건국 이후 다양하게 변화해 왔는데요, 현재의 제도는 '복수통화 바스켓을 참조하는 관리변동환율제[164]'입니다. 쉽게 말한다면 정부가 시장 상황, 바스켓상의 복수 통화 움직임 및 정책적인 요인을 참고하여 결정하는 환율제도입니다. 정부의 정책 의도가 강하게 개입하는 경직적인 환율제도라는 점에서 이름과는 다르게 변동환율제보다는 고정환율제에 더 가깝다고 할 수 있습니다.

인민은행 산하의 중국외환거래센터(CFETS; China Foreign Exchange Trade System)에서 2006년 1월 이후 매일 환율을 발표하고 있습니다. 이를 '고시환율(人民币汇率中间价, Central Parity Rate)'이라고 합니다. 해당일의 공식 기준환율이지요. 당연히 여러 가지 통화의 환율을 발표하는데요, 위안화 환율의 기본은 위안화 - 미달러화 환율입니다. 중국외환거래센터는 매일 오전 외환시장 개장 전에 외환시장 조성자들인 25개 은행[165]들로부터 위안화 - 미달러화 호가(呼價)를 받습니다. 여기에서 외환시장 조성자란 외환시장에서 거래를 촉진하는 역할을 하는 금융기관이라고 이해하시면 됩니다. 이들이 제출한 호가 중 최고치와 최저치를 제외하고 남은 호가를 가중평균하고, 여기에 전일 종가 및 통화바스켓 구성통화의 환율 변화 상황 등을 감안하여 당일의 매매기준율이 정해집니다. 이 환율이 당일 외환거래의 기준이 되는 기준환율입니다. 통상 위안화 환율이라 할 때는 바로 이 위안화 - 미달러화 환율을 가리키는 것이 일반적입니다.

한편 여기서의 통화바스켓 구성통화는 2016년까지는 13개였으나, 2017년에 11개가 추가된 이후 현재까지 24개 통화를 유지 중입니다. 2023년 현재 한국 원화는 달러(19.8%), 유로(18.2%), 엔(9.8%)에 이어 네 번째로 높은 비중(9.5%)을 차지하고 있습니다. 또한 2017년에는 경기 대응 능력 강화를 위해 환율 결정 시 '역주기조절요인(逆周期因子, counter - cyclical factor)'을 도입한 바 있습니다. 이는 쉽게 말해 환율의 급격한 변동에 따른 리스크를 예방하기 위해 정책당국이 임의적으로 개입한다는 의미입니다. 당연히(?) 이 요인이 어떻게 산출되며 적용되는지에 대

중국금융론

한 설명 등은 없었습니다. 환율 결정 과정의 불투명성을 높인다는 비판을 받았던 이 제도는 환율의 급격한 쏠림 현상 등이 발생할 때 여전히 적용되고 있는 상황입니다.

이상에서 말씀드린 것을 종합한다면, 위안화 - 미달러화 기준환율은 외환시장 조성자들인 은행들의 호가(시장 상황), 통화바스켓 구성 통화의 변화 상황(바스켓상의 복수 통화 움직임), 그리고 역주기조절요인(정책적인 요인)을 모두 감안하여 결정된다고 하겠습니다. 그리고, 위안화 - 홍콩달러화의 환율은 위안화 - 미달러화 매매기준율과 오전 9시 국제금융시장의 홍콩달러화 - 미달러의 환율을 재정(arbitrage)[166]하여 산출합니다. 그리고 통화바스켓상의 나머지 22개 통화의 환율은 매일 시장 개장 전 시장조성자의 호가를 받아 최고치와 최저치를 제외하고 남은 호가를 평균하여 산출하고 있습니다. 즉, 여타 통화의 기준환율은 위안화 - 미달러화 기준환율에 비해 상대적으로 간단한 방법을 통해 결정됩니다.

한편 위안화 환율에는 위에서 설명한 기준환율(고시환율)과 함께 실제 외환시장에 참가하는 위국환은행 간 거래에서 형성되는 시장환율이 있습니다. 두 환율 간에는 어느 정도 차이가 존재하나 크지는 않습니다. 이는 환율의 일중 변동 폭이 기준환율의 일정비율 이내로 제한되기 때문입니다. 위안화의 대미달러화 변동 폭은 2005년 ±0.3%를 시작으로 이후 점차 확대되어 2023년 말 현재는 ±2%입니다. 기타 통화의 변동 폭은 ±5%입니다. 한편 러시아 - 우크라이나 전쟁으로 인해 러시아의 정치, 경제적 불안정 상황이 지속되면서 루블화의 변동성이 커짐에 따라 2022년 3월 루블화의 일중 변동 폭은 ±10%로 확대되었습니다. 이를 보면 중국은 아직도 상당히 제한적인 관리변동환율제도를 유지하고 있는 상황임을 알 수 있습니다. 위안화의 대미달러 변동 폭 ±2.0%의 경우에도 2014년 이후 10년간 전혀 확대가 되지 않고 있습니다. 그만큼 중국 정부가 환율의 변동에 대해 신중하다는 점을 시사한다고 하겠습니다.

참고로 중국외환거래센터에서는 매주 금요일에 'CFETS위안화환율지수(CFETS人民币汇率指数, CFETS RMB Index)'를 발표합니다. 통화바스켓상의 24개 통화 대비 위안화 환율의 변동 상황을 종합적으로 나타내는 지수입니다. 중국과의 무역비중을 감안하여 가중평균으로 구하며, 2014.12.31일을 100으로 하여 산출됩니다. 100보다 높으면 기준시점보다 위안화 환율이 여타 통화들보다 강세 즉, 절상되었음을, 낮으면 약세 즉, 절하되었음을 의미합니다. 예를 들어 달러 대비 위안화 환율이 절하되었다고 해도 여타 통화들이 위안화보다 더 큰 폭으로 절하되었다면 이 위안화환율지수는 상승하게 될 것입니다. 이 말인즉슨 위안화는 다른 통화보다 가치가 덜 떨어졌다는 의미이기도 합니다. 이런 사례는 많습니다. 예를 들어 2023년 마지막 영업일인 12월 29일 달러 대비 위안화 고시환율은 달러당 7.0827위안이었으며 2024년 3월 8일 환율은 7.0978위안이었습니다. 달러 대비 위안화 환율이 절하된 것이지요. 반면 같은 기간 CFETS위안화환율지수는 97.42에서 98.72로 상승하였습니다. 위안화가 통화바스켓을 구성하는 여타 통화 대비로는 환율이 절상되었다는 말입니다. 즉, 절하 폭이 더 작았다는 의미입니다. 다만, 이 지수는 앞에서 말씀드린 위안화 - 미달러화 고시환율에 비해 시장의 주목을 크게 받지는 않고 있습니다.

02

외화자금의 조달 통제를 통한 위안
화 환율 조정 제도란 무엇인지요?

앞에서 위안화 환율제도를 설명할 때, 경기대응 능력을 강화하는 동시에 환율의 급격한 쏠림을 방지하기 위해 인민은행이 환율 결정 시 '역주기조절요인'을 사용한다고 말씀드린 것을 기억할 겁니다. 그러나, 이 외에도 인민은행이 환율 수준 조정을 위해 통상적으로 사용하는 제도가 또 하나 있습니다. 바로 '기업과 금융기관의 역외자금조달(외자도입) 상한제도'입니다.

금융시장이 완전하게 개방되어 있지 않은 중국은 외화자금에 대한 통제와 함께 환율 수준 조정을 위해 역외로부터의 자금 조달 즉, 외자 도입을 엄격하게 관리하고 있습니다. 이는 기업이나 금융기관이 도입할 수 있는 외자의 상한액을 정하고 경제상황에 따라 이를 적절히 조절하여 외자도입 규모를 통제하는 방식입니다. 인민은행은 2016년 5월 이후, 기업과 금융기관의 해외로부터의 자금 조달에 대해 일괄 관리하고 있는데요, 구체적인 산출식은 다음과 같습니다.

역외조달자금 위험가중잔액 상한 = 자본금 또는 순자산 × 역외자금조달 레버리지 비율 × 역외자금조달 거시건전성 조정계수

자, 조금 복잡해 보이는데요, 간단히 말씀드린다면 어느 한 기업이나 금융기관은 자본금 내지 순자산의 일정 비율 이내로만 외자를 도입할 수 있다는 의미입니다. 여기에서 레버리지 비율은 2023년 현재 기업 2, 비은행 금융기관 1, 은행 및 외국은행 국내지점 0.8로 정해져 있습니다. 그리고 역외자금조달 거시건전성 조정계수는 2023년 12월 현재 1.5를 적용 중입니다. 예를 든다면 자본금 1억 달러인 기업의 경우 1억 달러×2×1.5=3억 달러이므로 총 3억 달러까지 외자를 도입할 수 있다는 의미입니다. 인민은행은 바로 이 세 번째 요소인 거시건전성 조정계수를 수시로 조정하여 위안화 환율 변동에 대응하고 있습니다. 즉, 위안화 환율이 급격하게 절하될 경우 이 조정계수를 올려서 외자유입 촉진을 유도하는 겁니다. 외자가 많이 도입되면 상대적으로 위안화 가치가 올라가게 되어 환율 절상을 기대할 수 있게 되니까요. 위안화 환율이 급격하게 절상될 경우는 반대로 이 조정계수를 내려서 대응하구요.
　예를 한 번 들어볼까요? 과거 2020년 3월의 경우 코로나 19 발생 후 위안화 환율이 급격히 절하되자 인민은행은 조정계수를 1에서 1.25로 조정한 바 있습니다. 또한 2021년 1월에는 코로나 19가 안정되고 수

출이 증가하면서 환율이 빠르게 절상되자 이에 대한 대응으로 조정계수를 1.25에서 1로 조정하였습니다. 이후 2022년 10월 환율절하 압력 증대에 대응하기 위해 1에서 1.25로 조정되었던 조정계수는 2023년 7월에는 환율 절하에 대응하고 기업 외화유동성을 확보하기 위해 다시 1.25에서 1.5로 조정되었습니다.

100위안 뒷면

100위안 뒷면의 다섯 가지 언어 표시

중국 100위안(元) 지폐의 뒷면에는 다섯 가지 언어로 '중국인민은행'을 표시하고 있습니다. 병음(拼音, 알파벳), 몽고문자(蒙文), 티베트문자(藏文), 위구르문자(维文) 및 장족문자(壮文)가 바로 그것입니다.

03

위안화의 국제화 수준은 어느 정도 인가요?

EU처럼 공동의 통화를 사용하는 극히 예외적인 경우를 제외한다면 각 국가는 고유의 통화를 가지고 있습니다. 수출입을 할 때 양쪽 국가는 자신들의 통화를 수출대금으로 받고 상대방 국가의 통화로 수입대금을 결제하는 것이 이상적일 것입니다. 그러나, 언뜻 생각해도 이는 매우 번거로운 일입니다. 100개국과 교역을 하고 있다면 자국 통화를 포함해 100개의 통화가 필요하다는 의미이기 때문입니다. 그래서 거래의 기준으로 등장한 것이 소위 기축통화(基軸通貨, key currency)입니다. 무역이나 금융 거래에서 가장 믿을 수 있고 또 안정적인 통화를 선정하여 이를 함께 사용하자는 아이디어에서 나온 것입니다. 지금 글로벌 거래에서 기축통화는 단연 미국의 달러화입니다. 한편 유로화, 파운드화, 일본 엔화 등은 국제거래에서 비교적 자주 사용되는 준(準)기축통화라 할 수 있는데요, 이들을 흔히 교환성 통화(convertible currency)라고 부릅니다. 그렇다면 위안화는 어떨까요?

우선, 경제력을 포함하여 중국의 전방위적인 국력이 증가하면서 위안화의 가치가 지속적으로 상승하는 추세에 있다는 점은 확실합니다. 이로 인해 나타난 상징적인 사건이 2016년 10월부터 IMF의 특별인출권(SDR; Special Drawing Rights) 바스켓에 위안화가 포함된 것입니다. 여기에서 특별인출권이란 IMF 가맹국이 일정 조건에 따라 IMF로부터 국제유동성을 인출할 수 있는 권리를 의미하는 일종의 가상통화를 말합니다. 현재 이 바스켓에는 위안화 이외에 달러화(비중 41.73%), 유로화(30.93%), 엔화(8.33%), 파운드화(8.09%)가 포함되어 있습니다. 위안화 비중은 10.92%로 달러화 및 유로화에 이어 세 번째로 큰 비중입니다. 이런 상황을 언뜻 보면 위안화는 적어도 앞에서 언급한 교환성 통화의 위상에 근접한 상황인 것처럼도 생각이 됩니다. 정말 그럴까요?

어느 한 국가의 통화가 얼마나 국제화 되어 있는지를 판단할 때 일반적으로 다음 세 가지 기준을 사용합니다. 바로 국제거래에서 지급결제 수단으로서의 사용 정도, 외환보유액 보유 여부, 상품거래의 표시단위로서 사용 여부 등입니다. 그렇다면 중국의 위안화는 어느 정도 수준일까요?

우선, 지급결제 수단으로서의 위안화 사용 정도는 2024년 3월 기준으로 보면 글로벌 통화 중 네 번째 수준입니다. 달러(47.4%) - 유로(21.9%) - 파운드(6.6%) - 위안(4.7%) - 엔(4.1%) - 캐나다달러(2.6%)의 순입니다.[167] 위안화가 네 번째라고는 하지만 달러와 유로가 압도적이고 위안화를 포함하여 여타 통화는 고만고만한 수준인 점을 알 수 있습니다. 그나마 위안화가 이 정도 비중을 차지하고 있는 것도 해외에 진출해 있는 중국의 많은 대기업들이 본사와의 거래 시 주로 위안화를 사용하기 때문입니다. 실질적으로 외국 기업들의 위안화에 대한 수요는 여전히 미미하다는 말입니다. 사실 중국과의 교역이 많은 우리나라의 경우에도 수출입 할 때 주로 사용하는 통화는 달러화입니다. 2023년의 경우 수출액을 결제할 때 위안화를 사용한 비중은 1.7%, 수입액 결제 시 비중은 2.4%에 그쳤습니다. 반면 달러화는 각각 83.1% 및 80.6%에 달

IMF 본부

IMF 총회 의사결정권(voting power)

IMF 의사결정권은 출자금에 비례하여 배분하게 되는데요, 2024년 4월 현재 미국(16.50%), 일본(6.14%), 중국(6.08%), 독일(5.31%)의 순으로 높습니다. 그런데, IMF의 최고의사결정기구인 총회에서 안건이 통과되기 위해서는 과반찬성이 아니라 85% 이상 찬성이 필요한 구조입니다. 이는 실질적으로 미국이 모든 안건에 대해 거부권을 가지고 있다는 의미입니다.

하였지요.[168] 위안화가 무역결제 수단으로서 달러의 위상에 도전하기에는 아직 많이 부족하다는 점을 시사하는 부분입니다. 밀접한 교역관계에 있는 우리나라가 이 정도로 위안화를 적게 사용하고 있다는 점은 국제무역에서 위안화의 사용범위와 빈도가 아직은 지극히 낮은 상황임을 잘 보여준다고 하겠습니다. 2022년 현재 국제무역 결제 시 위안화를 사용하는 국가는 우리나라를 포함하여 영국, 캐나다, 독일, 러시아, 터키, 베트남 등 약 30여 개에 불과합니다.

두 번째, 외환보유액으로서의 위안화 보유 상황은 어느 정도일까요? 글로벌 국가들이 보유하고 있는 외환보유액을 통화별로 보면 2023년 말 현재 위안(2.3%)은 달러(58.4%), 유로(20.0%), 엔(5.7%), 파운드(4.8%), 캐나다 달러(2.6%)에 이어 여섯 번째 통화였습니다. 2012년의 1.2%에서 10년 만에 비중이 두 배 정도 증가했다고는 하지만 여전히 미미한 수준이지요.[169] 역시 달러와 유로가 압도적인 비중을 차지하고 있는 상황입니다. 다만, 2022년 말 기준 브라질 외환보유액 중 위안화가 유로화를 제치고 달러에 이은 제2의 통화로 올라서는 등[170] 보유통화로서 위안화의 중요성이 높아지고 있는 것은 틀림없어 보입니다.

마지막으로, 상품 거래의 표시단위로서 위안화의 위상은 어느 정도일까요? 이는 국제무역에서 가장 많이 거래되는 상품인 원유 거래의 표시단위로서 위안화가 사용되기 시작하였다는 점을 감안한다면 제한적이지만 일정 부분 진전을 이뤘다고 볼 수 있습니다. 미국은 원유의 달러 결제를 통해 국제 에너지시장을 지배하는 동시에 달러의 지위도 유지하고 있다는 평가가 많습니다. 소위 페트로 달러(Petro-Dollar) 시대라는 말의 의미가 바로 이것입니다. 그런데, 중국이 2018년 원유, 철광석,

구리, 팜 유(palm oil) 등 일곱 개의 상품에 대해 위안화 선물거래 상품을 도입하면서 위안화 국제화의 중요한 돌파구를 마련하였습니다. 여기에서 선물거래(futures)란 미래 일정 시점에 미리 정한 가격으로 매매할 것을 현재 시점에서 약정하는 거래를 말합니다. 무엇을 사고 팔 것이냐는 계약 당사자 간에 합의만 이루어진다면 무엇이든 가능한데요, 대표적인 품목이 바로 전 세계에서 가장 많이 거래되는 상품인 원유입니다. 원유선물 거래소로는 뉴욕상업거래소(NYMEX)와 대륙간거래소(ICE)가 가장 유명합니다. 모두 미국에 있고 원유선물 거래의 단위는 당연히 달러입니다. 그런데, 중국이 오랜 준비 기간을 거쳐 2018년 3월 위안화로 거래되는 원유선물 시장을 개설합니다. 상하이선물거래소 자회사로 설립한 상하이국제에너지거래센터(INE; International Energy Exchange)를 통해서였지요. 이는 글로벌 원유시장에서 주도권을 확보하려는 노력인 동시에 페트로 달러에 도전하는 위안화 국제화 노력의 일환이었습니다. 1970년대 이후 국제 원유시장에서 달러로만 결제가 되면서 달러화의 위상은 더욱 공고해졌다는 평가가 많은 상황에서, 중국이 이에 도전하는 모양새가 만들어진 것입니다. 상하이국제에너지거래센터의 2018년 일평균 원유선물 거래액이 674억 위안이었는데요, 이후 지속적으로 상승하여 2023년은 1,480억 위안을 기록하였습니다. 위안화를 이용한 국제 원유 거래 결제가 얼마나 활성화될지는 앞으로 지켜봐야 할 것 같습니다만, 아직은 뉴욕상업거래소나 대륙간거래소의 원유선물 거래 수준에 비하면 약 1/10 수준에 불과한 초창기라 하겠습니다.[171] 특히 2022년 일평균 원유선물 거래액이 1,442억 위안으로 2023년과 큰 차이가 없었다는 점을 감안하면 매우 더디게 진전이 되고 있다는 점을 알 수 있습니다. 결제 관련 관행과 제도를 뛰어 넘는 것이 쉽지 않다는 점을 다시 한 번 상기시키는 결과입니다.

한편 2023년 3월에는 액화천연가스(LNG) 수입결제에서 최초로 위안화 결제가 이루어졌습니다. 바로 중국해양석유총공사와 프랑스의 토탈에너지스(TotalEnergies)[172]간 6.5만 톤의 LNG 수입거래를 위안화로 결제한 것입니다. 중국이 연간 6천만 톤 이상의 LNG를 수입하고 있는 상황임을 감안할 때 앞으로 이 분야에서 위안화 사용 빈도가 점진적으로 높아질 가능성이 있습니다.

INE

상하이국제에너지거래센터(INE; International Energy Exchange)

상하이국제에너지거래센터는 상하이선물거래소의 자회사로 2013년 설립된 기관입니다. 중국 정부는 2018년부터 바로 이 거래소를 통해 위안화로 거래되는 원유 선물 시장을 개설하였습니다.

결론적으로 현재 위안화는 지급결제 수단, 외환보유액 보유 정도, 상품거래 표시단위로서의 비중 등을 종합적으로 판단해 볼 때 아직은 국제화의 초기 단계에 불과하다고 판단할 수 있습니다. 중국 정부도 이와 같은 점을 인정하는 분위기입니다. 실제 인민은행이 매년 발표하는 위안화 국제화 보고서[173]에서도 비슷한 평가를 하고 있습니다. 지급결제 수단, 투자 수단, 외환보유액 통화로서의 포함 비중 등 9개 지표를 통해 산출한 위안화 국제화 종합지수는 2022년 말 기준 3.16에 불과합니다. 이는 달러(58.3), 유로(22.18)는 물론이고 파운드(7.73), 엔(5.24)에 비해서도 아직은 한참 뒤떨어지는 수준입니다.

04

디지털 위안화란 무엇이며 얼마나 널리 사용되고 있는지요?

IT 기술의 발달에 따라 암호자산, 가상통화, 암호화폐, 디지털화폐 등 다양한 이름으로 불리는 새로운 지급결제 수단이 탄생하고 또한 확산중입니다. 2024년 6월 기준으로 전 세계에는 약 2.2만여 개의 암호자산이 존재하며 이들의 시가총액은 2.4조 달러에 이르고 있습니다.[174]

특히 중국은 정부가 주도하여 디지털화폐 발행을 추진하고 있는데요, 중앙은행인 인민은행이 그 중심에 있습니다. 중앙은행이 발행하는 디지털통화를 CBDC(Central Bank Digital Currency)라고 하는데요, 이의 필요성에 대해서는 찬반 견해가 엇갈립니다.[175] 다만, 정도의 차이가 있을 뿐 많은 국가에서 CBDC 연구를 수행하면서 그 발행을 준비하고 있는 것 또한 사실입니다. 그리고, 주요 국가 중 이 부문에서 가장 앞서

나가고 있는 곳 중의 하나가 바로 중국입니다.

인민은행이 발행하는 CBDC인 디지털위안화(數字人民幣, e-CNY)는 이미 2014년 연구가 시작되었습니다. 2016년 인민은행 내부 조직으로 '디지털화폐연구소'가 설립되었으며 2017년에는 디지털위안화 기본 시스템이 완성되었습니다. 그리고 2019년 시범 사용 이후에는 점차 사용처를 확대해 나가고 있습니다. 한편 2020년부터는 '중국인민은행법(中华人民共和国中国人民银行法)' 개정을 통해 디지털위안화의 법적인 지위를 확립하기 위해 추진 중이기도 합니다.[176]

e-CNY

디지털위안화(e-CNY)
중앙은행이 발행하는 디지털통화를 CBDC(Central Bank Digital Currency)라고 하는데요, 인민은행이 발행하는 CBDC를 디지털위안화(數字人民幣, e-CNY)라고 부릅니다. 인민은행은 2014년 디지털위안화 관련 연구를 시작하였으며, 2019년 처음 시범 사용한 이후 점차 사용처를 확대하고 있습니다.

현재 디지털위안화는 2원적인 구조입니다. 즉, 인민은행은 상업은행에 디지털위안화를 발행하고 환수하는 역할을, 상업은행은 개인 및 기업에 이를 공급하여 유통시키는 역할을 담당합니다. 이렇게 한 것은 중앙은행이 직접 디지털통화를 발행할 경우 상업은행 예금과 경쟁 관계에 놓이게 되면서 예금이 감소할 수 있는 가능성을 차단하기 위해서입니다. 다만, 2023년 10월 현재 전체 상업은행이 디지털위안화를 취급하지는 않고, 인민은행의 인가를 받은 공상은행, 중국은행, 건설은행, 농업은행, 교통은행, 우정은행, 초상은행, 흥업은행, 마이뱅크, 위뱅크 등 열 개로 한정되어 있습니다. 물론 이후에는 더 확대될 가능성이 큽니다.

2022년 말 현재 디지털위안화는 17개 성(省)의 26개 도시에서 시범 사용 중입니다. 유통 중인 디지털위안화 잔액은 136억 위안(약 2.5조 원)이었습니다.[177] 한편 2022년 6월 충칭시가 디지털위안화를 통한 세금 납부 제도를 도입한 이후 여러 지역에서 이를 따르면서 조세납부와 공무원 급여 지급까지 사용범위가 확대되고 있는 상황입니다. 시범지역 중 하나인 항저우시의 경우 2023년 말 기준으로 2만여 가구가 200억 위안의 조세를 디지털위안화로 납부하였습니다.[178]

그럼 인민은행이 이렇게 적극적으로 디지털통화 발행을 추진하고 있는 이유는 무엇일까요?

무엇보다도 이는 중국이 선구적으로 디지털통화 분야에서 글로벌 규범을 선도하기 위해서입니다. 2023년 말 현재 아직 어느 국가도 중앙은행 디지털통화를 완전하게 개발하여 전면적으로 사용하고 있는 곳은 없습니다. 이런 상황에서 중국이 선제적으로 디지털통화를 사용하게 된다면 이 부문에서 규칙제정자의 역할을 할 수 있습니다. 후발 국가들이 디지털위안화의 작동방식이나 형태 등을 따라할 가능성이 있다는 말입니다. 금융시장 발달이 더딘 중국이 적어도 이 부문에서는 앞서 나갈 기회가 생기는 셈입니다. 글로벌 디지털통화 시장 선점을 통한 '위안화 국제화'의 가속화라는 의미도 함께 포함되어 있다고 할 수 있습니다. 디지털위안화가 선구적인 CBDC로 자리매김하고 그 편의성을 입증한다면 중국과의 무역 등에 이 디지털위안화가 사용될 가능성은 충분합니다. 즉, 디지털위안화는 위안화의 범용성을 높이는 획기적인 수단이 될 수 있다는 말이지요.

두 번째는 자금세탁 등 불법행위 방지 목적입니다. 현금은 그 무기명성으로 인해 불법 경제활동에 이용되는 경우가 종종 있습니다. CBDC는 그 소유 및 이전을 모두 중앙은행에서 투명하게 들여다볼 수 있고 통제할 수 있게 되므로 자금세탁 등에 사용되는 것은 불가능해집니다.

세 번째는 알리페이(Alipay, 支付宝)나 위챗페이(Wechatpay, 微信支付)로 대표되는 기존 비은행지급결제 기관들의 영향력이 과도해지는 것을 막기 위한 의도도 있는 것으로 해석됩니다. 알리페이나 위챗페이는 현재 중국 제3자 지급결제(third - party payment) 시장의 90% 내외를 장악하고 있는 상황입니다. 2024년 3월 기준으로 중국에 총 188개의 제3자 지급결제기관이 있는 것을 감안하면 엄청난 복점(duopoly)시장인 셈이지요. 여기서의 제3자 지급결제란 결제 시 현금(양자 결제)이나 은행을 통해 결제하는 것이 아닌 여타 제3자(카드사, 결제대행업자 등)를 통해 결제하는 방식을 말합니다. 중국 정부에 위협이 될 정도로 커진 빅테크 기업에 대한 견제와 규제 강화는 이미 몇 년 전부터 시작된 경향이며 이의 일환으로 인민은행이 지급결제 시장에 진입하게 되었다는 해석이 가능합니다. 또한 그 과정에서 확보하게 된 개개인들의 빅데이터 금융거래정보를 활용할 수도 있게 될 겁니다. 다만, 이 세 번째 주장에 대해서는 이미 '감시자본주의'라는 비판을 받고 있는 중국에 대한 확증편향(confirmation bias) 이라는 의견도 있습니다. 확증편향이란 자신의 신념과 일치하는 정보는 받아들이고, 신념과 일치하지 않는 정보는 무시하는 경향을 말하는데요, 중국과 관련된 주장이나 의견 중에 자주 등장하는 편견입니다. 중국에 대한 부정적인 인식과 감정이 바탕이 된 상황에서, 중국 정부가 취하는 정책이나 행동을 일단은 삐딱한 시각으로 바라보게 된다는 의미입니다.

알리페이와 위챗페이

알리페이와 위챗페이는 현재 중국 제3자 지급결제 (third-party payment) 시장의 90% 내외를 장악하고 있습니다. 중국에서 가히 현금 없는 사회를 만들어가고 있는 주역들이지요.

알리페이와 위챗페이

　과연 디지털위안화는 성공할 수 있을까요? 일단은 중국 정부도 오랜 기간 준비하면서 매우 신중하게 추진하고 있는 모양새입니다. 이 프로젝트가 통화주권 강화, 시장 선점 및 민간 지급결제기관의 영향력 억제라는 미시적 목적 이외에 달러 영향력 약화 및 위안화 국제화라는 원대한 목표와도 관련이 있는 핵심적인 국가정책 과제이기 때문인 것 같습니다. 예를 들어 중국이 원유 수입국과의 교역에서 디지털위안화를 사용할 경우 향후 달러 패권에 대한 중대한 도전이 될 수 있을 것입니다.

　중국의 디지털 위안화가 성공적으로 출시된다면 미래 시장과 국제 규칙을 선도하는 국가가 될 가능성이 높아지지만 여러 가지 한계점을 감안할 때 현 단계에서 그것이 그리 쉬운 과제는 아닙니다.

우선 CBDC 발행 시 발생할 수 있는 은행의 금융중개 기능 및 금융 안정성에 대한 부정적 영향입니다. 은행예금의 일부가 CBDC에 대한 수요로 전환될 경우 민간의 은행예금 감소요인으로 작용할 수 있습니다. 예를 들어 중앙은행이 관리하는 CBDC 계좌는 상업은행 예금보다 더 안전한 것으로 인식될 가능성이 큽니다. 그럴 경우 금융공황이 닥쳤을 때 예금자는 모든 자금을 은행에서 인출하여 CBDC 계정으로 옮겨 놓을 가능성이 있습니다. 즉, 은행의 뱅크런 발생 가능성이 커지는 것입니다.[179]

둘째로 중국 금융시장의 폐쇄성 문제입니다. 지금처럼 금융시장 개방성이 낮은 상황에서 디지털위안화의 역외 확산은 당분간 제한적일 수밖에 없습니다. 중국의 금융시장에 투자를 할 수 없는 상황에서 외국인들이 디지털 위안화를 보유할 실익은 거의 없기 때문입니다.

셋째로 개인정보보호, 해킹 등의 문제가 발생할 가능성입니다. 지급 결제에 관련된 정보의 인민은행 집중은 지금도 개인정보 및 프라이버시 보호 소홀로 비판받고 있는 중국의 감시국가화 경향을 더욱 가속화시킬 가능성이 높습니다. CBDC가 현금을 대체할 경우 상거래에서 익명성은 사라지게 되는 것입니다. 이와 관련해서는 앞에서 확증편향 위험성이 있다고 말씀드렸는데요, 개인정보보호 문제가 커지게 될 가능성에 대해 부정하기는 쉽지 않을 것 같습니다.

마지막으로는, 무엇보다도 중국인들 스스로가 기존에 사용하던 알리페이나 위챗페이에 비해 디지털위안화가 월등히 나은 서비스를 제공하지 않는 한 이를 널리 사용하지 않을 것 같습니다. 결제습관의 보수성을 감안할 때 어지간한 편익을 제공하지 않는 한 기존의 익숙한 결제수단을 버리기는 쉽지 않기 때문입니다. 온갖 결제수단이 등장하고 다양한 형태와 이름을 가진 페이(pay)가 그렇게 많지만, 미국은 수표를, 우리나라는 신용카드를, 일본은 현금을 여전히 많이 사용하고 있는 현실은 결제수단 선택에 있어서의 보수성을 잘 보여주는 사례입니다. 예를 들어 2024년 현재 결제수단 선택에 있어 우리나라는 신용카드(58%), 중국은 제3자 지급결제 페이(66%), 일본은 현금(41%)이 압도적인 1위를 차지하고 있는 상황입니다(Worldpay, The Global Payments Report 2024).

알리페이의 차량 호출 서비스 화면
알리페이 앱을 통해 쇼핑, 택시 호출, 공과금 납부 등의 다양한 지급결제 활동을 수행할 수 있습니다. 사용 방법에 익숙해지기만 하면 그렇게 편할 수가 없지요.

알리페이 차량 호출 서비스

05

중국 금융시장에서 눈 여겨 봐야 할
금리에는 무엇이 있을까요?
(1) - Shibor

우선 '상하이은행 간 콜시장 기준금리(Shibor; Shanghai Interbank Offered Rate, 上海银行间同业拆放利率)'를 들 수 있습니다. 이는 중국의 은행 간 거래에 있어 기준이 되는 금리입니다. 런던의 우량은행 간 단기자금 거래 시 적용되며 국제금융시장의 기준 금리로 활용되는 리보(LIBOR; London inter-bank offered-rate)와 비슷한 개념이라고 보시면 됩니다. 이 금리는 담보가 필요 없는 도매금리입니다.

2024년 6월 기준으로 이 금리는 중국의 주요 우량은행 18개가 제시한 호가 중 최고치와 최저치 각각 2개를 제외한 14개 호가를 산술평균하여 결정됩니다. 이 18개는 정책은행(1개), 대형상업은행(6개), 주식제상업은행(8개), 도시상업은행(2개), 외자은행(1개)으로 구성되어 있습니

중국외환거래센터 1   중국외환거래센터 2

중국외환거래센터(CFETS; China Foreign Exchange Trade System)

상하이 와이탄의 대표적인 서양건축물 중 하나인 중국외환거래센터 건물은 신고전주
의적인 외관을 하고 있으며 상하이에서 가장 먼저 엘리베이터를 설치한 곳 중 하나입
니다. 중국외환거래센터는 인민은행의 부속기관으로 외환거래, 금융기관 간 위안화 콜
거래, 자금청산, 외환시장 관련 정보제공 등의 기능을 수행합니다. 1994년 설립되었습
니다. 매일 기준환율 및 Shibor를 집계하여 공표하는 곳이 바로 여기입니다.

다.[180] 이 금리는 인민은행 산하의 '중국외환거래센터[181]'에서 발표하
는데요, 매일 오전 11시에 별도의 홈페이지(www.shibor.org)를 통해 게
시합니다.

한편 Shibor 만기는 1일, 7일, 14일, 1개월, 3개월, 6개월, 9개월 및
1년 등 8종이 있으며 각각의 금리가 공표됩니다. 이 중 단기금리 지표

로는 1일물 및 7일물이 많이 사용되며, 통상 은행 간 거래의 기준이 되는 금리는 3개월물입니다.

Shibor는 종류가 많다는 장점이 있어 2007년부터 전국은행 간 콜시장 기준금리(Chibor; China Interbank Offered Rate)를 대체하여 단기금융시장 지표금리로 널리 활용되고 있습니다. 여기에서 Chibor는 콜시장 거래에서 실제로 행해진 거래의 평균금리를 말합니다.

2014년 1월 2일 기준 1일물 3.13%, 7일물 4.98%, 3개월물 5.57%였던 Shibor는 꼭 10년 후인 2024년 1월 2일 기준 1일물 1.59%, 7일물 1.79%, 3개월물 2.45%로 하락하였습니다. 중국경제 규모가 커지고 성장세가 둔화되면서 더 이상 과거와 같은 고금리 시대의 도래는 쉽지 않음을 보여주는 수치입니다.

쉬어가는 코너
- 건축의 도시 상하이

　세계문화유산이 즐비한 베이징과 달리 상하이는 고대의 역사 유적이나 유물이 거의 없습니다. 그럼에도 불구하고 상하이가 관광지로 인기가 높은 이유는 중국에서 가장 선진화된 도시로 중국의 미래를 가늠해 볼 수 있는 곳이기 때문입니다. 흔히 하는 속된 말로 '중국의 과거를 보려면 시안(西安), 현재를 보려면 베이징(北京), 미래를 보려면 상하이(上海)를 보라'라는 말이 있습니다. 특히 상하이 황푸강(黃浦江) 강변의 와이탄(外灘) 마천루에서 바라보는 야경은 파리, 홍콩, 부다페스트, 프라하 등 멋진 야경으로 유명한 세계적인 도시들과 어깨를 겨눌 정도로 아름답다는 평가가 많습니다.

상하이 황푸강(黄浦江)의 와이탄 (外灘) 마천루 풍경

상하이를 추켜세우는 말 중에 '중국의 과거를 보려면 시안(西安), 현재를 보려면 베이징(北京), 미래를 보려면 상하이(上海)를 보라'라는 표현이 있습니다. 적어도 와이탄 마천루 풍경을 보고 있으면 이 말이 그저 빈 말은 아니라는 실감이 듭니다.

와이탄 마천루

상하이의 풍경을 독특하고 볼만한 것으로 만든 일등 공신이라면 아무래도 다양한 건축물을 꼽을 수 있을 것입니다. 와이탄의 옛 서양 조계지(租界地, the International Concession)[182]에 지어진 건축물들은 후기 르네상스, 신고전주의, 모더니즘 등 다양한 양식을 보여주고 있어 지금도 독특한 아름다움을 전하고 있습니다.[183] 다음은 와이탄의 몇 가지 대표적인 건축물들입니다.

중국외환거래센터 빌딩

원래는 중국과 러시아의 합작은행인 화어따오성(華俄道勝) 은행의 상하이 지점 건물이었습니다. 신고전주의적인 외관을 하고 있으며 1901년 준공되었습니다. 상하이에서 가장 먼저 엘리베이터를 설치한 곳 중 하나로도 유명합니다. 지금은 '중국외환거래센터(中国外汇交易中心) 겸 전국은행간콜거래센터(全国银行间同业拆借中心)' 건물로 사용 중입니다.

상하이 HSBC 빌딩

과거에는 HSBC 사옥이었으며 현재는 상하이 푸동발전은행이 사용 중입니다. 그리스 고전과 근대양식을 결합한 아르데코 양식(Art Deco Style)[184]의 건축물 중 하나입니다. 6층이며, 유럽에서 흔히 볼 수 있는 왕궁이나 귀족들의 성을 닮았습니다. 1923년 완공되었습니다.

와이탄의 대표적인 건축물인 상하이 HSBC 빌딩

과거에는 HSBC 사옥이었으며 아르데코 양식 건축물의 대표입니다. 아르데코 양식(Art Deco Style)이란 1920~30년대에 유행한 건축양식으로 직선과 곡선의 규칙적이고 대칭적인 형태와 간결미가 특징입니다.

상하이 HSBC 빌딩

상하이 해관 빌딩

8층 빌딩에 3층의 종탑을 합해 총 11층 높이 건물로, 역시 대표적인 아르데코 양식 건축물 중 하나입니다. 미국 국회의사당의 시계탑을 모방한 고딕 양식의 시계탑이 인상적입니다. 지상에서 이 시계탑까지의 높이가 76미터에 이르는데요, 시계의 지름도 5.4미터에 달합니다. 1927년 완공되었습니다.

상하이 해관 빌딩
시계탑이 유명한 상하이 해관 빌딩 건물 역시 아르데코 양식의 대표적인 건축물입니다.

상하이 해관 빌딩

한편, 와이탄의 건너편에 있는 푸동(浦东) 지역의 현대적인 건물 중에서는 아무래도 상하이 3대 빌딩을 대표적인 건축물로 꼽을 수 있습니다.

중국금융론

진마오빌딩(金茂大厦, Shanghai Jinmao Tower)

명칭인 진마오는 돈(金)이 무성하다(茂)는 뜻이므로 사회주의적 자본주의라는 중국경제를 상징하는 건물이라고도 할 수 있습니다. 중국의 전통적인 탑 모양이라고 하지만 언뜻 보면 주사기 같습니다. 420.5미터로 1999년 준공되었는데요, 준공 당시에는 중국 최고층 빌딩이었습니다. 93층이며 총면적은 29만 m²입니다.

상하이글로벌금융센터(上海环球金融中心, Shanghai World Financial Center)

진마오빌딩 바로 옆에 있는데요, 일명 병따개 모양이며 492미터입니다. 2008년 준공되었으며 역시 준공 당시 중국 최고층 빌딩 기록을 경신했습니다. 101층이며 총면적은 38만 m²입니다. 병따개 모양이 된데에는 사연이 있습니다. 당초의 디자인은 천원지방(天圓地方) 즉, 하늘은 둥글고 땅은 네모라는 동양사상을 반영하여 대지를 상징하는 정사각형의 기둥과 최상층부의 뚫려 있는 원 모양이었습니다. 그러나, 이 원형의 뚫려 있는 부분이 일장기를 상징한다는 비판이 일면서 지금과 같은 마름모꼴이 되었다는 설이 전해집니다.

상하이센터(上海中心大厦, Shanghai Tower)

조리도구인 거품기 모양이며 2016년 완공되었습니다. 632미터에 달해 2023년 현재 세계에서 세 번째로 높은 빌딩입니다. 당연히 중국에서는 가장 높은 건물이지요. 127층이며 총면적은 58만 m²입니다. 설계는 미국의 겐슬러(Gensler)사입니다. 다만, 이 빌딩은 앞의 두 건물에 비해 여러 가지 면에서 미흡하다는 비판을 받고 있기도 합니다. 참고로 세계 최고층 빌딩은 두바이의 '버즈 칼리파(Burj Khalifa)[185]'로 높이는 828미터입니다.

상하이의 3대 빌딩

상하이 푸동(浦东) 지역에 있는 3대 빌딩입니다. 맨 왼쪽이 병따개 모양의 상하이글로벌금융센터(上海环球金融中心), 가운데가 주사기 모양의 진마오다샤(金茂大厦), 맨 오른쪽이 거품기 모양의 상하이센터(上海中心大厦)입니다. 높이가 비슷해 보이지만 사실 상하이센터는 진마오다샤보다 200m 이상 높습니다.

상하이 3대 빌딩

중국 금융시장에서 눈 여겨 봐야 할 금리에는 무엇이 있을까요? (2) - LPR

우리나라의 경우 약 1.5개월 간격으로 개최되는 한국은행 금융통화위원회에서 결정하고 발표하는 정책금리가 기준금리입니다. 이는 한국은행과 금융기관 간에 환매조건부채권매매(RP)와 대기성 여수신 등의 자금거래를 할 때 기준으로 적용됩니다. 이 금리는 말 그대로 다른 모든 금리를 결정할 때 기준이 되는 역할을 하지요.

그렇다면, 중국의 경우에는 어떨까요? 앞에서 인민은행의 화폐정책위원회(中國人民銀行貨幣政策委員)는 단순한 자문기구에 불과하여 정책결정 권한이 없다고 말씀드렸는데요, 그럼 기준금리는 누가 어떻게 언제 결정하게 되는 것일까요?

여기에서 바로 중국의 기준금리라 할 수 있는 대출우대금리(LPR; Loan Prime Rate, 貸款基础利率)라는 개념이 등장합니다. 원래 대출우대금리라는 것은 각 상업은행이 그들의 최우수 고객에게 대출해 줄 때의 금리를 말합니다. 이를 기준으로 각 은행들은 대출자 신용도 등에 따라 금리를 적절하게 가감하여 대출금리를 결정하게 됩니다. 2023년 12월을 기준으로 전체 금융기관의 대출 중 대출우대금리 내지 그 이하의 금리를 적용받는 대출의 비중이 48%였습니다.[186] 소위 양호한 고객으로 분류될 수 있는 대출자에게 빌려준 돈의 비중이 이 정도 된다는 의미입니다. 물론 각 은행별로 대출우대금리는 다 다를 것입니다. 이와 같은 상황에서 평균적이고 표준이 되는 대출우대금리를 정하고 이를 금융거래의 기준으로 삼으면 편리하겠다는 아이디어에서 나온 것이 바로 인민은행이 매월 발표하는 대출우대금리입니다. 2024년 현재 중국 금융시장에서 기준금리의 역할을 하는 금리가 바로 이 금리입니다.

이 대출우대금리는 앞에서 설명드린 Shibor와 마찬가지로 인민은행 산하의 '중국외환거래센터(www.chinamoney.com.cn)'에서 매월 20일에 발표합니다. 2024년 6월 기준으로 20개의 주요 상업은행들이 인민은행에 자신들의 대출우대금리를 보고하면 이를 종합하여 발표하는 시스템입니다. 20개 은행이 보고한 금리 중 최고치와 최저치를 제외한 18개 금리를 산술평균하여 결정됩니다. Shibor와의 차이점이라면 보고하는 은행 수가 2개 더 많고, 구성에도 약간 차이가 난다는 점입니다. 민영은행 및 농촌상업은행이 포함되며, 도시상업은행 및 외자은행의 경우 보고하는 은행이 달라진다는 점이 특징입니다. 한편 두 개의 금리를 공통적으로 모두 보고하는 은행은 11개입니다.[187]

이 대출우대금리가 기준금리의 역할을 한다고 말씀드렸는데요, 한 가지 의문이 드실 겁니다. 기준금리라는 것은 중앙은행이 결정하는 것인데, 상업은행이 보고한 금리를 단순 평균한 금리가 기준금리라고? 그럼 중국의 중앙은행인 인민은행은 기준금리 결정에 대해 아무 역할을 하지 못하는 것인가? 단순히 취합만 하는 거라고? 그렇지는 않습니다. 왜냐하면 개별 상업은행의 대출우대금리는 인민은행의 중기유동성지원창구(MLF; Medium term Lending Facility, 中期借貸便利) 금리에 각 은행이 얼마를 가산(+α)하는 방식으로 산정되기 때문입니다.[188] 여기에서 중기유동성지원창구라는 것은 인민은행이 상업은행을 대상으로 3~12개월의 기간 동안 부족한 자금을 대출해 주는 제도입니다. 인민은행은 이 중기유동성지원창구의 금리를 조정하여 각 상업은행의 대출우대금리를 조정할 수 있습니다. 즉, 전체 은행의 대출금리 조정이 이 중기유동성지원창구 금리 조정으로부터 시작되는 것입니다. 사실 2019년까지만 해도 중국 금융시장에서 기준금리 역할을 하는 금리는 1년 만기 상업은행 대출금리였습니다. 인민은행이 상업은행의 대출 및 예금금리를 직접 정하여 고시하였고 각 은행들은 이를 그대로 따랐습니다. 당연히 은행별 금리 차이는 기본적으로 없었지요.[189] 그러나 2020년부터 기준금리가 이 대출우대금리로 변경되었습니다. 이는 과거보다 금융기관들의 자율성이 확대되었다는 점에서 의미가 있는 조치였습니다. 물론 지금도 인민은행이 정하는[190] 중기유동성지원창구 금리를 바탕으로 각 은행이 대출우대금리 및 기타 세부 대출금리를 정하기는 하지만 이전보다는 훨씬 탄력성이 있습니다. 개개의 대출자별로 각각 얼마만큼의 금리를 가산할지 등이 모두 자율적으로 결정되기 때문입니다.

다만, 최근에는 이와 같은 메커니즘에 변화 조짐이 있습니다. 인민은행 판공성 총재가 2024년 6월, 7일물 逆RP(reverse repurchase agreement) 금리를 예로 들면서 인민은행이 단기정책금리를 통화정책의 기준금리로 고려중임을 언급한 것이 대표적입니다. 여기에서 말하는 逆RP는 시중의 유동성 부족을 해결하기 위해 중앙은행이 일정기간 후에 다시 매각한다는 조건으로 은행들로부터 사들이는 채권을 의미합니다. 이와 같은 움직임은 LPR이 점차 기준금리로서의 역할을 하고 있지 못하다는 평가가 있기 때문입니다. 예를 들어 2019년 9월 기준으로 금융기관 대출에서 LPR 미만의 금리를 적용받는 대출 비중이 16.4%에 그쳤으나 2024년 6월에는 무려 44.3%에 이르렀습니다. 대출우대금리라는 명칭이 무색해지게 된 것이지요. 결국 앞으로는 그동안 기준금리의 역할을 수행해 오던 MLF와 LPR은 점차 그 역할에서 벗어나게 될 것으로 예상됩니다. MLF금리가 조정되지 않았는데도 7일물 逆RP금리와 LPR이 인하된 2024년 7월은 이를 잘 보여주는 사례입니다.

또한 2024년 9월, 경기부양을 위한 인민은행의 통화정책 발표 시에도 판공성 총재는 7일물 逆RP 인하를 언급하였습니다. 통화정책의 기준금리로 7일물 逆RP가 자리를 잡아가는 모양새임을 유추할 수 있는 부분입니다.

2024년 현재 인민은행이 고시하는 대출우대금리에는 1년물과 5년물이 있습니다. 특히 5년물은 기업의 중장기대출과 부동산대출 금리의 기준 역할을 하고 있는데요, 대부분의 부동산대출 금리는 5년 만기 대출우대금리와 연동되어 움직이고 있는 상황입니다. 예를 들어 첫 번째 주택구입자에 대한 대출금리는 5년 만기 대출우대금리를 적용하고, 두 번째 주택구입자에 대한 대출금리는 5년 만기 대출우대금리+50bp를 적용하는 식입니다. 다만, 여기서 유의해야 할 점은 중국은 거대한 국가이고 당연하게도 지역별로 사정들이 모두 다르다는 점입니다. 이런 이유 때문에 지역별로 다른 정책과 제도를 시행하는 경우가 빈번합니다. 강력한 중앙집권국가인 중국이 어떤 부분에서는 미국의 연방제와 비슷한 성격을 보이는 지점입니다. 주택대출금리의 지역별 차별화도 대표적인 사례라고 할 수 있습니다. 첫 번째 주택구입자인지, 두 번째 이상 주택구입자인지에 따라 차등화된 금리를 적용하는 것 이외에 지역별로도 금리 차별화를 실시합니다. 첫 번째 주택구입자에 대한 대출금리의 예를 든다면 2023년 10월 기준으로 가장 낮은 'LPR-60bp'인 지역부터 가장 높은 'LPR+55bp'인 지역까지 다양한 층위의 금리가 존재합니다. 대도시의 주택수요가 높은 지역일수록 당연히 대출금리 수준이 높고 중소도시로 갈수록 금리는 낮아집니다. 당시 5년물 LPR은 4.2%였는데요, 베이징은 대출금리가 LPR+55bp인 4.75%로 전국에서 가장 높았으며, 뒤를 이어 상하이 4.55%(LPR+35bp), 션전 4.50%(LPR+30bp), 광저우 4.20%(LPR), 충칭 4.00%(LPR-20bp), 뤄양 3.90%(LPR-30bp), 하얼빈 3.70%(LPR-50bp), 난닝 3.60%(LPR-60bp) 등의 순이었습니다. 물론 부동산시장 규제정책의 강도에 따라 이 금리는 탄력적으로 변화하게 됩니다. 2024년 5월 상하이의 경우를 볼까요? 중국경제 부진에 대한 우려로 LPR 금리가 3.95%까지 인하된 데에 더해 가산금리도 종전의 +35bp에서 −45bp로 인하된 상황이었습니다. 이는 불과 7개월 만에 상하이 주택대출 금리는 105bp나 하락하였다는 의미입니다.

한편 부동산대출 금리 산정과 관련해서 2024년 9월 일부 개선조치가 발표되었습니다. 부동산대출 금리는 LPR에 얼마를 가감해서 산정한다고는 앞에서 말씀드렸는데요, 경기부진에 따라 금리 인하 조치를 지속하는 과정에서 신규 부동산대출자와 기존 부동산대출자 간에 금리 차이가 확대되는 문제가 생긴 것이 그 배경입니다. 그래서 나온 개선조치가 기존의 부동산대출금리 최소 적용 기간 1년을 폐지한 것과,

인민은행 션전(深圳) 분행

중국의 기준금리를 결정하는 인민은행

중국의 기준금리는 대출우대금리(LPR; Loan Prime Rate)인데요, 이는 각 상업은행이 그들의 최우수 고객에게 대출해 줄 때의 금리를 말합니다. 그런데, 이 대출우대금리는 각 은행들이 자금이 부족할 때 인민은행을 통해 대출받는 금리인 중기유동성지원창구(MLF; Medium term Lending Facility) 금리에 얼마를 가산하는 방식으로 산정됩니다.

중국금융론

일단 정해진 부동산대출 금리를 은행과 대출자 간 협의에 의해 변경할 수 있도록 한 것입니다. 금리가 인하되는 상황에서 그 효과를 기존의 부동산대출자들이 누리도록 하여 부담을 덜어준다는 목적이 작용한 조치입니다.

한편 대출우대금리를 최초로 발표한 2019년 8월 당시 1년물 금리는 4.25%, 5년물 금리는 4.85%였습니다. 2024년 10월 현재 1년물이 3.1%, 5년물이 3.6%까지 내려간 상황인데요, 이는 그동안 완화적인 통화정책을 실시해 왔다는 의미입니다. 또 하나 유의할 것은 1년물과 5년물 대출우대 금리는 동시에 조정되지 않는 경우도 자주 있다는 점입니다. 2022년 5월의 경우가 그러했습니다. 전반적인 금융시장 상황을 보면 금융완화의 필요성이 적었던 반면에 부동산시장 부진이 지속되면서 부동산거래 활성화의 필요성은 커지는 시기였습니다. 당시 인민은행은 1년물 금리는 동결한 반면 부동산대출의 기준이 되는 5년물 금리는 0.15%p 인하하는 조치를 취한 바 있습니다. 2024년 2월도 유사한 상황이었습니다. 역시 1년물 금리는 동결하면서 부동산시장 부양을 위해 5년물 금리는 0.25%p 인하하였습니다.

쉬어가는 코너
- 차등대우와 차별이 당연시 되는 나라?

 이런 말이 있습니다. '한국처럼 평등을 중시하는 나라가 자본주의를 채택하고 있고, 중국처럼 차별을 당연시 했던 나라가 사회주의를 채택하고 있는 것은 역사의 아이러니이다.' 물론 이는 다소 뭉뚱그려진 표현이기는 하지만, 시장경제 시스템을 유지하고 운영하는 데 있어 중국이 우리와 얼마나 다른지를 다소 희화화하여 표현한 말입니다. 몇 가지 예를 들어 보겠습니다.

 우선, 중국에서는 실적이나 업적에 따른 대우의 차등을 당연하게 여긴다는 점입니다. 우리나라도 점점 인센티브 제도가 확대되어 가고 있지만, 아직 광범위하게 업적급 제도가 운영되고 있다고는 할 수 없습니다. 같은 회사에 같은 시기에 입사한 동기들의 경우, 승진의 빠르고 늦음은 존재하겠지만 같은 직급에서 비슷한 일을 할 경우 연봉은 거의 동일할 것입니다. 중국은 그렇지 않은 경우가 많습니다. 업적을 더 냈을 경우 더 많은 연봉을 기대하고, 또 주변에서도 그것이 당연하다고 생각합니다. 만일 기대가 충족되지 못할 경우 그 직원은 이직을 감행할 가능성이 크고, 결국 능력이 떨어지는 직원만이 회사에 남게 될 여지가 있습니다. 이와 같은 현상은 중국에 진출했던 많은 한국 기업들이 중국인 직원들을 관리하면서 숱하게 겪었던 일이기도 합니다. 중국은 우리나라보다도 훨씬 더 미국의 실적주의에 따른 차등 대우 시스템을 따라하고 있다는 생각이 드는 부분입니다.

두 번째는 철저한 가격차별이 이루어지고 있다는 점입니다. 예를 들어 영화표 가격의 경우 우리나라도 이제는 주중이나 주말이냐, 또한 하루 중 시간대가 언제냐에 따라 각각 차별화된 가격을 책정하고 있습니다. 중국은 영화 종류에 따라서도 가격이 다릅니다. 인기 있는 영화의 경우 더 높은 것은 물론이구요. 극장이 중심가에 있느냐, 변두리에 있느냐에 따라서도 가격이 다릅니다. 일반 상품의 경우에도 이런 가격 차별화는 매우 흔합니다. 물론 우리도 재래시장이냐 백화점이냐, 온라인 쇼핑이냐에 따라 비슷한 상품에 대해서도 각각 다른 가격이 존재합니다만 중국은 그 정도가 훨씬 심하다는 점이 특징입니다. 상하이의 대표적인 상업 지구인 푸동 지역의 IFC 건물 지하에 있는 슈퍼마켓은 식료품 가격이 비싸기로 유명합니다. 2023년 여름에 선물용 포도 한 송이(40알) 가격이 568위안(약 10만 원) 하는 것을 본 적이 있습니다. 포도 한 알이 2,500원꼴인 셈이지요. 당시 온라인 쇼핑몰에서 일반적으로 판매되고 있던 포도 한 송이 가격이 28위안(약 5천 원) 내외였으니 약 20배의 차이입니다. 이렇게 말도 안 되는 가격표를 붙여 놨는데도 불구하고 구입하는 사람들이 있다는 것이 신기할 따름입니다. 물론 소위 명품이라는 이름하에 터무니없는 가격표를 붙여 놓아도 사려고 줄을 서는 사람들이 있다는 것을 생각하면 아주 이해하지 못할 것도 아니기는 합니다만...

   마지막은 약간 다른 차원의 가격차별입니다. 장시꾼이 수익을 극대화하기 위해 돈이 있는 사람과 없는 사람을 구분하는 과정에서 생기는 자연스러운 가격차별 이외에 중국의 가격차별은 때로는 정치·사회적인 목적 하에 정책적으로 시행되기도 합니다. 버스 및 지하철 등 대중교통 요금은 철저히 통제하는 반면 상대적으로 여유가 있다고 생각하는 계층이 사용하는 택시 요금은 통제를 덜하는 것이 대표적인 사례입니다. 상하이에서 아침 출근 시간대인 8시에 집에서 10km 거리인 회

가격차별의 극단적 사례인 포도
상하이 푸동 지역의 IFC 건물에 있는 슈퍼마켓은 식료품 가격이 비싸기로 유명합니다. 2023년 7월에 촬영한 이 선물용 포도 한 송이(40알) 가격이 무려 568위안(약 10만 원)입니다.

비싼 포도

사까지 지하철과 택시를 이용한다고 가정해 보겠습니다. 2023년 기준으로 지하철 요금은 4위안(약 700원)입니다. 택시 요금은 대략 75위안(약 14,000원)입니다.[191] 약 20배 차이입니다. 쌀, 돼지고기, 달걀 등 서민생활에 직접적인 영향을 미친다고 생각하는 생필품 가격을 철저하게 통제하는 것도 마찬가지 이유입니다. 반면 상대적으로 소득이 높은 층이 소비한다고 판단되는 상품의 경우 훨씬 가격 책정의 자율성이 높습니다. 자동차의 예를 들어 보겠습니다. 2023년 중국의 평균 승용차 판매가격이 19.4만 위안(약 3,600만 원)이었습니다. 우리나라의 평균 판매가격이 4,381만 원(2022년)이었으니 우리의 약 82% 수준입니다. 그런데, 우리나라의 1인당 GDP(2022년 3.3만 달러)는 중국(1.2만 달러)의 약 세 배 수준입니다. 상대적으로 중국에서 자동차 가격이 얼마나 높은지를 추측해 볼 수 있는 수치입니다.

상하이의 고급 음식점 황위관(黄鱼馆)의 대표 메뉴

상하이의 고급 음식점 중 하나인 황위관(黄鱼馆)의 대표 메뉴인 조기찜 가격표입니다. 700g 이하 조기찜이 988위안, 900g 이상 조기찜 가격은 1,988위안입니다. 조금 큰 조기 한 마리 가격이 37만 원이라는 의미이니 얼마나 비싼지 알 수 있습니다.

가격차별 - 조기

통화량(M2)이나 대출규모 이외에 중국에서만 사용되는 유동성 지표가 있던데요?

금융시장의 유동성을 측정하는 지표로 흔히 통화량(M2)이나 신규대출 규모 등이 쓰이고는 합니다. 1990년대 초반까지 중국 금융시장에서는 신규대출 규모가 가장 중요한 유동성 지표이자 관리 지표였습니다. 1994년 이후에야 비로소 통화량(M2) 지표가 함께 사용되기 시작하였으며 2009년부터는 매년 초 이 통화량 증가율 목표를 발표하고 이에 맞추어 유동성을 조절하는 정책을 실시하였습니다. 예를 들어 2009년 목표는 17%였습니다. 그리고 실제 증가율은 27.7%에 달했습니다. 그 해 경제성장률이 9.4%에 달했던 점을 상기한다면 과거 중국경제의 고도 성장기에 얼마나 많은 통화량이 시중에 풀렸는지를 잘 알 수 있습니다.

그러나 2018년부터는 이 통화량 증가율 목표를 설정하지 않고 있습니다. 이는 인민은행의 통화정책 관리 지표가 통화량과 같은 수량 중심에서 금리와 같은 가격 중심으로 점차 변화하고 있음을 의미합니다. 물론 증가율 목표가 설정되지는 않지만 통화량과 신규대출 규모는 여전히 금융시장의 유동성 상황을 파악할 때 가장 기본적인 지표들이라고 할 수 있습니다. 달성해야 할 명목기준지표는 아니지만 금융 상황을 평가하는 주요 정보지표라는 의미입니다. 참고로, 한국은행도 1997년 외환위기 이전까지는 M2를 명목기준지표(target)로 하여 그 증가율을 정하고 이를 달성하고자 하는 통화량목표제를 시행한 바 있습니다.

한편, 중국 금융시장에서 또 하나 자주 쓰이는 유동성 지표가 있는데요, 바로 사회융자총액(aggregate finance to the real economy, 社会融资总量)이 그것입니다. 이 개념은 2016년에 처음 등장하였습니다. 사회융자총액은 금융기관이 실물부문에 신규 공급한 자금의 총량을 나타내는 개념입니다. 은행권의 대출액, 주식발행액, 채권발행액 등이 모두 포함됩니다. 이는 현재 중국에서 경제 전체의 유동성 상황을 가장 잘 나타내는 지표로 간주됩니다. 다만, 과거에 통화량 증가율 목표를 설정했던 것처럼 이 사회융자총액 증가율 목표를 설정하고 발표하면서 관리하지는 않고 있습니다.

이 사회융자총액이라는 개념은 우리나라에서 유동성 지표로 쓰이는 L과 유사하지만 조금 더 포괄적인 개념이라고 할 수 있습니다. L은 Lf에 기업 및 정부 등이 발행한 기업어음, 회사채 및 국공채 등 유가증권을 포함한 지표입니다. 여기에서 Lf는 M2에 예금취급기관의 만기 2년 이상의 정기예적금, 금융채, 금전신탁과 생명보험회사의 보험계약준비금 및 증권금융의 예수금 등을 포함한 것입니다.[192] 다만, 우리나라에서는 이 L 지표를 자주 사용하지 않는데 반해, 중국은 사회융자총액 개념을 중시하고 있습니다.

사회융자총액은 인민은행이 해당 월 종료 후 다음달 10일에서 15일 사이에 발표하고 있습니다. 2016년 처음 발표하였으나 그 이전인 2011년 이후의 수치도 공개되어 있습니다. 한편 2011년 말 76.8조 위안에서 2023년 말 378.1소 위안으로 사회융자총액 잔액이 증가한 것을 보면 이 기간 중 얼마나 많은 유동성이 중국경제에 공급되었는지를 잘 알 수 있습니다. 2023년 말 기준 사회융자총액 구성을 보면 위안화 대출액(235.5조 위안, 62.3%)과 채권발행액(100.9조 위안, 26.7%)이 절대적인 비중을 차지하고 있는 상황입니다.

2023년 현재 인민은행이 유동성 수준과 관련하여 자주 사용하는 표현은 '통화량과 사회융자총액 증가율을 명목GDP 성장률 및 기대물가

中文數字大寫對照表													
0	1	2	3	4	5	6	7	8	9	10	100	1.000	10.000
〇	一	二	三	四	五	六	七	八	九	十	百	千	萬
零	壹	貳	叁	肆	伍	陸	柒	捌	玖	拾	佰	仟	

금융 숫자

금융 거래 등에 쓰이는 한자
금융 거래를 할 때 아라비아 숫자는 위변조 가능성이 있어 한글로 금액을 적은 기억들이 있을 겁니다. 100원을 일백원으로 적는 식입니다. 중국어의 경우에도 마찬가지입니다. 예를 들어 400위안을 표시할 때는 四百元을 肆佰圓으로 적는 겁니다. 이처럼 획이 간단한 한자를 잘 고치지 못하도록 획을 더 많이 하여 구성을 다르게 한 글자를 '갖은자'라고 합니다.

수준에 상응하도록' 관리하겠다는 것입니다.[193] 과거 하나의 수치를 제시하고 이를 기계적으로 준수하려 했던 다소 경직적인 관리 방식에서 벗어나 훨씬 더 탄력적이고 유동적인 관리 방식으로 변화하고 있다고 해석할 수 있는 대목입니다.

08

중국에서는 금리보다 지급준비율 조정을 통해 시중 유동성을 조절하는 사례가 많다고 들었는데요, 어떤 상황입니까?

　중앙은행이 금융기관으로 하여금 예금 등과 같은 채무의 일정비율에 해당하는 금액을 중앙은행에 예치하도록 하는 제도를 지급준비제도(reserve requirement system)라고 합니다. 그리고 이때, 적립대상 채무 대비 지급준비금의 비율을 지급준비율이라고 합니다.[194] 지급준비금은 다시 법정지급준비금과 초과지급준비금으로 나눌 수 있습니다. 전자는 의무적으로 적립해야 하는 지급준비금을, 후자는 은행이 실제로 보유한 지급준비금에서 전자를 차감한 것을 의미합니다. 은행이 초과지급준비금을 보유하는 것은 부실대출 등의 위기 발생에 대응하기 위해서입니다.[195]

　지급준비제도는 1863년 미국에서 예금자보호를 위해 법정 지급준비금을 부과한 것이 효시라 할 수 있는데요, 중국은 1984년에 도입되었습니다. 도입 초기에는 예금 종류별로 법정 지급준비율 수준이 달랐습니다. 기업예금 20%, 농촌예금 25%, 저축예금 40% 등이었지요. 그러나, 도입 이듬해인 1985년에 10%로 통일이 되었습니다. 이후 등락을 거듭하는 과정 중에도 모든 금융기관에게 동일하게 적용되었던 지급준비율은 2008년 9월 이후 금융기관 규모별로 차별화되어 부과되기 시작합니다. 대형은행과 중소형은행으로 구분해서 각각 다른 지급준비율을 적용한 것입니다. 현재는 대형은행, 중형은행, 소형금융기관[196]으로 더 세분화해서 적용 중입니다.

한편 중국의 법정 지급준비율 수준은 1999년 11월에서 2003년 8월까지 적용된 6.0%가 역대 최저치였으며, 2011년 6월에서 11월 중 적용된 21.5%가 최고치였습니다. 2018년 이후 2024년 9월까지 무려 18차례에 걸쳐 지급준비율은 하향 조정되었습니다. 경기대응 등을 위해 금융시장에 유동성을 공급할 필요성이 지속되어 왔다는 의미입니다. 그 결과 2018년 14.9%에 이르렀던 금융기관 가중평균 지급준비율 수준은 2024년 9월 현재 6.6%까지 하락하였습니다. 거의 역대 최저치에 가까운 수준입니다. 기관별로는 소형금융기관 5.0%, 중형은행 6.0%, 대형은행 8.0%입니다. 그러나, 이는 현재 우리나라 은행의 지급준비율 수준이 예금종류에 따라 0~7%로 차등화되어 있는 점을 감안한다면 여전히 높은 수준이라고 할 수 있습니다.

글로벌 시각에서 보면 금융의 자유화 및 개방화 등으로 시장기능에 바탕을 둔 통화정책의 필요성이 부각되면서 공개시장운영이 주된 통화정책 수단으로 부각되었습니다. 이에 따라 많은 국가에서 지급준비제도는 통화정책 수단으로서의 역할이 매우 미미한 상황입니다. 미국, 캐나다, 스위스 등 상당수 선진국들은 이미 지급준비제도 자체가 없어진 상황이며 EU나 일본 등은 제도 자체는 존재하지만 통화정책 수단으로는 사용을 하지 않고 있습니다.[197] 그러나, 금융시장이 완전히 개방되어 있지 않고 국유상업은행 중심의 은행제도를 유지하고 있는 중국에서는 여전히 지급준비제도가 주요한 통화정책수단으로서 빈번하게 활용되고 있습니다. 코로나 19 사태가 발생하며 경제가 급속도로 위축되었던 2020년의 경우 인민은행은 1월, 3월, 4월, 7월 등 모두 네 차례나 지급준비율을 인하하면서 막대한 자금을 시중에 공급한 바가 있습니다. 당시 네 차례에 걸쳐 지급준비율이 2.5%p 인하되었으며 공급된 자금 규모는 2.7조 위안(약 500조 원) 내외로 추정됩니다. 중국 금융시장에서는 금리 조절에 의한 간접적인 방식보다 인민은행이 직접 금융기관에 간여하여 자금의 공급과 회수를 통제하는 지급준비율 조정이 여전히 선호됨을 잘 보여준 사례였습니다.[198]

특히 지급준비율 조정은 중국 상업은행의 자금유동성에 직접적인 영향을 미친다는 점에서 재정정책과도 밀접하게 연결되어 있습니다. 예를 들어 적극적인 재정정책의 일환으로 국채나 지방채를 발행한다고 할 때 이를 매입하는 주요 주체가 바로 상업은행입니다. 그 결과 중국은 발행 국채의 약 70%, 발행 지방채의 약 82%를 상업은행들이 보유하고 있는 상황입니다.[199] 이는 상업은행의 자금 여유가 부족할 경우 국채나 지방채의 발행이 여의치 않다는 의미이기도 합니다.

중국건설은행

헝펑은행

은행 규모별로 수준이 다른 지급준비율

중국은 은행 규모별로 준수해야 하는 법정 지급준비율 수준이 다릅니다. 예를 들어
2024년 9월 기준으로 대형은행인 중국건설은행은 8.0%, 중형은행인 헝펑은행은
6.0%의 지급준비율 수준을 준수해야 합니다.

09

판다본드(Panda bond)와 딤섬본드
(Dimsum bond)의 차이점은
무엇인지요?

채권이란 자금을 조달하기 위해 발행하는 차용증서를 말하는데요, 발행이 국제적으로 이루어질 경우 그 채권은 정식명칭 대신에 흔히 별칭으로 불리게 됩니다. 기억하기 쉽기 때문입니다. 먼저 알아야 할 개념이 외국채(Foreign Bonds)와 유로채(Eurobonds)라는 것입니다. 발행인이 외국에서 그 국가의 통화로 표시되는 채권을 발행할 경우를 외국채, 제3국의 통화로 표시되는 채권을 발행할 경우를 유로채라고 합니다. 예를 들어 우리나라 기업이 미국에서 달러로 표시되는 채권을 발행할 경우 외국채, 우리나라 기업이 영국에서 달러로 표시되는 채권을 발행할 경우 유로채가 되는 것입니다. 간단히 말한다면 발행지역과 발행통화가 일치하면 외국채, 불일치하면 유로채입니다. 다소 헷갈리는 유로

채라는 이름이 유래하게 된 것은 유로 지역에서 달러화로 표시된 채권이 처음 발행되었기 때문입니다.

외국기업이 우리나라에서 원화로 발행한 외국채는 '아리랑본드'로[200], 외국기업이 우리나라에서 외화로 발행한 유로채는 '김치본드'로 불립니다. 아리랑과 김치가 우리나라를 상징하는 것처럼, 판다와 딤섬은 모두 중국을 대표하는 상징물입니다. 우리의 아리랑본드에 해당하는 것이 바로 판다본드(熊猫債券)입니다. 즉, 외국기업이 중국에서 위안화로 발행한 외국채를 의미합니다. 같은 중국이지만 홍콩에서 발행된 위안화 채권은 딤섬본드(点心債券)로 불립니다. 홍콩에서는 홍콩달러가 사용되므로 위안화는 외화와 같은 셈이라는 점에서 이런 이름이 붙게 되었습니다.

우리나라의 아리랑본드가 처음 발행된 것이 1995년이었는데요, 중국은 이보다 10년 늦은 2005년에 처음 판다본드가 발행되었습니다. 초기에는 아시아개발은행(ADB), 국제금융공사(IFC) 등 국제개발기구에 한해 판다본드 발행이 허용되었으며 조달된 자금도 중국 내에서만 사용 가능했습니다. 이런 이유로 2010년까지 판다본드는 단지 네 차례 발행되는데 그쳤습니다. ADB가 두 번(10억 위안, 10억 위안) 및 IFC가 두 번(11.3억 위안, 8.7억 위안) 이었습니다. 그러나, 이후 각종 관련 규제가 완화되고 금리가 변화함에 따라 점차 판다본드의 발행이 증가하게 됩니다. 2014년 자동차기업 메르세데스 벤츠가 5억 위안 규모의 판다본드를 발행하면서 외국기업으로는 최초의 발행자가 되었습니다. 이후 2015년 우리나라가 외국정부로서는 처음으로 30억 위안의 판다본드를 발행하였습니다. 폴란드나 헝가리 등도 판다본드를 발행한 국가들이지요.

2023년까지 최소 7,800억 위안의 판다본드가 발행된 것으로 알려져 있는데요, 특히 2022년의 경우 52개의 판다본드가 발행되었으며 발행 규모는 851억 위안이었습니다.[201] 2023년은 전년보다 더 증가하여 38개 기관에서 94개, 총 1,545억 위안의 판다본드를 발행하였습니다.[202]

판다본드를 최초 발행한 아시아개발은행 (ADB; Asian Development Bank)

일본이 주도하여 1966년 설립한 아시아개발은행(ADB)은 아시아 지역 개발을 주로 하는 국제기구입니다. 2023년 현재 회원국은 68개국입니다. 2005년 아시아개발은행이 발행한 10억 위안의 판다본드가 최초로 발행된 판다본드입니다.

ADB

한편 딤섬본드는 홍콩에서 발행되는 위안화 채권이므로 어찌 보면 판다본드와 대체재의 관계에 있다고도 할 수 있습니다. 2007년 6월 국가개발은행이 발행한 50억 위안 규모의 딤섬본드가 그 시초이며, 이후 발행액이 급증하였습니다. 발행규모는 2022년 154개 2,240억 위안, 2023년 203개 3,587억 위안이었습니다. 2023년 말 기준으로 누적 발행액은 1.9조 위안, 발행 잔액은 5,232억 위안이었는데요, 이는 중국의 전체 유로채 중 67.2%에 해당하는 수준입니다. 다만, 중국 채권시장 전체 발행 잔액 대비로는 0.33%에 그친다는 점에서 절대적인 영향력을 줄 정도로 큰 비중을 차지하는 것은 아닙니다.[203] 특히 최근의 딤섬본드 발행은 주로 인민은행이 주도하는 모습입니다. 2021~2023년을 기준으로 49.9%인 3,950억 위안을 발행했습니다. 그 다음이 금융기관인데요, 약 21.7%인 1,720억 위안이었습니다. 기업이 발행하는 비중은 채 10%가 되지 않는다는 점에서 딤섬본드의 발전에 명확한 한계가 있음을 보여주고 있다는 평가입니다.

국가개발은행 베이징 본부

딤섬본드를 최초 발행한 국가개발은행

1994년 설립된 국가개발은행은 산업기반 구축용 프로젝트 자금 제공 등을 주요 목적으로 하는 정책은행입니다. 2007년 국가개발은행이 발행한 50억 위안의 딤섬본드가 최초로 발행된 딤섬본드입니다.

우리나라 국민들에게 큰 사랑을 받았던 판다 푸바오(福寶)가 2024년 4월 중국으로 돌아갔습니다. 많은 사람들이 너무나 아쉬워했었지요.
　우리가 흔히 판다라고 부르는 판다의 정식 명칭은 자이언트 판다 (Giant Panda, 大熊猫)입니다. 중국 쓰촨(四川)성을 중심으로 샨시(陝西)와 간쑤(甘肅) 지역에 서식하고 있는 중국 토종 동물입니다. 성체가 되었을 때의 신장은 120~180cm, 몸무게는 80~120kg 정도입니다. 먹는 것의 99%가 60여 종에 이르는 대나무입니다. 자연 상태에서는 평균 수명이 15~20년 정도이지만 동물원에서 적절하게 관리 받을 경우 25~30년을 살 수 있는 것으로 알려져 있습니다. 2024년 4월 일본의 고베에서 심장병으로 사망한 판다 슈앙슈앙(爽爽)이 1995년생이었으니 정확히 30

판다인형

중국의 상징 판다(Panda)

우리나라에서 판다 푸바오(福寶)의 인기는 대단했었지요. 중국에서도 판다를 대하는 국민들의 태도나 인기는 특별합니다. 관련 상품도 물론 많이 나와 있습니다. 사진은 2023년 11월 개최된 제4회 '장강삼각지역 국제문화산업박람회(长三角国际文化产业博览会)'에 출품되었던 판다 인형입니다. 가격은 꽤 비쌉니다. 사진속의 판다 인형 가격은 1,699위안(약 30만 원)이었습니다.

년을 산 셈입니다.

1961년 설립된 세계 최대의 비영리 국제 자연보전기관인 세계자연기금(WWF; World Wide Fund for Nature)은 생물다양성과 자연 서식지 보전, 기후위기 대응 등에 노력하는 단체입니다. 이 기관의 앰블럼이 바로 판다입니다. 판다는 멸종 위기 동물을 상징적으로 나타내는 동시에 누구나 친근감을 느끼는 동물이기도 하다는 점에서 선정된 결과입니다.

2024년 3월 기준으로 중국의 야생 및 동물원에 서식하는 판다는 약 1,900여 마리, 기타 17개 국가의 동물원 등에 서식하는 판다는 약 60마리입니다. 중국 정부는 판다를 보호하고 관리하기 위해 2021년 10월 쓰촨 - 샨시 - 간쑤성에 걸치는 대규모 삼림지역을 판다국가공원 (Giant Panda National Park, 大熊猫国家公园)으로 지정하였습니다. 총면적만 27,134 km²에 이릅니다. 이는 우리나라 경기도 면적(10,020 km²)의 두 배가 넘는 수준입니다. 이 공원에는 자연 서식 판다의 약 70% 이상이 거주하는 것으로 알려졌습니다.

세계자연기금(WWF) 앰블럼
1961년 설립된 세계 최대의 비영리 국제 자연보전기관인 세계자연기금(WWF)의 앰블럼은 판다를 모델로 하고 있습니다. 희귀동물인 동시에 누구에게나 귀여움을 가지게 하는 그 놀라운 흡인력 때문입니다.

WWF 앰블럼

현재 판다는 멸종 위기 동물로서 국제적인 거래가 금지되어 있습니다. '멸종 위기에 처한 동식물의 국가 간 교역에 관한 국제적 협약 (CITES)[204]'에 지정된 동물이기 때문입니다. 이런 연유로 인해, 중국 정부가 외국에 판다를 보낼 때는 판다의 소유권은 중국이 가지면서 다른 국가에는 대여해 주는 형식을 띄게 되며 보통 대여 기간은 10~15년입니다. 그런데, 이 대여가 무료가 아닙니다. 보호기금 형식으로 납부하는 연간 임대료는 마리당 50~100만 달러 정도입니다. 또한 새끼 출

산 시 60만 달러를 중국에 지급하고, 만 3세가 지나면 그 새끼는 중국
으로 반환해야 합니다. 푸바오(福寶)가 중국으로 돌아가게 된 것도 바
로 이런 이유 때문입니다. 심지어는 외국에서 판다가 비정상적으로 사
망 시 50만 달러의 배상금을 중국 정부에 지급해야 하는 것으로 알려
져 있습니다.

사실 중국은 이미 오래 전부터 판다를 외교정책의 수단으로 사용해
오고 있습니다. 소위 판다외교(熊猫外交)입니다. 1941년 중일전쟁 당시
중국을 지원해 준 미국에 감사하는 의미로 장제스(蔣介石)의 부인 쑹메

판다인형 모음 1 **판다인형 모음 2**

판다의 인기를 반영하듯, 판다인형은 중국 인형가게 곳곳에서 흔히 볼 수 있는 인기 아
이템입니다. 사진은 청두 판다기지 내의 기념품 가게에서 판매 중인 다양한 크기와 모
양의 판다인형들입니다.

이링(宋美齡)이 미국에 판다 한 쌍을 보낸 것이 시초로 알려져 있습니다. 이후 1950~60년대에 중국은 공산권 동맹국에 판다를 선물로 보냈는데요, 1972년의 리처드 닉슨 대통령 방중과 미·중 수교를 계기로 다시 미국에 판다 한 쌍을 보낸 일화도 유명합니다. 우리나라에 처음 판다가 온 것은 1994년이었습니다.[205] 중국이 판다를 대여해 준다는 것은 그 국가에 대한 호의를 표시하는 의미로, 대여기간을 연장하지 않고 종료할 경우는 흔히 불만이나 항의의 표시로 해석되고는 합니다.

그럼, 이런 외교적인 의미를 제외한다면 적지 않은 비용이 드는 판다를 굳이 중국에서 대여해 올 필요가 있을까요? 예! 있습니다. 판다를 보면서 마음의 평안을 얻거나 힐링을 한다는 감성적인 차원은 우선 제외하겠습니다. 그러나, 아무 것도 안하고 먹고 자기만 하는데도 수많은 사람들의 이목을 끌면서 그 귀여움에 빠져 들게 하는 판다는 사실 '판다경제(熊猫经济)'라는 말이 있을 정도로 경제적으로도 중요한 동물이기 때문입니다.

우리나라의 푸바오(福寶)처럼 일본에서 태어났던 판다 씽씽(香香)이 있습니다. 2017년에 일본에서 태어났고 2023년에 중국으로 돌아갔는데요, 이 씽씽이 일본 여행업에 미친 경제적 영향만 27억 위안(약 5천억 원)에 이른다는 추정이 있었습니다.[206] 동물원 입장 수입, 관련 굿즈 판매액 등을 모두 합한 것입니다.

지금부터 약 40년 전인 1984년 LA 올림픽 홍보를 위해 LA동물원이 베이징동물원으로부터 두 마리 판다 용용(永永)과 잉씬(迎新)을 3개월간 대여한 적이 있습니다. 당시 LA동물원은 관람객들로 인산인해를 이루었으며 입장수입만 천만 달러가 넘었습니다. 30만 달러의 기부금도 모금이 되었구요. 당시 중국 1인당 GDP가 250달러 내외이던 시대입니다. 또한 프랑스 최대의 동물원인 보발동물원(ZooParc de Beauval)도 2012년 두 판다 환환(欢欢)과 위엔즈(圆仔)를 임대한 이후 연간 입장객 수가 종전의 60만 명에서 110만 명으로 급증한 바 있습니다. 이런 몇 가지 사례를 보면 판다경제라는 말이 그냥 헛소리가 아님을 알 수 있지요.

중국으로서는 판다경제가 더욱더 중요한 위상을 차지하고 있습니다. 우선, 정확한 통계는 아니지만 판다 보호, 양육, 번식 등에 관련된 업무에 종사하는 인구만 중국에 약 34만 명에 이른다는 추정치가 있습니다. 판다국가공원, 각종 연구기관, 전국 20여 개의 동물원 등을 생각해 보면 능히 그럴 수 있겠다는 생각이 듭니다. 관찰, 연구, 검사, 관리 등 관련 연구기관에 지원되는 비용만 연간 20억 위안(약 3,700억 원) 이상이라고 합니다. 말 그대로 판다 때문에 먹고 사는 사람들이 이렇게 많다는 이야기입니다. 그리고, 이들 비용의 일부는 현재 17개 국가에 대여하여 보호기금 형식으로 받고 있는 판다의 임대료 등이 충당하고 있을 겁니다.

또한 주요 관광 테마로서의 역할도 무시할 수 없습니다. 200여 마리 판다를 사육하고 연구하는 판다기지(成都大熊猫繁育研究基地, Chengdu Research Base of Giant Panda Breeding)를 운영하고 있는 쓰촨성 청두(成都)시가 대표적일 겁니다. 2023년 말 기준으로 판다기지 하루 입장객 수는 하루 약 6만 명으로 제한되고 있습니다. 이를 단순 계산해도 연간 약 2,000만 명이 관람한다는 이야기이며 입장료(55위안)를 곱하면 입장료 수입만 10억 위안(1,900억 원) 이상이라는 이야기입니다. 물론 관광객들이 먹고 자며 소비하는 비용은 이를 훨씬 초과할 것이구요. 청두가 베이징, 상하이, 시안 등과 함께 중국에서 가장 많은 관광객이 찾는 5대 도시 중 하나인 데에는 판다가 절대적인 역할을 하고 있을 겁니다. 2023년 청두를 방문한 관광객은 2.8억 명을 넘었습니다.

귀엽고 친화력을 가진 호감도 높은 동물, 삼림 보호 및 멸종 동물 보호에 활용될 수 있는 가장 호소력 있는 동물, 그저 멍하니 바라보면서 잡생각을 지우고 마음의 평안을 얻을 수 있는 동물... 판다의 매력은 앞으로도 쉽게 줄어들 것 같지 않습니다.

청두 판다기지

청두 판다기지 내의 판다 1

청두 판다기지 내의 판다 2

청두 판다기지(成都大熊猫繁育研究基地)
쓰촨성의 청두에 있는 판다기지는 판다의 보존과 연구를 위해 설립된 기관으로 면적이 3km²(약 90만 평)에 이릅니다. 200여 마리의 판다를 사육하고 있는 것으로 알려져 있으며 일반에게 공개되는 판다만 수십여 마리입니다. 시설이 광활하고 경관이 수려하여 관광 코스로 훌륭하다는 생각이 드는 장소입니다.

중국금융론

제6장 중국 금융의 미래

1. 중국의 디지털금융 부문 발전 상황은 어느 정도인지요?

2. 정보통신기술과 금융이 결합하면서 파생된 용어에는 무엇이 있고, 현재 중국은 어떤 상황인지요?

3. 중국 빅테크 기업의 빠른 성장배경에 대해 알고 싶습니다.

4. 한창 잘 나가던 중국 빅테크 기업들이 최근 위기를 겪게 된 배경은 무엇 인지요?

5. 중국의 주요 빅테크 기업에 대해 소개해 주세요.
   (1) – 텐센트(腾讯, Tencent)

6. 중국의 주요 빅테크 기업에 대해 소개해 주세요.
   (2) – 알리바바(阿里巴巴, Alibaba)

7. 중국의 주요 빅테크 기업에 대해 소개해 주세요.
   (3) – 바이두(百度, Baidu)

8. 중국의 주요 빅테크 기업에 대해 소개해 주세요.
   (4) – 징둥(京東, J.D.com)

CHAPTER

06

중국 금융의
미래

01

중국의 디지털금융 부문 발전 상황은 어느 정도인지요?

중국이 명실상부하게 미국에 이어 글로벌 2위의 경제대국이 된 것은 누구나 아는 사실입니다. 그렇지만 실물경제를 지원해 주는 금융부문이 낙후되어 있다는 점 또한 많은 사람들이 인정하는 부분입니다. 중국이 여전히 미국에게 크게 뒤떨어진 것으로 평가되는 대표적인 부문 중하나가 바로 금융시장 발달 정도 및 글로벌 금융시장에서의 영향력입니다. 달러, 월스트리트, 그리고 연방준비제도위원회(Fed)로 대변되는 미국의 금융권력은 그야말로 막강하여 그 어느 국가도 쉽게 넘볼 수 없는 절대적인 위치를 차지하고 있습니다.

제가 중국에서 처음 통장을 만든 것은 2006년 2월이었습니다. 당시 거주하던 동네에 있던 중국은행(BOC)에서 통장을 만들었는데요, 기다리는 시간을 포함하여 대략 두 시간이 걸렸습니다. 서툰 중국어도 한 몫 했겠지만 작성해야 하는 서류가 많고 절차가 복잡했던 것이 주요 원인이었습니다. 중국의 금융시스템이 얼마나 낙후되어 있는가를 몸소 체험했던 일화로 아직까지도 기억에 선명히 남아 있습니다. 지금은 그때보다는 많이 개선되었지만, 금융제도 발전 정도, 개방성 및 효율성 등에서 평가해 볼 때 중국의 금융 부문은 여전히 개선할 부분이 많다는 것이 대체적인 평가입니다.

우선 중국 은행권의 취약성을 들 수 있습니다. 수익의 예대마진 (loan - deposit margin)[207] 의존도가 높은 단순한 수익구조, 정부가 최종 대부자 역할을 하는 대형 국유기업 중심의 대출행태가 여전한 점 등은 이를 잘 보여줍니다. 예를 들어 중국 최대 은행인 중국공상은행(ICBC)은 자기자본 기준으로 세계 최대의 은행입니다. 그러나 어느 누구도 중국공상은행을 세계 최고의 은행으로 꼽지는 않습니다. 막대한 고객 수를 바탕으로 외형적인 규모는 키웠지만 리스크 관리, 금융기법, IT 기술, 이익 창출 능력과 다양성 등에서 세계 유수의 일류 은행들과는 격차가 있다는 점을 부인할 수 없기 때문입니다. 예를 들어 중국공상은행 자기자본은 2023년 기준으로 5,234억 달러로 미국 최대 은행인 JP Morgan(2,773억 달러)의 거의 두 배에 달했습니다. 그러나, 공상은행의 2023년 순이익은 591억 달러로 JP Morgan(616억 달러)에 미치지 못했습니다. 2024년 8월 13일 기준 공상은행의 시가총액 또한 약 3,011억 달러로 JP Moragn(5,916억 달러)의 약 절반에 그쳤습니다.

한편, 중국 대형 국유상업은행의 하나인 중국농업은행(ABC)의 2023년 소매업무 부문의 예를 들면 총관리자산(AUM; Asset Under Management)

ICBC

20.3조 위안 중 개인예금이 17.1조 위안으로 84.3%를 차지하고 있습니다. 예대마진이 축소되면 수익 감소로 직결되는 취약한 구조라는 의미입니다. 2014년 중국 상업은행 평균 순이자마진이 2.70%였는데요, 2023년 말 1.69%, 2024년 9월 말 1.53%까지 하락한 점을 감안하면 10년 만에 중국 은행권의 수익 압박이 얼마나 커졌는지를 미루어 짐작할 수 있습니다.

　더구나 중국 은행권은 정부가 대주주인 6대 대형 국유상업은행의 비중이 절대적인 독과점 체제하에서 창구지도 등 관치금융이 여전하여 비효율성 및 건전성 문제도 상존한다는 평가를 받고 있습니다. 예를 들어 2023년 말 기준으로 중국 상업은행들의 총자산이 약 355조 위안인데요, 이 중 50%인 177조 위안이 바로 이 6대 대형상업은행 자산입니다. 또한 20%인 71조 위안의 총자산을 가진 주식제상업은행의 경우에도 대부분 정부가 대주주로 참여 중입니다. 결국 중국 금융제도의 핵심을 이루는 은행권을 사실상 정부가 완전히 통제하고 있는 상황인 것입니다. 이는 중국에서 은행경영이라고 하는 것이 효율성이나 주주이익 추구보다는 정부 정책의 도구로서 사용되는 경우가 훨씬 더 많음을 시사하는 부분입니다.

그리고 또 하나 중국 금융시스템의 문제점으로 지적되는 것은 주식 및 채권시장 등 직접금융시장이 미성숙하고 폐쇄적인 점입니다. 주식 및 채권시장의 외국인 비중은 여전히 2~5% 내외에 불과합니다. 이는 중국이 엄격한 자본통제 조치를 시행하고 있는 결과입니다. 결국 중국의 금융시장은 글로벌 외부시장의 영향을 상대적으로 덜 받는다는 장점이 있지만, 발달이 더디고 비효율적인 시장이 되기 쉽다는 단점이 존재합니다. 한편 스위스의 경제연구단체인 KOF에서 교역 및 금융 부문의 개방도를 종합하여 산출한 세계화 수준 지수(KOF Economic Globalization Index)에서도 중국은 2021년 기준으로 조사대상 199개국 중 79위에 불과하였습니다.[208] 그나마 이 정도의 순위가 나온 것은 교역 부문의 개방도가 지극히 높았기 때문입니다. 중국이 금융 부문을 얼마나 폐쇄적으로 운영하고 있는지를 미루어 짐작할 수 있는 순위라고 하겠습니다.

이처럼 중국은 정부 규제, 금융시장 미개방에 따른 비효율성 등으로 금융산업과 금융시장 발전이 더딘 것이 사실입니다. 다만 이렇게 낙후된 전통적 금융시스템으로 인해 핀테크와 IT기술을 활용한 온라인 금융 등의 부문에서 오히려 급속한 성장을 이루고 있다는 점은 역설적이라고 할 수 있겠습니다. 대표적인 사례가 바로 결제시스템과 관련된 부문입니다.

현재 중국은 현금결제에서 바로 모바일결제 시스템으로 이전하고 있는 상황입니다. 낮은 신용카드 보급률 및 열악한 결제환경 등의 요인으로 인해 우리나라와 같은 신용카드 시스템 시대를 건너 뛴 것입니다. 인민은행에 의하면 2023년 말 기준 중국의 총신용카드 발급량은 7.67억 장으로 1인당 0.54장을 보유하는 데 그치고 있습니다.[209] 이러한 상황의 공백을 메우기 위해 제3자 모바일 지급결제와 같은 새로운 결제시스템이 도입되었으며, 알리바바와 텐센트가 이 부문을 선점하게 됩니다. 사실 최근에는 새로운 결제시스템의 도입으로 오히려 신용카드 발급은 점차 감소하는 추세이기도 합니다. 중국에서 신용카드 보유가 정점을 이룬 때는 2022년 3사분기 말로 8.07억 장이었습니다. 이후에는 지속적으로 감소하고 있지요. 여기에 정부의 네거티브 규제정책 등 관련 규제 수준이 낮고 IT 기기가 급속하게 확산된 것도 새로운 형태의 온라인 금융 관련 발전을 가속화시킨 이유입니다. 현재 중국 특히 대도시에서 일상생활을 할 때는 현금이 완전히 필요 없는 시대가 되었다고 할 수 있습니다. 쇼핑, 교통, 송금 등 대부분의 업무를 모두 스마트폰의 제3자 모바일 지급결제를 통해 해결하기 때문입니다. 그 결과 은행의 ATM 수는 급격하게 줄어들고 있습니다. 인민은행에 따르면 2020년 101만 대였던 중국의 ATM 수는 2023년 6월 말 기준 86만 대로 감소하였습니다.

한편 중국에서 모바일 지급결제가 급증하게 된 또 하나의 원인으로 지목되는 것은 바로 저렴한 비용입니다. 알리페이나 위챗페이의 수수료는 거래 금액의 평균 0.4% 정도인 것으로 알려져 있습니다. 구체적으로는 기업 형태별로 3가지의 수수료 체계인데요, 음식점, 호텔 및 백화점 등이 0.6%, 슈퍼마켓 및 주유소 등 민생 관련 업체는 0.38%~0.48%, 병원 및 학교 등 공익 관련 기업은 0%입니다. 이는 신용카드 결제 시 수수료율인 2.5%~3%에 비해 월등히 낮은 수준입니다.[210] 이런 배경에서 2023년 현재 중국의 모바일 지급결제 보급률은 86%에 달해 세계 최고의 수준입니다.[211]

알리바바의 알리페이(Alipay, 支付寶)와 텐센트의 위챗페이(WeChat Pay, 微信支付)로 대표되는 중국의 제3자 모바일 지급결제 시장 규모는 2014년 6조 위안에서 2023년 340조 위안으로 10년도 안 되는 기간에 50배가 넘게 급증하였습니다. 2023년 기준으로 알리페이가 약 40%, 위챗페이가 약 50%의 시장점유율을 기록하고 있으니 사실상 복점시장(duopoly)이라 할 수 있습니다. 또한 현재는 알리페이와 위챗페이를 통한 사용자 계정을 아메리칸 익스프레스, 마스터, 비자 등에서 발급한 카드와 연결할 수 있습니다. 이는 해외 발급 카드 소지자도 중국에서 손쉽게 결제를 할 수 있다는 의미입니다.

결국 중국의 금융산업은 전통적인 금융 부문은 아직 많이 낙후되어 있으나 그 거대한 시장규모 및 최근의 ICT 등을 활용한 온라인 금융 등을 감안할 때 상당한 잠재력이 있다고 할 수 있습니다. 미국이 집요하

공유자전거

인도를 점거하고 있는 공유자전거

중국에서는 스마트폰 보급과 모바일 결제가 확대되고 정책적 지원이 증대된 2016년 이후 공유경제 시장이 빠르게 성장하였습니다. 많은 소비자들이 공유자전거를 여전히 애용하고 있습니다. 다만, 공공장소의 무질서한 점용과 도로 교통사고 증가 등은 문제점으로 지적됩니다.

게 중국 금융시장의 개방을 요구하고 있는 이유이기도 합니다. 중국 스스로도 기존의 전통 금융산업을 벗어나 디지털금융 시대를 선도하겠다는 목적 하에 다양한 노력을 기울이고 있는 상황이지요. 과연 앞으로 어떤 상황이 전개될지 주의 깊게 지켜볼 일입니다.

저는 2006년에서 2008년까지 베이징의 '대외경제무역대학(对外经济贸易大学)'에서 석사과정을 밟았습니다. 중국 금융을 주제로 석사학위를 받았는데, 당시 지도 교수님이 상하이 분이셨습니다. 처음에는 교수님 말씀을 거의 알아듣지 못했는데요, 사투리가 무척 심했기 때문입니다. 심지어 고향이 베이징인 중국인 친구에게 물어봤을 때 본인도 70~80% 정도밖에 못 알아듣는다는 것이었습니다. 아, 중국은 땅이 넓어 같은 중국어라고 해도 발음이 다양하다고 하더니 표준발음과 많이 다른 상하이 말은 알아듣기 어렵구나라고 생각했습니다. 다행히 2년여 기간 수업을 듣고 논문 지도를 받으면서 이야기를 나누다 보니 나중에는 교수님 말씀을 상당히 많이 이해할 수 있었습니다. 아, 역시 사람은 습관의 동물이야. 익숙해지면 뭐든 쉬워지는 법이지… 이후에도 저는 이 에피소드를 여러 차례 주변에 이야기하고는 했습니다.

그런데, 착각이었습니다. 2023년에 한국은행 상하이 사무소장으로 상하이에 부임하게 되었습니다. 베이징을 떠난 것이 2011년이었으니 12년 만에 중국 생활을 다시 시작하게 된 것입니다. 이때 깨달았습니다. 10여 년 전에 지도교수님께서 말씀하신 것은 상하이 말이 아니었습니다. 표준말이라고 할 수 있는 푸통화(普通話, Mandarine)였습니다. 단지, 발음에 사투리가 섞여 있어 알아듣기 어려웠을 따름이었던 것입니다. 상하이에서 진짜 상하이 말을 들어보니 이건 광둥어(廣東語, Cantonese)와 비슷했습니다. 한마디도 못 알아들었다는 말입니다. 아마 몇 년을 더 익숙해진다고 해도 못 알아들을 것이 확실합니다. 상하이 사람에게 물어보니 상하이 말은 광둥어와 비슷한 점이 없지 않지만 또 많이 다르다고 합니다. 예를 들어 상하이 말 중에 투오투육(投五投六)이라는 말이 있습니다. 표준 중국어사전에는 없는 말이지요. 이 뜻은 계획 없이, 방향 없이, 침착하지 못하고, 천방지축으로 일을 처리한다는 뜻인데요, 주로 어른들이 젊은이들을 꾸중할 때 하는 단어라고 합니다. 한 가지 재미있는 사실은 상하이 말과 광둥어 등 남방 지역 중국어 발음 중 우리의 한자 독음과 비슷한 경우가 많다는 점입니다. 우리가 한자를 읽는 방식은 당(唐) 시대에 전해졌는데요, 현대 표준 중국어 발음은 몽골이나 만주 등 북방 민족의 영향을 받으면서 변해 온 결과 발음이 우리와 많이 달라진데 반해 남방 지역은 상대적으로 그 영향을 덜 받았기 때문입니다.[212] 예를 들어 고교(高校)는 표준 중국어 발음으로는 가오씨아오(gaoxiao)인 반면, 상하이 말 발음은 우리와 동일한 고교입니다.

저는 제 경험을 통해 언어에 대한 무지를 크게 깨닫게 되었습니다. 더구나, 우리가 조금 알고 있는 것으로 혹은 조금 경험한 것으로 무슨 진리를 깨달은 양 하는 경우가 얼마나 많은지 반성하게 된 계기이기도 하였지요. 교수님이 말씀하신 것은 표준말이었고, 저는 그저 중국어 실력이 부족해서 알아듣지 못했던 것뿐입니다. 나중에는 듣기 능력이 늘면서 자연스럽게 이해할 수 있게 되었던 것이고... 애초에 중국 각 지역의 언어가 표준어와 그저 조금 다를 뿐이라고 착각했던 무지의 소산이었던 셈입니다. 실제 중국어는 푸통화, 광둥어, 상하이어 이외에도 약 130여 개의 소수언어가 존재하는데요, 이 중 최소 2백만 명 이상의 사람들이 사용하는 소수언어만 10여 개에 이른다고 합니다.[213] 즉, 푸통화(普通話, Mandarine), 광둥어(廣東語, Cantonese), 진어(晋语, Jin), 상어(湘语, Xiang), 객가화(客家话, Hakka), 감어(赣语, Gan), 평화(平话, Ping), 민어(闽语, Min), 휘어(徽语, Hui), 오어(吳语, Wu) 등이 그것입니다. 상하이어(上海话, Shanghainese)는 약 7,700만 명의 인구가 사용중인 오어(吳语, Wu)의 일종이라고 합니다.

중국 정부가 표준어 사용 확대를 위해 다양하게 노력한 결과 2000년 53%에 그쳤던 푸통화 보급률은 2020년 81%까지 올랐습니다. 그러나, 여전히 상당수의 사람들은 공적인 영역에서 푸통화를 사용한다고 해도, 일상생활에서는 자신들의 방언을 사용하는 경우가 많은 상황입니다.

한편, 중국어의 발음만 우리에게 어려운 것은 아닙니다. 글자의 문제가 또 있습니다. 사실 우리나라 사람들이 중국어를 배울 때 쉽다고 느끼는 이유 중 하나가 글자에 익숙하다는 점일 것입니다. 물론 지금이야 한자(漢字)가 필수과목으로 지정되어 있지 않지만 제가 중학교 시절

번체자와 간체자

> **번체자와 간체자**
>
> 우리나라를 비롯해 일본, 대만, 홍콩 등에서 사용하는 한자는 번체자(繁體字, traditional Chinese)입니다. 그리고 중국, 싱가포르, 말레이시아에서는 간체자(簡體字, simplified Chinese)를 사용하고 있습니다. 간체자는 중국 정부가 복잡한 글자의 간소화 개혁으로 1956년에 2,300여 자의 글자를 만들면서 시작되었습니다. 그러나, 상당수 중국인들이 여전히 미적으로는 번체자가 더 낫다고 여기고 있으며 이런 이유로 서예에서는 아직도 번체자를 많이 사용 중입니다. 사진의 중국 은행 현판처럼 번체자로 된 간판을 심심치 않게 찾아볼 수 있습니다.

만 해도 한자 과목이 정규 수업시간에 포함되어 있었습니다. 심지어는 한자 펜글씨(경필, 硬筆) 쓰기까지도 있었지요. 다만, 현재의 중국어 글자는 어린 시절 우리가 배우 한자와는 모양이 다른 경우가 꽤 많다는 점이 문제입니다. 발음이 다른 것은 물론이구요. 이것이 바로 간체자(簡體

중국금융론

字, simplified Chinese)와 번체자(繁體字, traditional Chinese)의 문제입니다.

중국의 대표적인 옛 사전인 강희자전(康熙字典)에 수록된 한자의 수만 47,000자를 넘는다고 합니다. 평생 배워도 전체 한자를 다 배울 수 없다는 말이 빈말이 아닌 셈이지요. 1949년 신중국 건국 당시 문맹률은 무려 80%에 이르렀다고 합니다.[214] 이런 배경에서 글자 수도 많고 쓰기도 복잡한 한자를 간소화하여 국민들이 쉽게 배울 수 있게 하자는 차원에서 중국 정부가 문자개혁을 실시한 것이 1956년입니다. 한자 서예 글씨체의 하나인 초서체(草書體)를 바탕으로 한자를 간단화 하는 작업이었습니다. 당시 16~19획에 이르던 평균 글자 획수가 개혁 이후 8~11자로 줄었다고 합니다. 현재 간체자 수는 모두 2,274자입니다. 일반적인 중국인이 사용하는 한자 어휘가 약 5,000개 내외임을 감안하면 적어도 어휘의 약 절반에는 간체자가 사용되고 있을 것이라고 추측해 볼 수 있습니다.

현재 UN에서는 간체자를 공식적으로 중국어 표기로 사용 중이며 중국 이외에 싱가포르와 말레이시아에서도 간체자를 사용하고 있습니다. 반면 우리나라를 비롯하여 일본, 대만, 홍콩, 마카오 등은 여전히 번체자를 사용 중입니다. 간체자는 배우기 쉽다는 장점이 있지만 미적인 측면에서는 번체자가 더 낫다고 생각하는 중국 사람들이 많습니다. 서예를 할 때는 간체자와 번체자가 모두 사용되고 있으며 또한 간판 등에도 번체자는 여전히 자주 등장합니다. 한편 문화유적을 표시하거나 동음이의의 성(姓)을 표시할 때에도 번체자는 여전히 활용되고 있습니다.

02

정보통신기술과 금융이 결합하면서
파생된 용어에는 무엇이 있고, 현재
중국은 어떤 상황인지요?

정보통신기술(ICT; Information and Communication Technology)과 금융(Finance)
이 결합된 용어가 많은데요, 그중 핀테크(FinTech), 빅테크(BigTech), 테크핀
(TechFin) 등을 대표로 들 수 있을 것 같습니다.

우선 핀테크는 금융서비스 제공을 목적으로 정보통신기술을 사용하
는 것을 말합니다. 정보통신기술을 활용하여 기존의 금융서비스를 재
검토한 후 개선시키거나 새로운 금융서비스를 창출하는 것으로 보면
됩니다. 알리페이나 위챗페이로 대표되는 결제서비스가 대표적입니
다. 이 외에 인터넷뱅킹, P2P금융, 크라우드펀딩, 모바일자산관리 등
도 핀테크의 한 종류입니다. 중국의 경우 우리나라보다 오프라인 은행
서비스의 발달이 더뎠던 이유로 인해 오히려 핀테크 발전은 더 빠르게

징둥 마스코트

징둥 마스코트

1998년 설립된 징둥은 2023년 현재 중국 최대의 전자상거래 업체입니다. 경쟁기업인 알리바바가 한국 시장에 '알리바바 익스프레스'의 이름으로 진출하면서 널리 알려진 것과는 달리 아직 우리에게 그만큼의 인지도가 있는 기업은 아닙니다.

진행된 측면이 있습니다. 또한 중국 정부가 새로운 산업이 시작될 때 흔히 그러하듯이 핀테크 산업에서도 '명확히 금지되지 않은 부분을 제외하면 어떤 업무도 가능하게 하는' 네거티브 규제 방식을 채택한 것 역시 이 부문이 급속하게 발전한 이유입니다.

한편 빅테크는 매우 크고 영향력 있는 정보통신기술(ICT) 기업을 지칭하는 용어입니다. 다만, 이 용어는 협의적으로는 우리나라의 네이버와 카카오처럼 온라인 플랫폼 제공 사업을 핵심으로 하다가 금융시장에 진출한 업체를 지칭하는 말로도 사용됩니다. 즉, 광범위한 비즈니스 라인의 일부로 금융서비스를 제공하는 정보통신기술 기업을 지칭하는 용어로 흔히 쓰입니다.[215] 사실 우리가 익히 알고 있는 상당수의 중국 ICT 기업들인 알리바바(阿里巴巴), 텐센트(騰訊), 징둥(京东), 바이두(百度), 핀둬둬(拼多多) 등이 모두 이에 속한다고 할 수 있습니다.

마지막으로, 테크핀은 빅테크 기업들이 소셜 네트워크, 전자상거래 등 각자의 분야에서 획득한 소비자 정보와 기술역량을 바탕으로 다양한 금융서비스를 제공하는 것을 의미합니다.[216] 앞에서 설명한 핀테크가 금융서비스 제공에 있어 기술을 활용하는 것을 강조하는 개념이라면, 테크핀은 기술이 주도하여 금융을 제공하는 것을 강조하는 개념입니다. 이 용어는 2016년 12월 알리바바의 마윈 회장이 처음 언급한 용어로 알려져 있습니다. 그는 핀테크가 금융시스템 자체의 개선을 의미한다면 테크핀은 과학기술을 통해 금융산업의 구조적 혁신을 이끄는 것을 뜻한다고 강조하며 알리바바가 이를 담당할 것이라고 언급한 바 있습니다.

빅테크

빅테크(BigTech)

빅테크는 광의로는 규모가 크고 영향력 있는 정보통신기술(ICT) 기업을 지칭합니다. 그리고, 협의로는 비즈니스 라인의 일부로 금융서비스를 제공하는 정보통신기술 기업을 지칭하는 용어로 흔히 사용됩니다. 우리가 익히 알고 있는 상당수의 중국 ICT 기업들인 알리바바(阿里巴巴), 텐센트(腾讯), 징둥(京东), 바이두(百度), 핀둬둬(拼多多) 등이 모두 이에 속합니다.

03

중국 빅테크 기업의 빠른 성장배경에 대해 알고 싶습니다.

알리바바(Alibaba), 텐센트(Tencent), 바이두(Baidu) 등으로 대표되는 중국의 빅테크 기업들은 그 어느 나라 빅테크 기업들보다 빠른 성장세를 보이고 있습니다. 이들 세 기업을 통칭하여 BAT로도 부르는데요, 미국의 FAANG[217]과 대비하여 자주 등장했던 용어이기도 합니다. 그렇다면 이렇게 중국의 빅테크 기업들이 빠르게 성장할 수 있었던 배경은 무엇일까요? 크게 다음의 세 가지 요인이 꼽히고 있습니다.

우선, 기본적으로 충분한 관련 인력이 공급되고 있다는 점입니다. 중국은 우리나라 경제가 급성장하던 1970~80년대와 같이 새로운 기업과 산업들이 우후죽순처럼 생겨나면서 젊은이들에게 많은 기회를 제공했습니다. 특히 과학기술 및 엔지니어링 등 이공계 전문가들의 몸값

이 높아 학생들도 대학 진학 시 이들 분야를 선호하면서 당연히 합격선도 높습니다.[218] 중국 대학의 STEM(Science, Technology, Engineering, Mathematics) 분야 졸업생만 매년 약 500만 명에 달합니다. 한편 2010년~20년 중 미국에서 과학·기술(Science & Engineering) 분야 박사학위를 취득한 전체 외국인 학생 15.3만 명 중 중국인 학생이 5.2만 명으로 무려 34%에 달하였습니다.[219] 2위인 인도(2.2만 명, 14%)의 두 배가 넘는 숫자입니다. 또한 미국에서 이 기간 동안 박사학위를 받은 중국 학생의 92%가 과학·기술 분야였습니다.[220] 이 분야에서 중국의 인재들이 얼마나 많이 공급되고 있는지 상징적으로 알 수 있는 수치라고 할 수 있습니다. 특히 불과 10년 전인 2014년만 해도 해외에서 학업을 끝마친 이후에 중국으로 돌아오는 인원 비율이 약 50%에 그쳤던데 반해, 현재는 80% 이상으로 상승하였습니다.

둘째, 금융업 발전이 더딘 중국의 상황이 오히려 이들 빅테크 기업들에게 일종의 기회를 제공해 주었다는 점입니다. 왜냐하면 빅테크 기업들이 다양한 금융서비스 제공을 통해 소비자의 금융 접근성을 높이는 역할을 수행할 수 있었기 때문입니다. 중국은 결제수단을 비롯하여 금융서비스 발전이 선진국보다 훨씬 뒤처져 있는 상황이었습니다. 이런 상황에서 기존에 운영해 오던 전자상거래, 검색, 소셜 네트워크 사업 등을 통해 자금 제공자와 수요자에 대한 빅데이터를 축적할 수 있었던 빅테크 기업들은 결제서비스 제공 등을 통해 직접 금융업에 진출하게 됩니다. 즉, 빅테크 기업들은 기존에 주력으로 하던 비금융 사업에서 형성한 네트워크를 기반으로 이용자의 서비스 접근성을 높이는 동시에 축적된 데이터를 분석하여 개별화된 금융서비스를 제공할 수 있었습니다. 이는 기본적으로 이들 기업들이 네트워크 외부성(network externality)을 가지고 있었기 때문에 가능한 일이었습니다.[221] 여기의 네트워크 외부성이란 참여자가 많아질수록 빅데이터를 활용한 서비스의 개선이 더 이루어짐으로써 네트워크 참여 효과가 더 커지는 효과를 말합니다. 예를 들어 텐센트는 이용자 간 간편송금 서비스를 제공하는 동시에 이들의 연결구조에 관한 정보를 수집하여 보험상품 등의 마케팅이나 가격책정 등에 활용하고 있습니다. 한편 바이두는 검색결과를 전자상거래 플랫폼으로 연계하는 등의 서비스를 제공하고 있습니다.[222]

마지막으로, 중국 정부의 네거티브 규제방식을 들 수 있습니다. 개혁개방 정책을 통해 계획경제체제에서 시장경제체제로의 전환을 이끈 덩샤오핑은 시장경제에 대한 경험과 이해 부족으로 속출하는 문제들에 대해 일단 '지켜보자(看一看)'는 입장을 견지하였습니다.[223] 이러한 입장은 이후 중국 정부의 정책 수립 및 시행에 하나의 원칙으로 자리 잡게 되는데요, 새로운 제도나 정책을 도입할 때 우선은 시행해 보고 만약 문제점이 발견되면 추후에 이를 수정하는 방식이 널리 사용된 배경입니다. 그 경우에도 '원칙적으로는 허용하되 문제가 되는 부분만 규제'하는 네거티브 방식이 기본 원칙이었습니다. 이런 원칙은 빅테크 기업들의 경우에도 동일하게 적용되었습니다. 알리바바의 알리페이가 2004년 최초 출시되었을 때에도 중국 정부는 시장 변화를 관망만 하였습니다. 그리고 6년이 지난 2010년에야 인민은행이 '결제관리방법'을 제정하여 빅테크 기업에 대해 비은행 결제기관으로서의 법적 지위를 보장해 주는 동시에, 소비자보호를 위한 의무와 책임 등을 규정한 바 있습니다.[224] 비은행 결제기관에 대한 종합적인 감독관리에 대한 규정은 그로부터 다시 한참이 지난 2023년에야 제정[225]되었습니다.

즈푸바오

스마트폰의 알리페이(Alipay, 支付宝) 앱

오늘날의 중국 제3자 지급결제 시장을 본격화시킨 것으로 평가되는 알리바바의 알리페이는 2004년 처음 출시되었습니다. 네거티브 규제 방식을 적용하면서 관망하던 중국 정부는 2023년에야 비로소 비은행 지급결제기관에 대한 종합적인 감독관리 규정을 제정하였습니다.

04

한창 잘 나가던 중국 빅테크 기업들
이 최근 위기를 겪게 된 배경은 무
엇인지요?

중국의 빅테크 기업들이 2000년대 초반부터 금융중개의 효율성을 증진시키고 소비자에게 다양한 금융서비스를 제공한 것은 바람직한 일이었습니다. 그러나 대략 2020년 이후 이들의 과도한 시장지배력 행사로 인한 경쟁 제한이나 금융시장의 과도한 쏠림 현상에 대한 비판이 조금씩 커져갔습니다. 중국 정부의 규제가 시작된 배경입니다. 사실 빅테크 기업에 대한 국가의 규제 강화 추세는 중국에서뿐만 아니라 글로벌 공통으로 나타나고 있는 현상입니다. 이는 소비자보호 및 기업의 독점방지, 금융상품 간 연계성이 증가함에 따라 커지고 있는 금융시장 리스크 통제 필요성 등에 대한 합의가 이미 넓게 이루어져 있다는 의미입니다.

텐센트 그룹 창시자 마화텅(马化腾)

알리바바와 함께 중국의 대표적인 빅테크 기업으로 평가되는 텐센트를 창시한 마화텅은 1971년 생으로 광동성 출신입니다. 1993년 선전대학(深圳大学) 전자공학과를 졸업하였으며 1998년 텐센트를 창업하였습니다. 2023년 기준으로 그는 3,150억 위안(약 60조 원)의 재산을 보유하여 중국에서 세 번째로 돈이 많은 부자였습니다.

마화텅

　문제는 중국의 경우 국가의 통제권 상실에 대한 우려라는 요소가 추가되었다는 점입니다. 중국은 전 세계 10억 대의 CCTV 카메라 중 절반 이상을 보유하고 있으며, 이를 통해 광범위한 정보를 수집하고 있습니다.[226] 또한 코로나 19 이후 바이오 데이터에 대한 모니터링과 저장도 일상이 되는 등 감시와 통제에 집중하고 있는 국가입니다. 또한 당연히 정보 저장과 통제의 주도권은 정부가 가져야 하는데요, 바로 이 부분에서 문제가 발생하게 됩니다. 중국 정부는 원래 알리바바, 텐센트 등 빅테크 기업의 성장을 적극 지원해 왔습니다. 제4차 산업혁명 시대를 선도해 나가면서 미국과 경쟁하기 위한 주역으로 이들을 키우겠다는 속셈이었습니다. 그런데, 이런 빅테크 기업들이 커져도 너무 커진 겁니다. 엄청난 개인 데이터의 수집에 따른 정보력과 거대한 중국 내수 시장을 대상으로 올린 천문학적인 수입 등은 빅테크 기업들의 영향력을 급속도로 증가시켜 왔습니다. 2018년을 기준으로 알리바바와 텐센트는 시가총액 기준으로 글로벌 10위 안에 들 정도로 성장했었습니다. 당시 알리바바 시가총액(4,808억 달러)은 글로벌 1위였던 애플(9,613억 달러)의 거의 절반 수준에 이를 정도였습니다. 이렇게 빅테크 기업들이 커지다 보니 심지어는 정부나 공산당의 말을 허투루(?) 여기는 경우까지도 생기게 되었지요. 이건 절대 용납할 수 없는 일이었을 겁니다. 소위 '테크래시(techlash)' 현상입니다. 테크래시는 기술(technology)과 반발(backlash)의 합성어로, 빅테크 기업들의 과도하게 커진 영향력을 우려하여 국가나 민간 부문에서 이들의 부정적, 독점적 지배를 막기 위해 취하는 일련의 조치 내지 행위를 일컫는 말입니다. 빅테크 기업들이 너무 커지고 영향력이 확대되면서 중국 정부 그리고 중국공산당의 통제를 벗어나려는 움직임이 나타났다는 점이 바로 문제였습니다. 공산당이 지배하는 국가자본주의 사회인 중국에서 이는 상상할 수 없는 일입니다.

이런 사실이 명백하게 드러난 사건이 있습니다. 바로 2020년 하반기에 발생했던 알리바바 사건입니다. 지금까지 알려진 알리바바 사건의 전말은 대략 이렇습니다. 알리바바 산하의 금융 자회사인 앤트그룹은 2020년 11월 상하이와 홍콩에서 동시에 상장해 약 350억 달러의 자금을 확보할 예정이었습니다. 중국 기업 사상 최고의 기업공개(IPO)라며 시장의 기대도 대단했었지요. 그러나 2020년 10월에 알리바바의 마윈(馬雲) 회장이 정부 규제 및 감독 정책을 정면으로 비판한 이른바 '설화(舌禍)'사건이 발생합니다. 이후 앤트그룹의 상장은 돌연 취소되었습니다. 물론 이 사건 하나만으로 상장이 취소된 것은 아니었습니다. 정부에 대해 쓴 소리를 심심찮게 쏟아내던 마윈 회장의 행적을 그동안 예

안면인식 1   안면인식 2

중국의 감시국가화를 상징적으로 보여주는 안면인식기

중국의 공항 이용 시에는 필수적으로 안면인식 과정을 거치는데요, 이는 관련 개인정보가 수집되고 있다는 의미입니다. 사진은 청두(成都) 공항의 탑승객용 안면인식기입니다. 인식기 앞에 2~3초 서 있으면 탑승객이 타야 하는 항공기 시간과 탑승구 등이 바로 화면에 표시됩니다.

의주시하던 중국 정부가 이를 빌미로 알리바바를 비롯한 빅테크 기업들에 대한 손보기에 들어갔다고 봐야 합니다. 이후 빅테크 기업을 다양한 방면에서 규제하고 통제하기 위한 정책들이 대거 발표되었습니다. 그 후폭풍의 결과는 너무나 명확했습니다. 알리바바의 예를 든다면, 2020년 10월 30일 기준 홍콩 주식시장에서 시가총액이 6.4조 홍콩달러(HKD)였으나 2020년 말 4.8조 홍콩달러로 급락했습니다. 그리고,

2021년 말 2.6조 홍콩달러, 2022년 말 1.8조 홍콩달러에 이어 2023년 말은 1.5조 홍콩달러로 2020년의 1/4 이하 수준까지 위축되었습니다. 그리고 이 과정에서 대규모 구조조정, 사업체 정리, 마윈 회장의 사퇴 등이 이어지게 됩니다.

한편 2020~2022년 사이에 코로나 19 사태로 중국경제가 어려워진 상황에서 빅테크 기업들의 위기까지 맞물리면서 특히 된서리를 맞게 된 부분이 바로 고용부문입니다. 앞에서 이공계 분야의 대학 졸업생들이 엄청나게 배출되고 있다고 지적하였는데요, 이들이 취업할 곳이 없어진 것입니다. 이미 고용되어 있던 직원도 내보내야 하는 상황에서 신규 취업자를 받아들일 여유는 없었을 것입니다. 2012년 중국의 대학 졸업자 수는 625만 명이었는데요, 불과 10년 후인 2022년 1천만 명을 돌파하였으며, 2023년은 1,158만 명을 기록하였습니다. 반면 같은 기간 경제성장률은 7~8%대에서 4~5%대로 하락하였습니다. 경기부진에 더해 빅테크 기업을 대표로 하는 IT기업의 어려움이 겹치면서 젊은 이들을 대규모로 고용해야 할 부문들이 힘을 쓰지 못하고 있는 상황인 것입니다. IT 산업은 교육 및 부동산업과 함께 대졸자들이 가장 많이 취업하는 3대 부문 중 하나였습니다. 그런데, 이 부문이 타격을 받은 것입니다. 알리바바 그룹의 예를 들면 2021년 말 기준 25.9만 명의 직원이 있었으나 2022년 말 23.9만 명, 2023년 말 21.9만 명으로 불과 2년 만에 전체 직원의 약 20%인 4만 명의 직원이 감소하였습니다. 상장기업 전체로 확대해도 동일한 흐름이 나타나고 있습니다. 2018년 A주 상장기업 평균 직원 수가 6,560명이었던데 반해, 2022년은 12% 감소한 5,775명에 그치는 것으로 나타났습니다.[227]

중국경제 부진 상황이 이어지면서 2023년 이후 중국 정부도 빅테크 기업 규제를 조금씩 완화하는 모습입니다. 대표적인 사건이 2021년 4월부터 3년여 넘게 지속되었던, 알리바바에 대한 반독점 위반 조사 및 제재 조치가 2024년 8월 정식으로 종료된 것입니다.[228] 반독점 여부를 조사하는 중국 규제기관인 '국가시장감독관리총국'은 자사 플랫폼 입점 기업들의 타사 플랫폼 진출을 막았다는 이유로 2021년 알리바바에

부적 1

부적 2

건강과 공부에 대한 소원을 적은 부적

유물론을 바탕으로 한 공산주의 사회인 중국이라고 하지만 복을 비는 모습은 세계 어디나 똑같습니다. 건강과 공부, 이 두 가지 화두는 대다수 보통 사람들의 가장 큰 소원이고 바람이겠지요. 중국도 예외는 아닌 것 같습니다. 2002년 중국의 대학진학률은 15%에 불과했습니다. 그러나 불과 20년 후인 2022년은 60%에 달했습니다. 학생들의 공부와 취업에 대한 스트레스는 날로 증가하고 있지요.

엄청난 벌금을 부과한 바 있습니다. 당시 벌금이 알리바바의 2019년 국내 매출액의 4%에 해당하는 182억 위안(약 3.4조 원)에 달하였지요. 이를 두고 이른바 빅테크 기업 손보기라는 지적이 많았습니다. 결국 중국 정부도 청년층 고용 문제 완화와 적정한 경제성장을 위해서는 빅테크 기업들의 역할이 필수적이라는 인식을 하고 있는 것 같습니다.

_05

중국의 주요 빅테크 기업에 대해
소개해 주세요.
(1) - 텐센트(腾讯, Tencent)

2024년 현재 중국인들이 가장 많이 사용하는 스마트폰 앱은 단연 위챗(Wechat, 微信)일 겁니다. 우리나라의 카카오톡과 비슷합니다. 그런데, 활용도는 훨씬 더 넓습니다. 물론 우리도 카카오페이를 통해서 결제를 하지만 중국인 일상생활에서 위챗페이(Wechat Pay, 微信支付)의 사용 빈도나 범위는 놀라울 정도입니다. 중국이 거의 완전히 현금 없는 사회가 되어가는 데에 있어 위챗페이의 기여도는 결정적이라고 하겠습니다. 이 위챗을 만든 기업이 바로 텐센트입니다.

텐센트는 1971년생인 창업자 마화텅(马化腾)이 1998년 11월 션전(深圳)에서 설립한 기업입니다. 현재는 온라인 게임, 온라인 결제, 클라우드 서비스, 디지털 콘텐츠 등의 다양한 분야에서 서비스를 제공하고 있습니다.

이 기업은 1999년 2월 개발된 PC용 메신저인 'QQ'를 통해 가입자를 확보한 이후 2003년 8월 온라인게임에 진출하면서 급성장하였습니다. 그 여세를 몰아 2004년에 홍콩증권거래소에 상장되었지요. 온라인게임 진출 6년만인 2009년에 중국 최대의 온라인게임업체가 되었으며, 2010년에는 월간활성이용자(MAU; Monthly Active Users) 수가 1억 명을 돌파하였습니다. 2011년 1월 메시지 전송 앱인 위챗을 내놓았으며, 불과 1년 만인 2012년 3월 월간활성이용자 수가 1억 명을 넘어섰습니다. 그리고 2018년 10억 명을, 2022년 13억 명을 돌파하였습니다. 2023년 말 기준으로 13.43억 명이었으니, 사실상 거의 모든 중국인들이 활발하게 이 앱을 사용하고 있다는 의미입니다.

한편 텐센트는 2013년 8월 모바일 결제 앱인 위챗페이를 통해 결제 서비스를 시작하였는데요, 현재 알리바바의 알리페이와 함께 모바일 결제시장을 양분하며 치열한 플랫폼 경쟁을 벌이고 있는 상황입니다. 위챗페이가 급성장하게 된 계기 중 하나가 2014년 춘절 당시 도입한 홍바오(紅包, 빨간봉투)[229]였습니다. 이는 명절에 빨간색 봉투에 돈을 넣어서 주고받는 중국 전통을 본떠 만든 온라인상의 세뱃돈 같은 것이었습니다. 이것이 대히트를 치면서 당시 한 달 만에 위챗페이 사용자가 3천만 명에서 1억 명으로 늘어난 것으로 추산되고 있습니다.[230] 2023년 현재 위챗페이를 통해 일일 결제되는 거래 건수가 10억 건을 넘습니다. 한편 결제 기술 측면에서 위챗페이의 특징 중 하나는 2023년 9월 중국 최초로 손바닥 인증 기술(Pay by Palm)을 도입하였다는 점입니다. 광둥성의 세븐일레븐 편의점 1,500개 이상에서 사용되는 것으로 알려져 있습니다.

또한 텐센트는 2016년 온라인 음악 서비스를 시작하였으며, 2018년 12월에는 관련 자회사인 텐센트음악(騰讯音乐, Tencent Music Entertainment Group)이 뉴욕증권거래소에 상장되기도 하였습니다. 그리고 영상 플랫폼인 텅쉰스핀(騰訊視頻)도 운영 중입니다.

이와 더불어 텐센트는 앞에서 말씀드린 위챗페이 이외에 다양한 금융 서비스를 제공하고 있기도 합니다. 바로 온라인펀드(理財通, LiCaiTong), 보험(騰讯微保, WeSure), 무담보소비자대출(微粒贷, WeiLiDai) 등입니다. 특히 2014년에는 민영은행인 위뱅크(微众銀行, Webank)를 설립하였습니다. 이는 중국 금융업에서 100% 민간자본이 투자된 최초의 민영은행이었습니다. 총자산이 2017년 817억 위안에서 2023년 5,356억 위안으로 증가하여 현재 가장 규모가 큰 민영은행입니다. 2023년 말 현재 개인고객이 3.8억 명, 기업고객이 410만 개에 달합니다.

텐센트의 2023년 총매출은 6,090억 위안, 순이익은 1,180억 위안이었으며 총자산은 1조 5,772억 위안이었습니다. 2015년 총매출이 1,029억 위안, 2019년이 3,733억 위안이었던 점을 감안하면 이 기업의 성장세가 얼마나 빠른지를 알 수 있습니다. 총매출 기준으로 텐센트는 중국 10대 민영기업에 포함될 정도로 성장하였습니다.[231]

이처럼 텐센트는 중국의 게임·메신저·온라인 결제 시장에서 절대적인 지배력을 갖고 있는 기업입니다. 2024년 10월 말 기준 시가총액은 3.9조 홍콩달러로 홍콩거래소 상장 주식 중 압도적인 1위를 차지하고 있습니다. 물론 중국 정부의 빅테크 기업에 대한 규제 및 글로벌 IT 경기 부진이 시작되기 전인 2020년 말의 5.4조 홍콩달러에 비하면 많이 감소한 수치입니다. 한편 '2024 Fortune 중국 500' 순위에서는 860억 달러의 매출로 38위를, '2024 Fortune 글로벌 500' 순위에서는 141위를 차지하였습니다.

텐센트 부스

텐센트(Tencent)의 게임 부스(Booth)

2018년부터 상하이에서 개최되고 있는 '장강삼각지역 국제문화산업박람회(长三角国际文化产业博览会)'는 상하이, 지앙수, 저지앙, 안후이 등 4개 성·시의 문화산업 관련 기업들이 참석하는 대규모 박람회입니다. 사진은 2023년 11월 진행된 제4회 박람회에 참가했던 텐센트의 게임 부스입니다.

중국의 주요 빅테크 기업에 대해 소개해 주세요. (2) - 알리바바(阿里巴巴, Alibaba)

    중국 기업 중 알리바바처럼 유명한 동시에 말도 많고 탈도 많은 기업도 없을 것 같다는 생각이 듭니다. 그만큼 알리바바는 급성장했고, 그 과정에서 유명세도 많이 겪었으며 중국 정부의 빅테크 기업 규제의 중심에 서 있기도 한 기업이기 때문입니다. 알리바바는 1999년 4월 설립되었으며 본부는 항저우(杭州)에 있습니다. 창립자인 마윈(馬雲, Jack Ma)은 전직 영어교사였습니다.

    알리바바는 2000년에 SoftBank로부터 2억 달러를 투자받았으며, 초기에는 B2B 전자상거래에 집중하였습니다. 2003년 B2C 및 C2C플랫폼인 타오바오(淘宝)를 만들었으며 2004년에는 결제시스템인 알리페이(Alipay, 支付宝)를 도입하였습니다. 특히 알리페이는, 당시 인터넷 상

알리바바 홍보관 1   알리바바 홍보관 2

알리바바 홍보관
중국 항저우의 알리바바 본사에 있는 알리바바 홍보관의 모습입니다.

거래에서 구매자의 결제대금이 판매자의 계좌로 직접 송금되는 방식을 채택했던 페이팔(paypal)과 달리 결제대금예치 형태(제3자 지급 결제; escrow)의 결제 시스템을 중국 최초로 도입하였습니다. 이는 구매자가 타오바오 등을 통해 상품 구입 시 알리페이 계좌에 상품 대금을 송금하면 판매자는 알리페이에서 입금 내역을 확인하여 상품을 발송하고, 이후 구매자의 구매확정 이후 알리페이가 판매자에게 대금을 송금하여 지급결제가 완료되는 방식입니다.[232] 중국의 전자상거래 지급결제 시스템을 선도한 것으로 평가받는 알리바바의 알리페이가 성공한 가

중국금융론

장 큰 이유 중 하나가 바로 신용사회로서의 기반이 부족한 중국의 현실에 맞는 결제 시스템을 도입하였기 때문이라는 지적입니다. 이 알리페이를 운영하는 곳이 바로 알리바바의 금융부문 자회사인 핀테크 기업 앤트그룹(螞蟻集團, ANT Group)입니다. 결국 알리페이의 등장은 스마트폰의 형태로 결제 수단을 고객의 손에 쥐어주고 판매자는 QR 코드(Quick Response Code) 리더기만 있으면 되는 결제처리 시스템을 가능하게 만들었습니다.[233] 판매자의 편의성을 증진시킨 동시에 비용도 훨씬 절약할 수 있게 된 획기적인 개혁이라 할 수 있지요.

특히 2002~2004년의 사스(SARS) 사태는 알리바바에게는 잊을 수 없는 사건이자 기회였습니다. 당시 중국의 상당수 지역이 격리되면서 온라인 쇼핑 붐이 일었고 이는 그때만 해도 신생기업이었던 알리바바의 쇼핑 포털인 타오바오의 이름을 전국적으로 알리게 된 계기가 되었습니다. 알리바바는 현재 징둥(京東, J.D.com), 핀둬둬(拼多多)와 함께 중국의 전자상거래 시장을 지배하고 있는 기업입니다.

한편 알리바바는 2008년 B2C플랫폼인 티엔마오(天猫, Tmall)를 출시하였는데요, 이는 B2C 전문 플랫폼으로 신뢰도가 높은 반면 가격은 그리 저렴하지 않다는 평입니다. 반면 이보다 먼저 출시되었던 타오바오는 B2C 및 C2C를 포괄하는 플랫폼으로 판매 상품이 다양하고 가격이 저렴하지만 품질 차이가 크다는 단점이 있다는 평가를 받고 있습니다.

알리바바의 또 한 번의 도약은 2009년 최초 개최한 슈앙스이(雙十一, 11월 11일, Singles Day) 쇼핑 행사였습니다. 원래 슈앙스이는 1993년 난징대학 학생들이 발렌타인데이에 대항하여 애인이 없는 사람들끼리 서로 챙겨주자는 취지[234]에서 시작한 행사였습니다. 그러나 2009년부터 알리바바가 이 날을 적극적인 소비자 마케팅 행사의 계기로 삼으면서 중요해지기 시작했습니다. 알리바바가 이 행사를 처음 개최한 2009년 매출액은 0.5억 위안에 불과하였으나 10년 만인 2019년은 무려 2,684억 위안으로 급성장한 바 있습니다. 지금은 알리바바뿐만 아니라 중국의 주요 전자상거래 업체들이 슈앙스이 전후 약 2주간 대규모 할인행사를 펼치면서 중국 최대의 쇼핑 절기가 되었습니다. 미국의 블랙프라이데이와 같은 성격이라고 보시면 됩니다.

알리바바는 2010년 타오바오의 해외판이라 할 수 있는 알리익스프레스(Aliexpress)를 홍콩에서 처음 시작하였습니다. 우리나라에서는 2018년 이 서비스를 시작하였는데요, 2024년 현재 우리나라의 소비자가 알리바바를 통해 물건을 구입한다고 하면 바로 이 플랫폼을 이용하는 것입니다. 그동안은 일부 '해외직구족' 사이에서만 인지도가 있었으나 2023년 이후 공격적인 마케팅을 선보이는 동시에 CJ대한통운과의 협업으로 빠른 배송서비스를 시작하면서 사용자 수가 크게 늘어나고 있는 상황입니다. 한 연구[235]에 의하면 2024년 2월 기준으로 알리익스프레스 모바일 애플리케이션의 우리나라 사용자 수는 818만 명으로 2020년 8월(139만 명) 대비 약 6배 증가한 것으로 나타났습니다. 이는 국내 이커머스 시장에서 쿠팡에 이어 2위의 자리입니다. 이렇게 알리바바가 한국 이커머스 시장을 본격적으로 공략하는 이유는 우선 세계 5위의 시장 규모를 자랑할 정도로 우리나라가 결코 작지 않은 시장이기 때문입니다. 또한 거리가 가깝고 인프라가 완비되어 있는 우리나라를 물류 거점으로 삼아 글로벌 시장으로 쉽게 진출하기 위한 목적도 있는 것으로 분석되고 있습니다.[236]

중국금융론

알리바바 홍보관 내의 알리바바 무인 배송 견본 차량

항저우의 알리바바 홍보관에 전시 중인 무인배송 견본 차량의 모습입니다. 2023년 현재 일부 지역에서 시범 운영 중입니다.

___

알리바바 무인배송 차량

한편 알리바바는 2014년 6월에는 개인 간 거래(C2C) 플랫폼인 셴위(閑魚)를 출시하였습니다. 중국판 당근마켓이지요. 셴위는 발음이 같은 '셴위(閑余, 閑은 여가, 余는 잉여 물자 내지 공간)'에서 착안한 것으로 알려져 있습니다. 2020년 이후 폭발적으로 성장하였으며, 사용자 수가 2023년에 5억 명을 돌파하였습니다.

또한 2020년 3월에는 타오바오 특가판(淘宝特价版)을 출시하였습니다. 이는 소비와 제조를 직접 연결하는 C2M(Customer to Manufacturer) 플랫폼입니다. 유통과정을 생략하고 소비자와 중소 제조기업을 직접 연결하여 상품을 판매하는 방식입니다. 즉, 기존에는 공장에서 만든 제품을 소비자에게 일방적으로 판매하는 방식이었다면 C2M은 고객 요구를 반영한 맞춤형 제품을 공장에서 만들어내는 방식입니다. 이 방식은 유통 비용을 절약하고 소비자 중심의 시장을 형성하게 만드는 장점이 있다는 평가를 받고 있습니다. 2023년 9월 월간활성이용자(MAU) 수가 1억 명을 돌파하면서 이 플랫폼은 성공적으로 안착하고 있다는 평가를 받고 있습니다.

이 외에도 알리바바는 음식배달 서비스(어러머(餓了么)), 동영상(요우쿠(優酷)) 등의 사업에도 진출하고 있습니다. 이들은 모두 기존 기업들을 인수·합병하는 방식으로 이루어졌습니다. 특히 어러머의 경우에는 메이투안(美團)과 함께 중국 음식배달 서비스 시장을 양분하고 있습니다. 2021년 6월 4.7억 명이었던 중국의 배달앱 사용 소비자 수는 2023년 6월 5.4억 명까지 증가한 상황입니다. 시장 규모도 1.1조 위안 이상입니다.

또한 2015년에는 민영은행인 마이뱅크(网商銀行, Mybank)를 설립하였습니다. 총자산이 2017년 782억 위안에서 2023년 4,521억 위안으로 증가하는 등 급성장하고 있는 은행입니다. 현재 마이뱅크는 텐센트가 설립한 위뱅크와 함께 가장 규모가 큰 민영은행 중 하나입니다.

알리바바는 2014년 뉴욕증권거래소에, 2019년 11월 홍콩증권거래소에 상장되었습니다. 홍콩거래소에서 알리바바의 2022년 말 기준 시가총액은 1.8조 홍콩달러로 거래소 상장 주식 중 텐센트에 이어 2위를 차지하고 있습니다. 한편 뉴욕거래소에서 2022년 말 기준 시가총액은 2,290억 달러였습니다. 중국 정부의 빅테크 기업에 대한 규제가 시작된 직후인 2020년 말 기준 시가총액이 6,295억 달러였던 점을 감안하면 알리바바 시가 총액이 불과 2년 동안 얼마나 많이 감소하였는지를 알 수 있습니다.

한편 알리바바의 2023년 매출은 8,687억 위안, 순이익은 656억 위안, 총자산은 1.82조 위안이었습니다. 고용 인원은 2023년 말 기준으로 22만 명입니다. 정점이었던 2021년(26만 명)보다 크게 감소하였습니다. 정부규제 등에 따른 기업의 위축세를 보여 준다고 할 수 있습니다. 알리바바는 '2024 Fortune 중국 500' 순위에서는 1,313억 달러의 매출로 21위를, '2024 Fortune 글로벌 500' 순위에서는 70위를 차지하였습니다. 한편 매출액 기준으로 민영기업 중에서는 징둥에 이어 두 번째로 큰 규모의 기업입니다.[237]

핀둬둬 앱

알리바바를 무섭게 추격중인 핀둬둬(拼多多)

2015년 상하이에서 설립된 온라인 쇼핑 플랫폼 핀둬둬는 10년이 되지 않는 짧은 기간에 급속한 성장세를 이뤘습니다. 2017년 매출은 17억 위안에 불과했으나 2023년은 무려 2,476억 위안(약 46조 원)을 기록했습니다. 알리바바 매출의 29% 수준입니다. 더구나 순이익의 경우는 600억 위안에 달해 알리바바(656억 위안)와 비슷한 수준이었습니다.

이 핀둬둬의 해외 플랫폼 이름이 바로 테무(Temu)입니다. 2022년 9월 출시된 테무는 2024년 5월 현재 이미 우리나라를 비롯해 66개 국가에 진출할 정도로 급성장하였습니다. 2024년 1사분기 기준으로 테무는 미국에서 아마존(Amazon) 다음으로 많은 소비자가 방문하는 쇼핑 플랫폼이 되었습니다. 2024년 2월 기준 한국에서의 회원수도 581만 명에 달해 쿠팡, 알리익스프레스, 네이버에 이어 네 번째로 많은 수준입니다.

핀둬둬는 현재 국내 시장에서의 막대한 이익을 바탕으로, 해외 시장에서는 대규모 적자를 감수하며 초저가 판매 정책을 시행중입니다. 시장 점유율 확보를 위해서입니다. Goldman Sachs는, 2023년에 테무의 주문 1건당 손실이 7달러에 달한 것으로 추정하고 있습니다.[238]

중국의 영어 일간지 China Daily에서 '2023년을 풍미한 12개 신조어(Navigating 2023 through 12 neologisms)'를 선정한 바 있습니다. 그중 하나가 바로 중국의 MZ세대에서 유행하게 된 MBTI[239]였습니다. 또한 중국 최대의 검색엔진 업체인 바이두(Baidu)가 빅데이터를 기반으로 선정한 2023년 중국 10대 유행어에도 역시 이 MBTI유형 중 하나인 I형(내향적)인간과 E형(외향적)인간이 포함되어 있었습니다.

MBTI 성격 유형에서는 크게 4가지 카테고리를 통해 사람의 성격을 16가지로 분류하고 있습니다. 카테고리는 각각 에너지의 방향이 외향적(E, Extroversion)이냐 내향적이냐(I, Introversion), 사람이나 사물을 인식하는 방식이 감각적(S, Sensing)이냐 직관적(N, iNtuition)이냐, 판단의 근거가 사고(T, Thinking)냐 감정(F, Feeling)이냐, 선호하는 삶의 패턴이 판단(J, Judging)이냐 인식(P, Perceiving)이냐 등입니다. 예를 들면 내향적이고 감각적이며 사고에 근거해 판단하고 계획적인 사람이라면 ISTJ의 유형이라고 하는 식입니다.

이 MBTI 열풍은 사실 우리나라가 훨씬 더하다고 볼 수 있는데요, 중국의 젊은 세대에게도 비슷한 현상이 나타나고 있습니다. 그들은 처음 만났을 때 MBTI 16가지 유형 중 어디에 속하는지를 묻는 것이 자연스러운 일이 되었습니다.

인간의 성격을 무 자르듯 16가지 유형으로 분류한다는 것이 불가능할뿐더러[240] 타인에 대해 고정된 편견을 가지게 된다는 우려 등이 있음에도 불구하고 이 MBTI는 이제 커뮤니케이션 도구의 하나로 자리 잡은 것이 아닌가 하는 생각이 듭니다. 자기확신 및 소속감 고양의 측면에서 유용한 측면이 있기 때문입니다. 일부에서는 이를 사교활동에서 사용하는 일종의 수단 내지 도구로 여기고 있기도 합니다.

중국의 스타벅스에서는 2023년 7월, MBTI 성격 유형에 따른 추천 음료를 선보인바 있습니다. 에너지의 방향(I형 및 E형)과 판단의 근거(T형 및 F형)에 따른 4가지 음료가 추천되었는데요, 예를 들면 IT형은 콜드 브루(Cold Brew), EF형은 프라푸치노(Frappuccino)가 추천 음료였습니다.

또한 중국의 대표적인 배달업체 어러머(饿了么)에서 2023년 8월 선보인 광고 문구는 "为 i 做 e, 这杯我请(i를 위해 e가 한다, 이 잔은 내가 쏜다)"였습니다. 역시 MBTI에 대한 사전 이해가 없으면 도대체 무슨 의미인지 이해하기 어려운 문구입니다.

한편 중국의 유명한 훠궈(火锅) 기업인 하이디라오(海底捞)의 베이징 일부 매장에서는 2023년 10월 중 E(외향적)와 I(내향적)로 구역을 구분하여 대기 손님을 기다리게 하는 이벤트를 벌이기도 하였습니다. E 구역에서는 고객들이 각종 게임 등을 하며 서로 교류하는 기회를 가지도록 하였고, I 구역에서는 조용한 가운데 옆 사람의 방해를 받지 않고 기다릴 수 있도록 하였다고 합니다. 다소 억지스럽기는 하지만 상인의 나라 중국다운 발상입니다.

'천인천면, 백인백성(千人千面, 百人百性)'이라는 중국 속어가 있습니다. '천 명이 있으면 천 개의 얼굴이 있고, 백 명이 있으면 백 개의 성격이 있다'라는 의미입니다. 그만큼 다양한 사람들이 동일하지 않은 성격과 특징을 가지고 수많은 결정과 행동을 하면서 살아가고 있다는 말이지요. 쉽게 타인을 판단해서는 안 된다는 뜻이기도 할 겁니다. MBTI에 단순한 재미와 사교 수단 그 이상의 가치를 둘 경우 빠지게 될 편견과 선입견을 주의해야 하는 이유입니다.

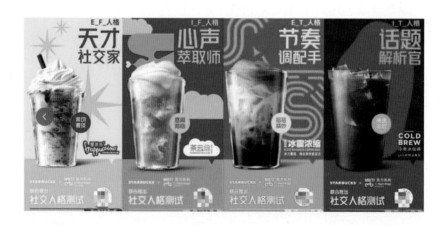

스타벅스 음료 구분

중국금융론

어러머 캐치프레이즈

하이디라오 자리 구분

중국 주요 기업의 MBTI를 활용한 마케팅 사례

스타벅스는 MBTI 성격 유형에 따른 추천 음료를, 어러머는 MBTI를 활용한 캐치프레이즈를, 하이디라오는 MBTI에 따른 자리 구분 등을 마케팅 전략으로 사용한 바 있습니다.

중국의 주요 빅테크 기업에 대해
소개해 주세요.
(3) - 바이두(百度, Baidu)

　글로벌 검색시장 부동의 1위 업체는 구글(Google)입니다. 어떤 사항
이 궁금하여 관련 자료를 찾고자 할 때 가장 손쉬운 방법이 구글을 검
색하는 것이라는 점에 대해서는 누구도 이의를 제기하기 쉽지 않을 겁
니다.²⁴¹ 특히 옛날에 논문을 써 봤던 분들이라면 이를 실감하실 겁니
다. 필요한 참고자료가 있다고 하는 도서관에 찾아 가서 이를 대출한
후, 다시 복사하는 과정을 거쳐야 논문 작성에 필요로 하는 자료를 얻
을 수 있었습니다. 지금은 이 모든 과정이 클릭 한 번으로 해결됩니다.
시간과 노력의 절약이야 더 말할 필요도 없겠지요.
　그런데, 구글이 검색시장을 지배하지 못 하는 몇 개 안되는 국가 중
하나가 바로 중국입니다. 2006년 중국 시장에 진출했던 구글은 국가안

보 등의 이유에 따른 중국 정부의 규제와 검열에 반발하여 2010년 철수하였습니다. 이런 상황에서 중국 검색시장을 지배하고 있는 기업이 바로 바이두(百度)입니다. 창립자는 1968년생인 리옌홍(李彦宏, Robin Li)입니다. 2000년 설립되었으며 본부는 베이징에 있는데요, 직원은 약 4.5만 명입니다.

바이두

바이두(百度)
2000년 설립된 검색엔진 기업 바이두는 중국 검색시장을 지배하고 있습니다. 2006년 중국에 진출했던 구글(Google)이 검열 등에 반대하면서 2010년 철수하였던 것도 바이두의 급성장에 큰 영향을 미쳤습니다.

바이두는 중국 검색시장 부동의 1위 기업으로 2024년 3월 말 기준 월간활성이용자(MAU) 수가 6.8억 명에 이릅니다. 중국 인구의 절반이지요. 사실 중국어로 된 자료를 가장 쉽게 찾을 수 있는 곳이 바로 이

바이두라고 할 수 있습니다. 중국 관련 업무를 하거나 중국에서 생활하고 있는 많은 사람들이 중국과 관련해서 궁금한 것을 찾아 볼 때면 우선적으로 이용하는 검색포털입니다. 구글맵(google map)과 비슷한 바이두 지도(百度地图)도 있습니다. 구글맵이 작동하지 않는 중국에서 길을 찾을 때 아주 유용하다는 평가를 받고 있는 지도입니다.

한편 바이두는 중국판 넷플릭스라 할 수 있는 동영상 플랫폼 아이치이(iQIYI, 愛奇藝)를 2012년 인수한 이후 운영하고 있습니다. 아이치이의 2023년 말 기준 유료가입자 수는 약 1.1억 명입니다. 2015년의 107만 명에서 급증한 수치입니다. 다만, 2019년 이후 더 이상 성장하지 못하고 거의 정체 상태라는 점에서 개혁이 필요하다는 지적도 많이 나오고 있는 상황입니다. 현재 아이치이의 가입자 수는 글로벌 OTT 강자인 넷플릭스 유료 가입자 수(2.61억 명, 2023년 말 기준)의 절반에 조금 못 미치는 수준입니다.

2023년 기준으로 바이두는 총매출 1,346억 위안, 순이익 203억 위안을 기록했으며 총자산은 4,068억 위안이었습니다. '2024 Fortune 중국 500' 순위에서는 190억 달러의 매출로 173위를 차지하였습니다.

한편 바이두는 2005년 8월 나스닥(NASDAQ)에, 2021년 3월에 홍콩증권거래소에 각각 상장되었는데요, 2023년 말 기준 주식시가총액은 나스닥이 411억 달러, 홍콩거래소가 3,146억 홍콩달러였습니다.

바이두(百度) 설립자 리옌홍(李彦宏)

바이두를 2000년에 창립한 리옌홍(李彦宏, Robin Li)은 베이징대학 정보관리학과를 졸업한 수재입니다. 별명이 Mr. AI입니다.

리옌홍

중국의 주요 빅테크 기업에 대해
소개해 주세요.
(4) - 징둥(京東, J.D.com)

저는 2006년~2011년에는 베이징에서 생활했었고, 2023년부터는 상하이에서 살고 있습니다. 당시와 지금을 비교해 볼 때 가장 큰 차이점 중의 하나가 중국도 우리나라 못지않게 전자상거래가 활발한 국가가 되었다는 부분입니다. 그리고, 전자상거래 분야에서 후발주자로 출발했지만 2023년 현재는 알리바바를 뛰어 넘어 중국 제1의 전자상거래 업체로 올라선 기업이 바로 징둥입니다.

스마트폰의 징둥(京東) 앱 화면

징둥은 알리바바를 뛰어 넘어 2023년 현재 중국 시장점유율 제1의 전자상거래 업체입니다. 빠른 배송과 정확성으로 감탄을 자아내는 경우가 종종 있습니다. 제 경험으로는 주문 후 1시간 내에 배달이 된 사례가 있었습니다.

징둥 앱

　창립자인 리우치앙동(刘强东)은 1974년생으로 중국인민대학을 졸업했으며, 1998년 베이징에서 징둥을 설립했습니다.[242] 전자상거래 업무는 2004년부터 시작하였으며 지금은 물류 및 금융 등으로 사업 영역을 확대하고 있는 기업입니다. 알리바바가 시작한 슈앙스이(雙十一, 11월 11일) 쇼핑 행사와 맞먹는 이벤트가 618 쇼핑 축제인데요, 이는 6월 18일 창립일을 기념해 징둥이 2010년부터 실시하였고 이후 다른 업체들도 참여하여 매년 약 2~3주 동안 진행되는 대규모 할인 판촉 행사를 의미합니다.

　징둥은 아마존이나 쿠팡과 비슷한 판매 방식을 취하고 있습니다. 즉, 단순히 판매자와 구매자를 중개해 주는 플랫폼이 아니라, 미리 판매자의 물건을 구입해 놓고 물류창고에 쌓아놓은 후에 주문이 들어오면 물

징둥 본사 건물 모형

징둥 본사 건물 모형

징둥 본사는 베이징에 있습니다. 징둥도 아마존이나 쿠팡과 비슷한 판매 방식을 택하고 있습니다. 즉, 단순히 판매자와 구매자를 중개해주는 플랫폼이 아니라 미리 판매자의 물건을 구입해서 물류창고에 쌓아놓은 후에 주문이 들어오면 배송해 주는 운영방식입니다.

건을 꺼내 배송하는 운영방식입니다. 다만, 100% 모든 상품이 그렇지는 않습니다. 제 경험에 의하면 징둥이 직접 배송하는 일반 상품의 경우 주문 후 도착까지 1~2일이 걸리는 데 반해, 판매자를 통한 배송 상품의 경우 5일 내외가 걸렸습니다.

징둥의 2023년 매출은 1조 847억 위안, 순이익은 242억 위안이었으며 2023년 말 기준 총자산은 6,289억 위안입니다. 한편 2018년 매출이 4,620억 위안이었던 점을 감안하면 징둥이 얼마나 빠르게 급성장했는지를 잘 알 수 있습니다. 이는 직원 수의 급증으로도 잘 나타납니다. 2023년 말 기준 51.7만 명의 직원이 있는데요, 이 중 2/3인 35.5만 명이 배달기사입니다.[243] 그런데, 불과 4년 전인 2019년 말 직원 수가 23만 명이었습니다. 두 배 이상 증가한 것입니다. 징둥은 '2024 Fortune 중국 500' 순위에서는 1,532억 달러의 매출로 13위를, '2024 Fortune 글로벌 500' 순위에서는 47위를 차지하였습니다. 그리고 중국 민영기업 중에서는 매출액 기준으로 1위의 기업입니다.[244]

한편 2022년 말 기준 징둥은 전국에 1,500여 개의 물류창고를 운영 중인데요, 이들의 총면적은 3,000만m²를 넘습니다. 우리나라 최대 물류기업인 CJ대한통운이 189개(388만m²), 두 번째인 쿠팡이 95개(248만m²)인 점[245]을 감안하면 징둥이 얼마나 큰 규모로 물류사업을 운영 중인지, 그리고 중국 물류시장이 얼마나 거대한지를 잘 알 수 있습니다.

징둥은 2014년 5월 나스닥, 2020년 6월 홍콩증권거래소에 각각 상장되었습니다. 2023년 말 기준 시가총액은 나스닥이 440억 달러, 홍콩거래소가 3,390억 홍콩달러였습니다. 앞에서 말씀드린 바이두보다 약간 높은 수치입니다. 참고로, 징둥은 리그 오브 레전드 프로게임단인 JDG Intel Esports Club을 운영하고 있습니다. 한국인 선수도 포함되어 있으며 리그 오브 레전드 2023 월드 챔피언십에서 3위를 한 강팀입니다.

징둥 배달 오토바이

징둥 배달 오토바이

징둥은 2023년 현재 중국 최대의 전자상거래 업체입니다. 배달 기사의 수만 35만 명이 넘습니다. 사진은 징둥 배달 기사들이 전문적으로 사용하는 배달 오토바이입니다.

참고문헌

국문자료

금융감독원 국제업무국(금융중심지지원센터), 금융회사 해외진출 현황,
　　www.fnhubkorea.kr

금융감독원 금융중심지지원센터, 중국의 금융업 감독제도 편람, 2022.1.

김문덕, 상하이 공간으로 체험하다, 도서출판 미세움, 2013.3.

김자봉, 플랫폼의 금융중개 효율성 제고 효과와 규제감독 과제: 아마존 사례를 중심으
　　로, 금주의 논단, 금융브리프 28권 21호, 한국금융연구원, 2019.10.26.~11.8.

노은영, 중국 비은행 지급결제기관의 모바일결제에 관한 규제 연구, 금융법연구 제16
　　권 제3호, 2019.

노은영, 중국의 인터넷금융 감독 법제에 관한 소고, 증권법연구, 제16권 제2호, 한국증
　　권법학회, 2015.

무스타파 술레이만, 더 커밍 웨이브, 한스미디어, 2024.2.

물류신문, 2023년 주요 물류기업 창고업 등록 현황, 2023.8.18.

소준섭, 우리가 몰랐던 중국 이야기, 태학사, 2023.11.

에스와르 프라사드, 화폐의 미래, 김영사, 2023.9.

이보미, 빅테크의 금융업 진출 현황 및 시사점, 금융 포커스, 금융브리프 29권 01호, 한
　　국금융연구원, 2019.12.21.~2020.1.3.

이중톈(易中天), 독성기(讀城記), 에버리치홀딩스, 2010.4.

이현태·서봉교·조고운, 중국 모바일 결제 플랫폼의 발전과 시사점: 알리바바 사례를
　　중심으로, KIEP 연구자료 18-04, 2018.12.

장하준, 장하준의 경제학 레시피, 부키, 2023.3.

조너선 카우프만, 상하이의 유대인 제국, 생각의 힘, 2024.1.

통계청, 2021년 임금근로일자리 소득(보수) 결과, 2023.2.28.

한국은행 경제용어사전

한국은행, 중앙은행 디지털화폐, 2019.1.

한국은행, 2023년 결제통화별 수출입(확정), 2024.4.18.

영문자료

BIS, BigTech and the changing structure of financial intermediation, 2019.

Fortune, 2024 Fortune China 500, 2024.7.

HKEX, Market Statistics 2022, https://www.hkex.com.hk/

Hyun Song Shin, Big Tech in finance:opportunities and risks, BIS speech, 2019.

IMF, COFER, http://data.imf.org

NSF, Survey of Earned Doctorate 2022, 2023.

Stephen Adolphe Wurm, Rong Li, Theo Baumann and Mei W. Lee, Language Atlas of China, Longman, 2012.

The Banker Database, Ranking - Top 1000 World Banks by Tier 1 - 2024.

중문자료

江晓帆, 叶池莲, 蔡晓琳, 谭广权, 香港点心债市场发展历程, 现状与展望,《债券》, 2024.2.

国家统计局, 2022年城镇单位就业人员平均工资, 2023.5.9.

国务院工作规则, 2023.3.

黨和國家機構改革方案, 2023.3.

同花顺财经, 中诚信国际: 2023年熊猫债发行规模达1544.5亿元, 2024.1.25.

民生证券, 消费行业新消费研究之咖啡系列报告: 中国现磨咖啡市场有多大&瑞幸的天花板, 2023.8.13.

上海证券报, 今日起 证券交易印花税减半征收, 2023.8.28.

上海证券报, 茅台与瑞幸咖啡联姻的经济学分析, 2023.9.21.

上海證券報, 上證研究, 2023.12.26.

上海證券報, 资本市场全面深化改革开放走过关键一年, 2023.12.25.

上海证券报, 中国上市公司协会. "三大变化" 折射经济高质量发展镜像A股常态化分红机制加快建立, 2023.8.3.

上海證券報, 推动金融高质量发展是建设金融强国的根本路径, 2023.11.16.

新浪财經, 到底有多少青年人失业, 2023.6.1.

新华社, 央行: 到2022年底, 流通中数字人民币存量达136.1亿元, 2023.1.13.

杨成长 等, 健全资本市场功能 提振投资者信心, 上海证券报, 2023.8.19.

饿了么, 新服務研究中心, 2023中国现制茶饮, 咖啡行业白皮书, 2023.5.

全国工商联, 2023中国民营企业500强调研分析报告, 2023.9.12.

财新週刊, 券商整合路在何方, 2023.11.27, 第46期

第一财經日报, 中國咖啡消费流行, 2023.10.31.

第一财經日报, UBS持仓269家A股上市公司增持智能制造等细分赛道, 2023.11.7.

中國金融期货交易所, 中金所年度数据统计 2022年, 2023.

中国银行业协会, 中国银行业100强榜单, 2023.8.

中国出版协会, "2023年图书零售市场年度报告", 2024.1.

中國人民银行, 中国金融稳定报告(2023), 2023.12.22.

中國人民银行, 中国货币政策执行报告 2023年第四季度, 2024.2.8.

中國人民银行, 2023年人民币国际化, 2023.10.

中國人民银行, 2023年支付体系运行总体情况, 2024.4.1.

中信保诚人寿, 胡润百富2023中国高净值家庭现金流管理报告, 2023.12.

中华人民共和国商业银行法

中华人民共和国中國人民銀行法

证券时报网, 揭秘! A股投资者呈现三大结构变化, 资本亦有"六化"新趋势, 2023.8.27.

清华金融评论, 2023中国银行业排行榜200强研究报告, 2023.8.24.

21世紀經濟報道, 贵州茅台提價, 2023.11.2.

21世紀經濟報道, 民營银行增資重启, 能否解渴, 2024.1.30.

21世紀經濟報道, A股现金分红再破2万亿已超股权融资, 2024.1.3.

이미지 출처

- p.23, 중앙결산공사
  홈페이지(https://www.ccdc.com.cn/)
- p.27, JP Morgan
  J.P. Morgan cph.3a02120.jpg, J. P. Morgan, American banking magnate, Pach
  Brothers, Public domain
- p.31, 중신은행
  20220301 CITIC Bank at Kineer International Building.jpg
  Creative Commons Attribution-Share Alike 4.0
- p.35, 증권감독관리위원회 로고
  홈페이지(http://www.csrc.gov.cn)
- p.38, 국가금융감독관리총국
  홈페이지(https://www.cbirc.gov.cn)
- p.41, 상하이 와이탄 1
  The Bund at night 1.jpg, EditQ
  Creative Commons Attribution-Share Alike 4.0
- p.48, CNR
  China National Radio headquarters(20221023154035).jpg, CMG Fuxingmen
  Office Area, N509FZ, Creative Commons Attribution-Share Alike 4.0
- p.49, 모란
  Paeonia suffruticosa-04.jpg, Paeonia suffruticosa,(red), User: Charvex Public
  domain
- p.52, 인민은행
  People's Bank of China, Creator: bfishadow, Flickr
- p.56, 최초의 위안화 지폐
  RMB1-20-2A.jpg, First series of the renminbi 20yuan(sample), Public domain

- p.58, 문화대혁명

  Unissued Wen14, Long Live the All-round Victory of the Proletarian Cultural Revolution(Draft 2), 1968.jpg, Public domain

- p.62, 인민은행 상하이총부

  The People's Bank of China Shanghai Headquarters Building.jpg, Wikimedia Commons

- p.74, 상하이 번화가 난징동루

  상하이시 홈페이지(https://www.shanghai.gov.cn/)

- p.90, 평안은행 2

  Ping An Bank-Dalian Branch.jpg, Wikimedia Commons

- p.118, 위뱅크 본부

  File:Webank Headquarter.jpg, Wikimedia Commons

- p.120, 마이뱅크

  Logo MyBank positive.png, RiccardoPorta,

  Creative Commons Attribution-Share Alike 4.0

- p.125, 동아은행

  East Asia Bank(Shanghai).jpg, Unknown author, Public domain

- p.126, 발해은행

  홈페이지(https://www.cbhb.com.cn/)

- p.131, 상하이증권거래소

  Shanghai Stock Exchange 6.jpg, 钉钉,

  Creative Commons Attribution-Share Alike 4.0

- p.132, 션전증권거래소

  Cow sculpture outside Shenzhen Stock Exchange 2(40076741420).jpg, Stang_wm

  Creative Commons Attribution 2.0

- p.144, 인민은행

  People's Bank of China Headquarter, Beijing.jpg, Max12Max

  Creative Commons Attribution-Share Alike 4.0

- p.145, 증권감독관리위원회

中国证券监督管理委员会.jpg, 北京金融街, 維基小霸王

Creative Commons Attribution-Share Alike 4.0

- p.145, 국가금융감독관리총국

National Administration of Financial Regulation(20230628183842).jpg

Wikimedia Commons Creative Commons Attribution-Share Alike 4.0

- p.148, 베이징증권거래소

Beijing Stock Exchange(20211116161935).jpg, At Jinyang Mansion. N509FZ

Creative Commons Attribution-Share Alike 4.0

- p.150, 최초 상하이증권거래소 건물-푸지앙호텔

上海浦江饭店旧址2021.jpg, Astor House Hotel, No.15 Huangpu Road, Hongkou District, Shanghai, ScareCriterion12, Creative Commons Attribution-Share Alike 4.0

- p.151, 두 번째 상하이증권거래소 건물

Pudong district roads traffic skyscrapers, Shanghai.JPG, Shanghai Stock Exchange Alex Needham, Public domain

- p.152, 션전증권거래소

OMA/Rem Koolhaas in Shenzhen, Shenzhen Stock Exchange, Flickr

- p.157, 칭다오맥주

Qingdao-beer-past-packaging.jpg, Some past packaging display at the Qingdao Beer Museum, taken 2004-10-03 by pratyeka, Creative Commons Attribution-Share Alike 3.0

- p.159, 중국의 붉은 별

Red Star Over China by Edgar Snow, Grove Press edition, 1961. Originally published in 1938. Creator: Gwydion M. Williams, Flickr

- p.163, 어러머 배달 오토바이

Eleme Ebikes in Suzhou-20180828.jpg, Wikimedia Commons

- p.164, 메이투안 배달 오토바이

Park on the roadside Meituan Shared Motocycles.jpg, 停在路边的那些美团电单车, 彩色琪子 Creative Commons Attribution-Share Alike 3.0

- p.165, 메이투안 창업주 왕싱

  Wang Xing in 2009.jpg, Creative Commons Attribution 2.0
- p.167, 국자위 로고

  SASAC logo.jpg, China State-owned Assets Supervision and Administration Commission logo, Public domain
- p.169, 샤오미 전기차

  Xiaomi SU7 Max 007.jpg, Creative Commons Zero, Public Domain Dedication
- p.172, 미래에셋 빌딩

  In Order of Height: The Shangri-La Hotel, Mirae Asset, and ⋯, Creator: Jonathan, Flickr
- p.175, 홍콩거래소

  Exchange Square(交易廣場), Hong Kong Stock Exchange, Hong Kong SAR, China(Ank Kumar, Infosys Limited) 01.jpg, Ank Kumar, Creative Commons Attribution-Share Alike 4.0
- p.180, 국가자본주의

  2012_01_200021(t1)-The rise of State Capitalism, Creator: Gwydion M. Williams, Flickr
- p.185, 레오나르도 디카프리오

  Leonardo DiCaprio 2002.jpg, Georges Biard, Creative Commons Attribution-Share Alike 3.0
- p.189, 교통은행 1915년 지폐

  100 cent-The Bank of Communications(1915) 01.jpg, Public Domain
- p.190, 동인당

  Beijing Qianmen Street Tongrentang, Gisling, Creative Commons Attribution 3.0
- p.193, 광파증권 본부

  Guangfa Securities Headquarters taken in November 2018(cropped).jpg, JKP Shenzhen Creative Commons Attribution-Share Alike 4.0
- p.194, 선저우가오티에

  홈페이지(https://www.shenzhou-gaotie.com/)

- p.197, 정저우 상품거래소
  20210414 Zhengzhou Future Building 03.jpg,
  Creative Commons Attribution-Share Alike 4.0
- p.198, 상하이 선물거래소
  홈페이지(https://www.shfe.com.cn/)
- p.199, 다리엔 상품거래소
  홈페이지(http://www.dce.com.cn/)
- p.200, 중국 금융선물거래소
  홈페이지(http://www.cffex.com.cn/)
- p.201, 광저우 선물거래소
  홈페이지(http://www.gfex.com.cn/)
- p.202, 상하이 황금거래소
  홈페이지(https://www.sge.com.cn/)
- p.203, 광저우 상품거래소
  홈페이지(https://www.gzcmex.com/)
- p.212, 덴케어
  홈페이지(https://www.dencare.com.cn)
- p.217, 상하이 과학혁신판 시장
  홈페이지(https://star.sse.com.cn/)
- p.221, 상하이 건축물 1
  Shanghai Modern Architecture: Slawomir, Flickr, CC BY-SA 2.0 DEED
  Attribution-ShareAlike 2.0
- p.221, 상하이 건축물 2
  Shanghai, china, skyscraper, smog, river, free image from needpix.com
- p.224, 마오타이
  Maotai-Kweichow Moutai Distillery China, Flasche(2).jpg,
  Creative Commons Attribution-Share Alike 4.0
- p.224, 중국공상은행
  ICBC Kamienica pod Gryfami.JPG,
  Creative Commons Attribution-Share Alike 3.0

- p.224, 중국농업은행
  Agricultural Bank of China Beijing branch.jpg, Public domain
- p.226, 메이디 제품
  HK TKO zh Tseung Kwan O Plaza 3rd floor mall zh AEON Department Store in June 2022, Author OAKCIETAIU Lunagm, Creative Commons Zero
- p.231, 마오타이주
  HK Wan Chai North Grand Hyatt Hotel Poly Auction preview exhibits Moutai Sept 2017 06.jpg, HunagnTwuai,
  Creative Commons Attribution-Share Alike 4.0
- p.236, 루저우라오지아오
  홈페이지(https://www.lzlj.com/)
- p.253, CATL 독일 공장
  CATL Arnstadt 2crop 2020-04.jpg,
  Creative Commons Attribution-Share Alike 4.0
- p.260, 메이디 그룹 본부
  홈페이지(https://www.midea.com/global)
- p.266, 테슬라 model Y
  Tesla Model Y front passenger side view.jpg, Daniel.Cardenas
  Creative Commons Attribution-Share Alike 4.0
- p.280, IMF 본부
  Headquarters of the International Monetary Fund(Washington, DC).jpg, Public domain
- p.283, INE
  홈페이지(https://www.ine.cn/)
- p.286, e-CNY
  E Yuan logo.svg, Digital Renminbi logo, Public domain
- p.289, 알리페이와 위챗페이
  "WeChat Pay and AliPay" by VictoryKm is marked with CC0 1.0., Public Domain
- p.306, 인민은행 선전 분행
  深圳中國人民銀行 - panoramio.jpg, ken93110,

- p.314, 금융 숫자

  Chinese numerals financial.png, Wikimedia Commons

- p.319, 중국건설은행

  ChinaConstructionBankHangzhou.jpg,

  Creative Commons Zero, Public Domain Dedication

- p.319, 헝펑은행

  SZ 深圳 南山区 科苑南路 中电长城乐洲 商场 恒豐銀行 January 2024 R12S

  01.jpg

  Creative Commons Zero, Public Domain

- p.322, ADB

  CC BY-SA 4.0 DEED, Attribution-ShareAlike 4.0

- p.323, 국가개발은행 베이징 본부

  China Development Bank HQ, Beijing.jpg - Wikimedia Commons

- p.326, WWF 앰블럼

  홈페이지(https://www.worldwildlife.org/)

- p.336, ICBC

  "ICBC building on the Bund, Shanghai" by Peter K Burian is licensed under

  CC BY 4.0.

- p.349, 빅테크

  Big Tech collage 2022.png - Wikimedia Commons

- p.355, 마화텅

  马化腾 Pony Ma 2019.jpg, Creative Commons Attribution 3.0

- p.377, 바이두

  Baidu Technology Park at ZPark Phase II(20220502113650).jpg,

  Creative Commons Attribution-Share Alike 4.0

- p.379, 리옌훙

  中国新闻社, Robin Li(2020).png Copy, Creative Commons Attribution 3.0

※ 기타의 사진은 저자가 직접 촬영

ENDNOTES

1 인민은행법 제2조: 인민은행은 중국의 중앙은행이다. 인민은행은 국무원의 지도하에 통화정책을 수립·집행하고, 금융리스크를 예방·완화하며 금융안정을 유지한다.

2 이 부분은 '제2장 중앙은행과 금융감독' 부분에 상세한 설명을 해놓았습니다.

3 1953년에서 1972년 기간 중에는 위안화환율을 영국 파운드화에 페그한 고정환율제를 실시하였습니다. 한편 1981년에서 1984년에는 공정환율(1달러당 1.5위안)은 무역외거래에, 내부결제환율(1달러당 2.8위안)은 수출 등 무역거래에 적용하는 복수환율제를 실시한 바 있습니다.

4 환율 및 위안화 국제화 등과 관련해서는 '제5장 금융관련 지표 및 용어' 부분에 상세한 설명이 추가되어 있습니다.

5 2024년 6월 3일 기준으로 중국 3개 주식 거래소의 1일 거래액은, 상하이거래소 3,690억 위안, 선전거래소 4,636억 위안, 베이징거래소 34억 위안으로 총 8,360억 위안이었습니다. 이를 그 날의 기준환율로 환산하면 약 1,176억 달러입니다.

6 조너선 카우프만, 상하이의 유대인 제국, 생각의 힘, 2024.1.

7 상하이 면적은 6,341 km^2로 서울(605 km^2)의 10배가 조금 넘습니다. 그리고, 경기도(10,200 km^2)의 약 60% 수준입니다. 2023년 경제규모는 4.72조 위안이었습니다 (2023年上海市国民经济和社会发展统计公报).

8 고액자산 가계가 많은 도시는 베이징(30.6%) - 상하이(27.1%) - 홍콩(21.5%) - 선전(8.0%) - 광저우(7.3%)의 순이었습니다(中信保诚人寿「传家」·胡润百富2023中国高净值家庭现金流管理报告, 2023.12).

9 상하이는 2022년 기준입니다. 취업을 위해 외지에서 상하이로 온 젊은 노동인구 때문에 그나마 이 정도 수준이며, 상하이 후코우(戶口)를 기준으로 한 고령화비율은 무려 36.8%에 달합니다.

10 중국에서 상주인구가 1천만 명을 넘는 도시는 충칭, 상하이, 베이징, 청두, 선전 등을 포함해 모두 17개가 있습니다. 한편 인구밀도가 가장 높은 도시는 km^2 당 상주인구가 8,908명에 달하는 선전이며 그 다음이 3,923명인 상하이입니다.

11 반면 우리나라에서 열린 1993년 대전엑스포와 2012년 여수엑스포는, 등록박람회가 열리는 중간에 개최되며 규모가 더 작은 인정박람회(International Expo, Recognized

Exhibition)였습니다. 우리나라도 2030년 부산에서 등록엑스포를 개최하려고 유치를 신청하였으나 2023년 11월 실패한 경험이 있습니다.

12 新民晚報, 上海室外 "游烟" 万人调查结果发布, 2024.5.16. 상하이의 흡연율은 우리나라 19세 이상 인구 흡연율인 17.7%보다 조금 높은 수준입니다.

13 上海市市场监督管理局,《室外吸烟点设置与管理要求》, 2024.5.29.

14 이중텐(易中天), 독성기(讀城記), 에버리치홀딩스, 2010.4.

15 김문덕, 상하이 공간으로 체험하다, 도서출판 미세움, 2013.3.

16 직접금융 통로 중에서는 채권이 67%, 주식이 33%입니다.

17 中國人民銀行, 中國金融稳定報告(2023), 2023.12.22.

18 上海證券報, 推动金融高质量发展是建设金融强国的根本路径, 2023.11.16.

19 財新週刊, 券商整合路在何方, 2023.11.27., 第46期

20 国务院, 国务院关于加强监管防范风险推动资本市场高质量发展的若干意见, 2024. 4.12.

21 예를 들어 외국인의 중국 채권시장 투자가 가능해진 것은 홍콩을 통한 중국 채권시장 투자 통로인 채권통(債券通, Bond Connect) 제도가 시행된 2017년 이후입니다.

22 2023년 말 기준으로 은행간채권시장에서 외국인투자자가 보유하고 있는 채권 비중은 3.67%였습니다(인민은행 상하이총부).

23 취업자 수는 2022년 기준입니다.

24 우리나라는 전체 취업자 2,493만 명 중 금융 및 보험업 종사자 수가 74만 명이었습니다(2020년 기준, BIDAS). 미국의 경우는 금융 및 보험업 종사자 수가 785만 명으로 전체 취업자 대비 비중이 5.1%였습니다(美国劳工统计局).

25 https://data.oecd.org/natincome/value-added-by-activity.htm

26 国家统计局, 2023年城镇单位就业人员年平均工资情况, 2024.5.17.

27 통계청, 2022년 임금근로일자리 소득(보수) 결과, 2024.2.27.

28 2023년의 경우 부정부패 등으로 처벌을 받은 금융기관 임원만 90명이 넘었습니다. 이 중 중국은행 회장, 국가개발은행 부행장, 중국공상은행 부행장, 중국광다금융그룹 회장 등 차관급 이상 간부만 8명에 달합니다.

29 第一財經日報, 去年券商薪酬 "放榜": 中金公司3年人均降46万元, 2024.4.3.

30 '당과 국가기구개혁방안'(黨和國家機構改革方案, 2023.3.)

31 통상 인민은행 부총재가 외환관리국 국장을 겸임합니다. 이는 마치 1999년 이전에 한국은행 내 조직으로 은행감독원이 설치되어 있었고 은행감독원장은 부총재급이었던 것과 비슷한 형태입니다.

32   이와 같은 경우를 '통합하여 사무를 본다(合署办公)'라고 합니다.

33   자오선에서 자와 오란 12간지에 따른 12시 중 자(子)시와 오(午)시를 뜻하는 것으로 자시는 밤 12시를, 오시는 낮 12시를 나타냅니다. 본초자오선은 '밤 12시와 낮 12시가 근본적으로 시작되는 선'이란 의미입니다(위키백과). 영국의 그리니치 천문대를 지나는 선이 본초자오선(경도 0도)입니다.

34   다만 가장 많은 시차가 있는 국가는 12개를 가진 프랑스입니다. 프랑스 본토에서 떨어진 속령(프랑스령 기아나 등)이 많기 때문입니다.

35   동경 121도에 위치한 상하이의 경우 서울(127도)과 베이징(116도)의 중간에 위치해 있는데요, 제 느낌상으로는 상하이 시간대는 서울과 같아야 한다는 생각이 듭니다. 5월 말을 예로 들면 서울은 거의 저녁 8시가 되어야 해가 지는 반면, 상하이는 7시 전에 일몰이 됩니다. 물론 이는 제가 서울 생활에 익숙한 이유이기 때문일 겁니다.

36   중화민국 시기란 쑨원(孫文)이 청나라를 멸망시키고 중화민국 설립을 선포한 1912년부터 공산당에 의해 중국대륙이 통일된 1949년까지를 일컫습니다.

37   国务院工作规则(2023年3月17日国务院第1次全体会议通过)

38   第三条 货币政策目标是保持货币币值的稳定, 并以此促进经济增长.

39   베이징의 당시 이름은 베이핑(北平)이었습니다.

40   국무원의 결정은 1983년 9월에 있었습니다.

41   2024년 현재 화폐정책위원회 위원은 총 14명인데요, 4명의 당연직 위원과 10명의 임명직 위원으로 구성됩니다. 인민은행 총재, 금융감독관리총국 국장, 증권감독관리위원회 주석, 외환관리국 국장이 당연직 위원입니다. 그리고, 국무원 부비서장, 재정부 부부장, 국가발전개혁위원회 부주임, 국가통계국장, 인민은행 부총재 2인, 은행협회회장, 민간 경제금융 전문가 3인 등이 임명직 위원입니다.

42   2002년 12월에서 2018년 3월까지 재임하였습니다.

43   中央国债登记结算有限责任公司

44   Chartered Financial Analyst

45   금융감독원 국제업무국(금융중심지지원센터). 우리나라 금융기관의 중국 내 해외점포가 가장 많은 도시는 베이징으로 24개가 있습니다.

46   다른 두 개는 베이징(北京金融法院)과 충칭(成渝金融法院)에 위치합니다.

47   上海金融法院, 融资租赁纠纷法律风险防范报告, 2024.5.10.

48   외국계 금융기관을 국가별로 보면 영국 5개, 미국 4개, 일본 8개, 프랑스 4개, 네덜란드 2개, 벨기에 · 이탈리아 · 독일 · 러시아가 각각 1개였습니다.

49   2022년 말 기준으로 4개 금융자산관리공사의 자산 규모는 화롱 0.96조 위안, 신다

1.62조 위안, 동팡 1.25조 위안, 창청 0.64조 위안입니다. 한편 화롱은 2024년 1월 명칭을 기존의 '중국화롱자산관리공사(中國華融資産管理公司)'에서 '중국중신금융자산관리공사(中國中信金融資産管理公司)'로 변경하였습니다.

50 중앙후이진공사는 지금도 4대 국유상업은행의 최대 주주입니다. 2023년 6월 기준으로 공상은행 34.7%, 농업은행 40.0%, 건설은행 57.1%, 중국은행 64.0%의 주식을 보유 중입니다.

51 은행별로는 농업은행 45.2만 명, 공상은행 42.8만 명, 건설은행 35.0만 명, 중국은행 30.0만 명 등입니다.

52 The Banker Database, Ranking - Top 1000 World Banks by Tier 1 - 2023.

53 2023년 말 기준 105,671개입니다. 그나마 온라인 은행 업무 증가로 지점 수는 감소하는 추세입니다. 2021년 말 기준은 106,531개였습니다(국가금융감독관리총국).

54 중국 정부가 반도체산업 투자펀드를 조성한 것은 이번이 세 번째로 2014년 987억 위안, 2019년 2,041억 위안 규모의 펀드를 각각 만든 바 있습니다.

55 은행별로는 공상, 건설, 중국, 농업 은행이 각각 215억 위안, 교통은행이 200억 위안, 우정저축은행이 80억 위안이었습니다.

56 상업은행 총자산이 354.8조 위안이며, 대형상업은행 총자산이 176.8조 위안입니다(국가금융감독관리총국).

57 은행별로는 건설(6.39조 위안), 공상(6.29조 위안), 농업(5.17조 위안), 중국(4.79조 위안), 우정(2.34조 위안), 교통(1.46조 위안)이었습니다.

58 대구은행은 2024년 5월 시중은행 전환 인가를 받고 은행 명칭도 'iM뱅크'로 변경되었지만 2024년 6월 현재 아직 중국에서의 명칭 변경은 이루어지지 않은 상황입니다. 国家金融監督管理总局, 银行业金融机构法人名单(截至2024年6月末). 이후 2024년 11월에 비로소 중국 정부의 명칭 변경 승인이 이루어졌습니다. 금융감독원 국제업무국(금융중심지지원센터), 금융회사 해외진출 현황(www.fnhubkorea.kr)

59 2005년 설립 시 Standard Chartered 은행이 전략적 투자자로 참여하였습니다.

60 금융감독원 금융중심지지원센터, 중국의 금융업 감독제도 편람, 2022.1.

61 招商銀行, 2023年度報告, 2024.3.

62 상업은행 총자산이 354.8조 위안이며, 주식제상업은행 총자산이 70.9조 위안입니다(국가금융감독관리총국).

63 中华人民共和国商业银行法 第十三条

64 상업은행 총자산이 354.8조 위안이며, 도시상업은행 총자산이 55.2조 위안입니다(국가금융감독관리총국).

65 설립 시 요구되는 최저자본금이 주식제상업은행은 10억 위안, 도시상업은행은 1억 위안인데 반해 농촌상업은행은 5천만 위안입니다.

66 한국은행, 경제용어사전

67 中國人民銀行, 中國金融穩定報告(2023), 2023.12.22. 중복 경고를 포함한 수치입니다. 한편 가장 많은 리스크 경고를 받은 은행은 농촌의 신용협동조합과 비슷한 '촌진은행'으로 197회(48%)의 경고를 받았습니다.

68 종이책, 전자책, 오디오북 중 한 가지 이상을 읽거나 들은 비율을 말합니다.

69 中国新闻出版研究院, 第二十一次全国国民阅读调查结果, 2024.4.23.

70 우리나라는 2022년 기준 평일은 1.4시간, 주말은 1.8시간이었습니다.

71 우리나라는 2,528개(2021년 기준), 일본은 11,495개(2022년)였습니다(新民晚報, 2024.5.16.).

72 中国出版协会, 2023年图书零售市场年度报告, 2024.1.

73 上海市新聞出版局, 2023上海市民閱讀狀況調查, 2024.4.22.

74 장하준, 장하준의 경제학 레시피, 부키, 2023.3.

75 세 개 은행은 소상(苏商, 1,166억 위안), 중방(众邦, 1,145억 위안), 신망(新网, 1,029억 위안) 은행이었습니다.

76 21世紀經濟報道, 民營銀行增資重启, 能否解渴, 2024.1.30.

77 中国银行业协会, 2024中国银行业100强榜单, 2024.8.

78 다만, 4억 위안 이상의 주식을 발행할 경우는 공모 비율이 10% 이상으로 완화되어 있습니다.

79 上海證券報, 上證研究, 2023.12.26. 미국이 앞도적인 1위 자리를 차지하고 있는데요, 글로벌 전체에서 차지하는 비중은 감소추세입니다. 2000년 15.1조 달러로 글로벌 전체 주식시장 시가총액의 49%를 차지하였으나, 2022년은 40.3조 달러로 전체의 40%였습니다.

80 上海证券报, 资本市场发展转型中如何优化并购重组制度—新"国九条"的政策思考与落实建议, 2024.4.16.

81 비유통주 보유자들의 매각을 일정기간 제한(1년 이내 매각 금지)한 것이 대표적입니다.

82 상하이 및 션전거래소 2024년 10월 31일 시가 기준입니다.

83 证券时报网, 揭秘! A股投资者呈现三大结构变化, 资本亦有"六化"新趋势, 2023.8.27.

84 2024년 5월 30일 기준으로 주당 주가는 3.04위안, 시가총액은 76.2억 위안입니다.

85 쇠종 살인자, 황금 살인자, 호수 살인자, 쇠못 살인자 등이 번역되어 나와 있습니다. 정통 추리소설을 좋아하는 독자들에게 강력 추천합니다.

86 기관의 정식 명칭은 중공중앙기율검사위원회(中共中央紀律檢查委員會) 겸 중화인
　　민공화국국가감찰위원회(中華人民共和國國家監察委員會)입니다. 명칭을 봐도 당
　　과 정부의 감찰 기능을 겸하고 있음을 알 수 있습니다.

87 당 기율 위반 처분(党纪处分)은 경고부터 당적 박탈까지 5종류, 정무 기율 위반 처분
　　(政纪处分)은 경고부터 해임까지 6종류가 있습니다.

88 참고로 역대 최장수 인민은행 총재는 2002년~2018년까지 무려 17년을 역임한 저우
　　샤오찬(周小川) 총재이며, 최장수 증권감독관리위원회 주석은 2002년~2011년까지
　　10년을 역임한 샹푸린(尚福林) 주석입니다.

89 상하이페이위에음향(上海飞乐音响), 상하이예위안뤼요우상청(上海豫园旅游商城),
　　상하이션화화공(上海申华电工), 상하이옌중스예(上海延中实业), 상하이쩐콩디엔즈
　　치지엔(上海真空电子器件), 저장펑황화공(浙江凤凰化工), 상하이페이위에(上海飞
　　乐) 및 상하이아이스디엔즈셔베이(上海爱使电子设备)입니다. 이 중 앞의 네 개 기업
　　주식만 2023년 현재에도 거래되고 있습니다.

90 東方財富 Choice, 2024.3.

91 유통주 기준으로는 각각 47.6조 위안 및 23.0조 위안입니다.

92 상하이거래소는 미달러, 선전거래소는 홍콩달러로 거래가 이루어집니다.

93 B주의 정식 명칭은 위안화특수주식(人民币特种股票)입니다. 1992년 1월 상하이쩐
　　콩전자주식회사(上海真空电子器材股份有限公司)가 발행한 1억 위안의 B주가 최초
　　의 B주 발행으로 기록되어 있습니다.

94 www.hkexgroup.com. Market Statistics 2023.

95 第一財經 YiMagazine, 美团鏖战本地生活, 2024.10.

96 上海證券報, 上市公司财報看變化, 2024.5.6.

97 21世紀經濟報道, A股现金分红再破2万亿已超股权融资, 2024.1.3.

98 2023년 12월 15일 기준입니다. 전체 상장 기업 수는 2,260개였으며 이 중 중앙기업
　　및 그 자회사 수가 770개였습니다. 전체 시가총액은 45.8조 위안, 중앙기업 시가총액
　　은 35.0조 위안이었습니다.

99 이하 본문에서는 '2023 Fortune 글로벌 500'으로 표시합니다.

100 물론 우리가 잘 아는 중국의 유명 IT 물류 기업인 텐센트(腾讯), 알리바바(阿里巴巴),
　　핀둬둬(拼多多) 등이 시가총액으로는 10위권 기업에 포함되는 수준이지만 이들은
　　모두 홍콩이나 미국 주식거래소에 상장되어 있습니다.

101 QFII의 총 투자금액 한도는 2003년 40억 달러를 시작으로 이후 점차 상향조정되어
　　한도 폐지 직전인 2019년 8월은 3,000억 달러였습니다.

102 第一財經日報, UBS持仓269家A股上市公司增持智能制造等细分赛道, 2023.11.7.

103 대표적인 제한사항 중 하나로 이익금 출금을 들 수 있는데요, 세금영수증 제출이 필요하며 소요시간도 약 2주에 달합니다. 2020년의 규제완화 조치를 통해 많이 나아진 것이 이정도입니다. 그 이전에는 이익금 출금을 위해서는 회계감사보고서와 세금납부증명서 제출이 필요했으며 소요시간도 3개월이나 걸렸습니다.

104 HKEX, Market Statistics 2023, https://www.hkex.com.hk/

105 上海證券報, 2023.8.11.

106 上海证券报, 今日起 证券交易印花税减半征收, 2023.8.28.

107 World Bank

108 杨成长 等, 健全资本市场功能 提振投资者信心, 上海证券报, 2023.8.19.

109 2022년 말 기준으로 산업자본 32.6%, 정부 5.5%, 기관투자자 21.6%, 개인대주주 6.8%, 개인투자자 33.5%를 보유 중입니다.

110 이 금액은 1,500개의 포우 경매액과 역시 개막식에서 사용되었던 죽간(竹简) 978개의 경매 금액을 합한 것입니다.

111 上海期货交易所

112 옵션거래는 선물거래와 비교할 때 거래량은 9.5%, 거래금액은 0.1%에 불과합니다.

113 中國金融期货交易所, 中金所年度数据统计 2023年, 2024.

114 2023中国现制茶饮, 咖啡行业白皮书, 2023.5.

115 第一財經日報, 中國咖啡消費流行, 2023.10.31.

116 2022년 말 기준 글로벌 스타벅스 매장 수는 36,170개이며 이 중 미국이 15,952개, 중국이 6,090개였습니다. 1년간 증가한 글로벌 매장(2,417개)의 1/3 이상(885개)이 중국에 있다는 점을 알 수 있습니다.

117 2023년 말 기준으로 중국 전역에 52,308개의 프랜차이즈 커피전문점이 있으며 이 중 18.3%인 9,553개가 상하이에 있는 것으로 조사되었습니다(上海文促会主持发布, 虹桥国际咖啡港, 上海交通大学文化创新与青年发展研究院, 美团, 饿了么 공동 발표, 《2024中国城市咖啡发展报告》, 2024.5.9.).

118 新民晚报, 2023.5.10.

119 民生证券, 消费行业新消费研究之咖啡系列报告：中国现磨咖啡市场有多大&瑞幸的天花板, 2023.8.13.

120 예를 들어 2024년 12월 현재 증권감독관리위원회 주석인 우칭(吳清)은 2005년~2010년에 증권감독관리위원회에서 근무를 했었으며, 2016년~2017년에는 상하이 증권거래소 이사장을 역임했습니다.

121 중국증권감독관리위원회는 2021년 1월 신규 IPO 신청시의 현장실사 기업 비율을 5%로 정하였으나, 2024년 3월 이 비율을 20%로 상향 조정하였습니다.

122 中银国际证券

123 上海證券報, 资本市场全面深化改革开放走过关键一年, 2023.12.25. 2024년의 경우 10월 말 기준으로 55개 주식이 상장폐지 되었습니다.

124 2024년 4월 상하이 및 션전 거래소가 '주식상장규칙(股票上市規則)'을 개정하여, 메인보드 상장 A주 주식의 경우 시가총액 기준이 종전의 3억 위안에서 5억 위인으로 상향 조정되었습니다. 이 기준은 2024년 10월 30일부터 적용 중입니다.

125 金融時報, 年內首現非ST退市股票, 2024.6.5.

126 2023년 현재 동경거래소 개장 시간은 5시간입니다. 9시~11시 30분, 12시 30분~15시이지요. 너무 거래 시간이 짧다는 비판을 받아오던 동경거래소는 2024년 11월부터 폐장시간을 15시 30분까지로 30분 연장하였습니다.

127 2023년 8월, 주식시장 부양을 위해 기존의 주식거래 수수료율을 인하하였습니다. 이전에는 상하이 및 션전 거래소는 0.00487%, 베이징 거래소는 0.025%였습니다.

128 2022년 증권거래세는 5.8조 원이었으며, 전체 국세는 395.9조 원이었습니다.

129 10위안~50위안 주식이 48%로 가장 많았으며 50위안~100위안인 주식이 6%, 100위안 이상인 주식은 3%였습니다(金融界, 2022.12).

130 Copley Fund Research(科普利基金研究)가 2023년 5월 기준 103개 글로벌 중국 A주 펀드를 조사한 결과를 바탕으로 하였습니다.

131 시가총액은 특별한 언급이 없는 한 이후 모두 A주 기준입니다.

132 다만, 홍콩거래소를 포함할 경우는 2위입니다. 홍콩거래소에 상장되어 있는 텐센트(Tencent)가 2024년 3월 7일 기준 약 2.6조 홍콩달러(약 2.3조 위안)로 중국 전체 기업 중 1위였습니다.

133 21世紀經濟報道, 贵州茅台提價, 2023.11.2.

134 21世紀經濟報道, A股现金分红再破2万亿已超股权融资, 2024.1.3.

135 21世紀經濟報道, 千家A股公司發布超萬億分红計劃, 2024.4.10.

136 第一财经日報, 北向持仓披露!三季末持仓总市值暴增近5000亿, 买了这些个股, 2024.10.16.

137 이 3개의 민영기업이 성의(成义, 华茅 생산), 영화(荣和, 王茅 생산), 항흥(恒兴, 赖茅 생산)이었습니다.

138 2024 Fortune China 500, 2024.7. 이하에서는 '2024 Fortune 중국 500'으로 표현하였습니다.

139 각각 39°, 45°, 52°, 56°, 60°, 68°및 72°입니다.

140 킬로리터는 리터의 1,000배입니다.

141 上海证券报, 茅台与瑞幸咖啡联姻的经济学分析, 2023.9.21.

142 출시 당시 마오타이초콜릿의 가격은 10g짜리 두 개에 35위안이었습니다. 싸지 않은 가격입니다. 10g 중 2g이 53°의 마오타이주라고 합니다.

143 타오바오는 매해 연말에 판매 실적, 온라인 투표, 전문가 심사 등을 거쳐 그 해의 대표적인 인기상품 10개를 선정하여 발표하고 있습니다.

144 2023년 마오타이 매출은 1,477억 위안이었습니다.

145 농업은행(84%), 우정저축은행(82%), 건설은행(80%), 공상은행(80%), 중국은행(75%), 교통은행(67%)의 순으로 비중이 높았습니다(21世紀經濟報道, 工行 农行 建行稳居零售业务规模前三 兴业增速第一, 2024.4.11.).

146 清华金融评论,《2023中国银行业排行榜200强研究报告》, 2023.8.24.

147 참고로 가장 높았던 은행은 중신은행(中信銀行)으로 59.5만 위안(약 1.1억 원)이었습니다.

148 2023년도 연차보고서, 2024.3.

149 2023년 순이익은 중궈핑안(857억 위안), 중궈타이바오(中國太保, 273억 위안), 중궈런바오(中國人保, 228억 위안), 중궈런쇼우(中國人壽, 211억 위안), 신화바오씨엔(新華保險, 87억 위안)의 순이었습니다. 중궈핑안이 2023년 이들 5개 보험사의 총 순이익 1,656억 위안 중 52%를 차지하고 있습니다.

150 21世紀經濟報道, 保险业薪酬指南, 2024.4.16.

151 중국을 제외한 시장만을 놓고 볼 때는 2023년 2사분기까지만 해도 LG에너지솔루션이 약 28%의 글로벌시장 점유율로 1위였으나 3사분기 이후 CATL이 1위로 올라섰습니다.

152 이 중 박사가 361명, 석사가 3,913명입니다(2023년도 연차보고서, 2024.3.)

153 중국에서 친환경자동차는 4종류로 구분됩니다. 하이브리드차, 플러그인하이브리드차, 순수전기차 및 수소연료전지차가 바로 그것입니다.

154 2023년 중국 전체 R&D 규모는 3조 3,278억 위안이었습니다(中國國家統計局, 创新驱动发展成效显著科技强国建设有力推进—新中国75年经济社会发展成就系列报告之十二, 2024.9.18.).

155 全国工商联, 2023中国民营企业500强调研分析报告, 2023.9.12.

156 이는 전통적인 자동차생산업체 강호인 창안자동차(长安汽车集团, 255만 대)나 광치그룹(广汽集团, 251만 대)의 판매량을 뛰어 넘는 수준입니다.

157 상용차신문, 2024.2.13.

158 2023년도 연차보고서, 2024.3.

159 2022년도 현금배당을 실시한 상장기업은 3,446개였으며 현금배당 총액은 2조 1,413억 위안이었습니다(上海证券报, 中国上市公司协会. "三大变化"折射经济高质量发展镜像A股常态化分红机制加快建立, 2023.8.3.).

160 2022년 전까지는 하이브리드 및 순수전기자동차 구입자, 2023년은 순수전기자동차 구입자에게 약 1만 위안(180만 원) 내외의 보조금을 지급하였습니다.

161 2024년 5월 경매번호판 수량은 7,098장이었으며, 응찰자는 43,374명으로 낙찰률이 16.4%였습니다. 낙찰률이 갈수록 높아지는 추세입니다(每日经济新闻, 5月份沪牌拍卖结果公布 中标率 16.4%, 2024.5.25.).

162 上海交警, 2024.3.4.

163 통화위원회 제도(Currency Board), 전통적 페그제도(Conventional peg), 안정적 환율제도(Stabilized arrangement), 크롤링 페그제도(Crawling peg), 유사 크롤링 제도(Crawl-like arrangement), 수평밴드 페그제도(Pegged exchange rate within horizontal bands), 기타 관리환율제도(Other managed arrangement), 변동환율제도(Floating) 및 자유변동환율제도(Free Floating)입니다.

164 以市场供求为基础, 参考一篮子货币进行调节, 有管理的浮动汇率制度

165 2023년 3월 기준입니다. 여기에는 국유상업은행 5개, 주식제상업은행 9개, 도시상업은행 4개, 외자은행 6개 그리고 국가개발은행이 포함되어 있습니다(국가외환관리국).

166 재정환율은 제3의 통화를 매개로 간접적으로 산출되는 환율을 의미합니다. 위안-홍콩달러 환율의 경우 달러-홍콩달러 환율을 먼저 구하고 여기에 위안-달러 환율을 곱해서 구한다는 뜻입니다.

167 International Payments in SWIFT by Currency. SWIFT는 1973년에 설립된 범세계적인 금융통신망인 국제은행간결제시스템(SWIFT; Society for Worldwide Interbank Financial Telecommunication)을 의미합니다. 중국은 1983년 중국은행이 처음 이 통신망에 가입하였습니다. 한편 2023년 6월 기준으로는 달러(42.4%) - 유로(37.0%) - 파운드(4.2%) - 엔(3.9%) - 캐나다 달러(2.2%) - 위안(1.7%)으로 여섯 번째였습니다.

168 한국은행, 2023년 결제통화별 수출입(확정), 2024.4.18.

169 IMF, COFER. IMF는 현재 매 분기별로 각국의 외환보유액 구성통화 금액과 비중을 발표하고 있습니다. 2023년 현재 약 80여 개 국가가 위안화를 외환보유액으로 보유

하고 있는 것으로 알려져 있습니다.

170 5.4%의 비중이라고 합니다(23.3. 브라질 중앙은행).

171 2022년 연간 상하이국제에너지거래센터의 원유선물거래는 총 5,358만 계약이었습니다(1 계약은 1,000배럴). 같은 기간 대륙간거래소의 원유선물거래(브렌트 및 WTI)는 총 2억 8,147만 계약이었습니다.

172 2023년 포춘 글로벌 기업 순위 20위의 대형 기업으로 글로벌 6대 메이저 에너지 기업 중 하나입니다.

173 中國人民銀行, 2023年人民币国际化, 2023.10.

174 https://coinmarketcap.com/. 2024.6.20. 기준인데요, 시가총액의 54%가 비트코인(bitcoin) 이었습니다.

175 신용리스크 축소, 현금에 비해 높은 거래 투명성, 통화정책의 여력 확충 등은 CBDC의 장점인 반면 은행 자금중개 기능 약화, 금융시장의 신용배분 기능 축소, 중앙은행에의 정보 집중에 따른 개인정보보호 문제 등은 부작용으로 지적되는 부분입니다(한국은행, 중앙은행 디지털화폐, 2019.1.).

176 개정법안 19조에서는 '법정화폐인 인민폐는 물리적 형태와 디지털 형태를 포함한다'고 규정하여 디지털화폐 발행에 대한 법적 근거를 명시하고 있습니다. 다만, 2024년 12월 현재 아직 법률 통과는 이루어지지 않고 있는 상황입니다.

177 新华社, 央行: 到2022年底, 流通中数字人民币存量达136.1亿元, 2023.1.13. 한편 2024년 6월까지 4년여 시범기간 동안 디지털위안화의 총누적 거래 규모는 7조 위안에 달했습니다(中国人民银行副行长陆磊透露, 2024.9.6.).

178 經濟參考報, 2024.1.16.

179 에스와르 프라사드, 화폐의 미래, 김영사, 2023.9.

180 정책은행 1개(국가개발), 국유대형상업은행 6개(공상, 건설, 농업, 중국, 교통, 우정), 주식제상업은행 8개(초상, 중신, 광대, 흥업, 포발, 화하, 광발, 민생), 도시상업은행 2개(베이징, 상하이), 외자은행 1개(HSBC)입니다. 외자은행 현지법인 중 유일하게 포함되어 있는 HSBC는 2023년 말 기준 총자산이 6,167억 위안에 달해 외자은행 중 가장 규모가 큰 은행입니다.

181 엄밀하게 말하면 '중국외환거래센터(中国外汇交易中心) 겸 전국은행간콜거래센터(全国银行间同业拆借中心)'입니다.

182 주로 개항장에 외국인이 자유로이 통상적으로 거주하며 치외법권을 누릴 수 있도록 설정한 구역을 말합니다(네이버 지식백과사전).

183 김문덕, 상하이 공간으로 체험하다, 도서출판 미세움, 2013.3.

184　아르데코 양식(Art Deco Style)은 직선과 곡선의 규칙적이고 대칭적인 형태와 원색을 통해 강렬한 느낌을 주는 간결미가 특징이며, 1910~30년대까지 유행하고 발전한 예술 양식입니다(나무위키).

185　버즈(Burj)는 아라비아어로 '탑'을 의미하며, 칼리파(Khalifa)는 아부다비의 군주 '칼리파 빈 자이드 알 나흐얀(khalifa bin zayed al nahyan)'의 이름에서 유래하였습니다. 이는 두바이가 빌딩 건설 과정 중 재정 부족에 따라 아부다비의 재정 지원을 받으면서 발생한 결과입니다. 두 번째로 높은 빌딩이 2023년에 완공된 'Merdeka 118'(679미터)로 말레이시아의 수도 쿠알라룸푸르에 있습니다.

186　中國人民銀行, 中国货币政策执行报告 2023年第四季度, 2024.2.8.

187　대출우대금리를 보고하는 20개 은행은 국유대형상업은행 6개(공상, 건설, 농업, 중국, 교통, 우정), 주식제상업은행 5개(초상, 중신, 흥업, 포발, 민생), 도시상업은행 3개(지앙수, 난징, 타이저우), 농촌상업은행 2개(상하이농상, 광둥순더농상), 외자은행 2개(Citi, Standard Chartered), 민영은행 2개(위뱅크, 마이뱅크)입니다. 이 중 국유대형상업은행 6개와 주식제상업은행 5개는 모두 Shibor도 함께 보고하는 은행들입니다.

188　각 은행은 자금조달비용 및 위험프리미엄 등을 가산하여 LPR을 산정하게 됩니다.

189　중국 정부는 2004년 10월 예금ㆍ대출 금리제도를 개혁하면서 기존의 '법정' 금리를 '기준' 금리로 변경한 바 있습니다. 당시 대출금리의 경우 상한을 개방하고 하한만 규제하였으며, 예금금리는 하한을 개방하고 상한만 규제하는 조치를 취하였습니다. 이후 2013년 대출금리 하한 규제 철폐, 2015년 예금금리 상한 규제 철폐를 통해 비로소 예금ㆍ대출 금리에 대한 규제가 완전히 없어졌습니다. 다만 금리 자유화에도 불구하고 실제로는 인민은행의 창구지도와 은행 간 담합 등을 통해 대출금리 하한선과 예금금리 상한선이 설정되어 운영되었습니다.

190　기억하실 겁니다. 인민은행은 정부로부터 독립된 중앙은행이 아니라는 사실을요. 따라서 실제로는 인민은행이 정한다기 보다는 국무원이 정한다는 것이 더 정확한 표현입니다.

191　택시 요금은 기본요금(3km까지 14위안), 거리당 요금(3km 초과 시 km당 3위안), 코스 요금(km당 2.4위안), 시간당 요금(정차시간 1분당 0.8위안) 등으로 구성되어 있습니다. 여기에서는 도로에서 20분 정차하는 것으로 가정하였습니다.

192　한국은행, 경제용어사전, https://www.bok.or.kr/portal/ecEdu/ecWordDicary/

193　"社会融资规模，货币供应量同经济增长和价格水平预期目标相匹配"(2023.12.11.~12일, 중앙경제공작회의)

194 한국은행, 경제용어사전, https://www.bok.or.kr/portal/ecEdu/ecWordDicary/

195 다만, 초과지급준비금 규모가 너무 크다면 은행의 자금 운용에 제한을 가해 수익성에 영향을 미칠 수 있어 제한적으로 적립하는 것이 일반적입니다.

196 일반적으로 대형은행은 총자산 4조 위안 이상, 중형은행은 5천억 위안 이상, 그 이하는 소형금융기관으로 분류합니다. 소형금융기관에는 다수의 농촌금융기관이 포함되어 있습니다.

197 EU나 일본의 지급준비율은 2024년 8월 현재 1% 이하로 매우 낮은 수준입니다.

198 금융시장이 발달되어 있지 않은 신흥국에서는 중국처럼 여전히 지급준비제도를 통화정책의 중요한 수단으로 이용하고 있습니다. 2024년 8월 현재 지급준비율 수준은 인도가 4.5%, 브라질이 21.0%였습니다.

199 第一财经日報, 盛松成: 降准是我国货币政策配合财政政策的主要手段, 2024.6.25.

200 비슷한 것으로 미국의 '양키본드', 영국의 '불독본드', 일본의 '사무라이본드', 스페인의 '투우사본드' 등이 있습니다.

201 中國人民銀行, 2023年人民币国际化, 2023.10.

202 同花顺财经, 中诚信国际: 2023年熊猫债发行规模达1544.5亿元, 2024.1.25.

203 江晓帆, 叶池莲, 蔡晓琳, 谭广权, 香港点心债市场发展历程, 现状与展望,《债券》, 2024.2.

204 Convention on International Trade in Endangered Species of Wild Fauna and Flora.

205 그러나, IMF 시기인 1998년에 반환이 되었으며, 다시 판다가 우리나라에 오게 된 것은 한참 후인 2016년이었습니다.

206 央视财经, 2023.2.

207 예대마진은 은행이 대출을 통해 받은 이자에서 예금에 지불한 이자를 뺀 나머지 부분을 말합니다. 한편 은행권의 수익성을 평가하는 다른 지표로 순이자마진(NIM; Net Interest Margin)이라는 개념이 있습니다. 이는 은행이 자산을 운용해 낸 수익에서 조달비용을 뺀 나머지를 운용자산 총액으로 나눈 수치를 말합니다. 이는 유가증권 수익 등이 포함되고 자금조달 비용의 차이 등을 반영한다는 점에서 예대마진보다 조금 더 포괄적인 개념입니다.

208 스위스가 1위였으며, 우리나라는 36위였습니다(https://kof.ethz.ch/en/).

209 中國人民銀行, 2023年支付体系运行总体情况, 2024.4.1. 약 5년 전인 2018년 6월 말 기준으로도 0.46장에 그쳤습니다.

210 에스와르 프라사드, 앞의 책. 우리나라의 경우에는 2023년 기준으로 수수료가 영세 및

중소사업자의 경우 0.5~1.5%, 일반가맹점(연 매출 30억 초과)의 경우 2.3%입니다.

211 인민은행 장칭송(張青松) 부총재(2023.12.28.)

212 소준섭, 우리가 몰랐던 중국 이야기, 태학사, 2023.11.

213 Stephen Adolphe Wurm, Rong Li, Theo Baumann and Mei W. Lee, Language Atlas of China, Longman, 2012.

214 中國国家统计局, 教育改革发展扎实推进 教育强国建设行稳致远―新中国75年经济社会发展成就系列报告之二十, 2024.9.20.

215 BIS, BigTech and the changing structure of financial intermediation, 2019.

216 김자봉, 플랫폼의 금융중개 효율성 제고 효과와 규제감독 과제: 아마존 사례를 중심으로, 금주의 논단, 금융브리프 28권 21호, 한국금융연구원, 2019.10.26.~11.8.

217 Facebook, Amazon, Apple, Netflix, Google 등 미국의 대표적인 IT 기업을 지칭합니다.

218 우리나라도 1980년대 중후반에는 비슷하였습니다. 당시 서울대학교 입시에서 최고 커트라인을 기록한 학과는 물리학과와 전자공학과였습니다.

219 미국인을 포함한 이 분야 전체 박사학위 취득자(41.8만 명)를 대상으로 해도 12%에 달하는 비중입니다.

220 NSF, Survey of Earned Doctorate 2022, 2023.

221 Hyun Song Shin, Big Tech in finance: opportunities and risks, BIS speech, 2019.

222 이보미, 빅테크의 금융업 진출 현황 및 시사점, 금융 포커스, 금융브리프 29권 01호, 한국금융연구원, 2019.12.21.~2020.1.3.

223 노은영, 중국의 인터넷금융 감독 법제에 관한 소고, 증권법연구, 제16권 제2호, 한국증권법학회, 2015.

224 노은영, 중국 비은행 지급결제기관의 모바일결제에 관한 규제 연구, 금융법연구 제16권 제3호, 2019.

225 비은행지급결제기구감독관리조례(非银行支付机构监督管理条例)는 2023년 11월 제정되었고, 2024년 5월부터 시행되고 있습니다.

226 무스타파 술레이만, 더 커밍 웨이브, 한스미디어, 2024.2.

227 新浪财經, 到底有多少青年人失业, 2023.6.1.

228 國家市场监管总局, 市场监管总局督导阿里巴巴集团控股有限公司完成三年整改, 2024.8.30.

229 참고로 중국에서 홍바오(紅包)는 축의금 등 경사에, 바이바오(白包)는 조의금 등 흉

사에 쓰입니다.

230 에스와르 프라사드, 앞의 책.

231 민영기업 중 매출액이 여섯 번째로 많았습니다(全国工商联, 2023中国民营企业 500强调研分析报告, 2023.9.12.).

232 이현태·서봉교·조고운, 중국 모바일 결제 플랫폼의 발전과 시사점: 알리바바 사례 를 중심으로, KIEP 연구자료 18-04, 2018.12.

233 에스와르 프라사드, 앞의 책.

234 솔로를 의미하는 1이 네 개 겹친다는 의미에서 그렇습니다.

235 앱·리테일 분석 서비스 기관인 와이즈앱·리테일·굿즈의 분석 결과입니다.

236 Lotte Logistics Technology Institute, C-Commerce(China+e-commerce), Logistics Trend Report, 2024.4.

237 全国工商联, 2023中国民营企业500强调研分析报告, 2023.9.12.

238 Wall Street Journal, The Spend, Spend, Spend Strategy Behind Temu's Rapid Ascent in America, 2024.2.10.

239 MBTI(Myer-Briggs Type Indicator)는 우리말로는 마이어스-브릭스 유형지표라 고 부릅니다. 이 지표는 미국의 작가였던 Isabel Briggs Myers가 그녀의 어머니 Katharine Cook Briggs와 함께 만들었습니다.

240 이런 이유로 인해 전문적인 심리학자나 상담가들은 이 MBTI를 거의 사용하지 않으 며, 일부에서는 심지어 유사과학에 불과하다고 비판하기도 합니다.

241 구글에서 정보를 검색하는 행위를 뜻하는 구글링(Googling)이라는 용어가 이제는 어떤 분야에서 잘 모르는 정보를 찾는 행위 전체를 일컫는 말로 의미가 확장되었습 니다.

242 가십(gossip) 하나를 소개하자면 리우치앙동의 부인이 중국에서 소위 밀크티녀(奶 茶妹妹)로 유명했던 장저티엔(章泽天)입니다. 고등학생 때인 2009년 찍었던, 밀크 티를 들고 있는 청순한 미모의 사진 한 장으로 유명해진 장저티엔은 칭화대학 출신 인데요, 둘은 2015년 결혼했습니다. 둘의 나이 차이는 무려 19살입니다. 현재 장저 티엔은 징동 그룹 산하의 몇 개 기업을 경영하고 있는 것으로 알려져 있습니다. 한 편 리우치앙동은 2018년 미국 출장 중 중국유학생 성폭행 혐의로 체포되었다가 증 거부족 이유로 불기소 처분을 받은 바 있습니다. 이 사건 이후로 그의 이미지가 많 이 훼손되었지요.

243 2023 Annual Report

244 全国工商联, 2023中国民营企业500强调研分析报告, 2023.9.12. 한편 2024년 8

월 발표된 '2024 Fortune 글로벌 500' 순위에는 중국 기업 128개가 포함되었는데요, 징둥은 중국 기업 중에서는 13번째로 높은 47위를 기록했습니다. 민영기업 중에서는 가장 순위가 높았지요.

245 물류신문, 2023년 주요 물류기업 창고업 등록 현황, 2023.8.18.

색인

국문색인

저자소개

한재현(韓在賢)

서울대 경영학과와 행정대학원(행정학 석사)을 졸업한 후 중국대외경제무역대학교
(경제학 석사)를 거쳐 한양대학교(경제학 박사)를 졸업했습니다.
한국은행 기획국, 은행국, 베이징사무소 등에서 근무했으며 조사국 중국경제팀장을
5년 역임했습니다. 현재는 한국은행 상하이사무소장으로 근무하고 있습니다.
저서로는《쉽게 배우는 중국경제》,《중국경제산책-중국경제에 대한 오해와 진실, 그리
고 전망》,《중국, 마오타이와 알리바바의 나라》가 있습니다.

중국금융론

초판발행	2025년 1월 15일
지은이	한재현
펴낸이	안종만·안상준
편 집	탁종민
기획/마케팅	정연환
표지디자인	BEN STORY
제 작	고철민·김원표
펴낸곳	㈜ **박영사**
	서울특별시 금천구 가산디지털2로 53, 210호(가산동, 한라시그마밸리)
	등록 1959.3.11. 제300-1959-1호(倫)
전 화	02)733-6771
f a x	02)736-4818
e-mail	pys@pybook.co.kr
homepage	www.pybook.co.kr
ISBN	979-11-303-2147-9 93320

*파본은 구입하신 곳에서 교환해 드립니다. 본서의 무단복제행위를 금합니다.

정 가   29,000원